U0456090

天津公共文化服务发展报告
（2019）

ANNUAL REPORT ON DEVELOPMENT OF TIANJIN'S
PUBLIC SERVICES OF CULTURE (2019)

姚建军 靳方华 主编

天津社会科学院出版社

图书在版编目（ＣＩＰ）数据

天津公共文化服务发展报告. 2019 / 姚建军，靳方
华主编. -- 天津 ： 天津社会科学院出版社，2019.12
　　ISBN 978-7-5563-0630-5

　　Ⅰ．①天… Ⅱ．①姚… ②靳… Ⅲ．①公共管理－文
化发展－研究报告－天津－2019 Ⅳ．①G127.21

中国版本图书馆 CIP 数据核字(2019)第 300068 号

天津公共文化服务发展报告.2019
TIANJIN GONGGONG WENHUA FUWU FAZHAN BAOGAO.2019

出版发行：天津社会科学院出版社
出 版 人：张博
地　　　址：天津市南开区迎水道 7 号
邮　　编：300191
电话/传真：（022）23360165（总编室）
　　　　　　（022）23075303（发行科）
网　　址：www.tass-tj.org.cn
印　　刷：天津午阳印刷股份有限公司

开　　本：787×1092　毫米　　　1/16
印　　张：16.75
字　　数：260 千字
版　　次：2019 年 12 月第 1 版　　2019 年 12 月第 1 次印刷
定　　价：108.00 元

 版权所有　翻印必究

摘 要

构建现代公共文化服务体系是党的十九大提出的重要任务。加快推进我市公共文化服务体系建设，是保障人民群众基本文化权益、改善文化民生的主要途径，是全面深化文化体制改革、推动文化事业发展繁荣的必然要求，是弘扬社会主义核心价值观、建设社会主义文化强国的重大举措。近年来，天津市把公共文化服务体系建设作为文化建设的重点任务，以保障群众基本文化权益为着力点，以文化惠民重点工程为抓手，以文化设施为载体，以文化服务为核心，公共文化服务体系建设呈现出全面推进、重点突破、整体提高的良好发展态势。

《天津公共文化服务发展报告（2019）》是展示天津市公共文化服务改革发展的第一本蓝皮书。总报告重点关注天津市公共文化服务发展总体情况、存在的问题和对未来的展望，专题研究关注天津公共文化服务的发展趋势、体系建设、总分馆改革，公共文化服务立法、政府购买制度创新、考核评价体系等方面，来自天津社会科学院、南开大学、天津商业大学的相关专家撰写形成了若干研究报告。典型经验选取了和平区、河西区、西青区和滨海新区在全民阅读、基层建设、文化团队培育和文化管理队伍建设等方面的工作经验和成功做法。示范区建设选取了第三批国家公共文化服务体系示范区创建单位——北辰区，介绍了北辰区在示范区创建中制度设计课题的内容和成果。

目　录

一　主报告

天津市公共文化服务体系建设基本情况概述……………………… 宗成灵 001

二　专题研究

天津市公共文化服务体系建设现状与发展路径……………………… 柯　平 017

天津市公共文化服务发展分析与预测………………………………… 王　焱 042

天津市基层综合性文化服务中心（站）建设情况研究……………… 王　东 056

天津市公共图书馆服务体系建设……………… 李　培　王茉瑶　刘良玉 073

天津市文化馆图书馆总分馆制建设与未来路向……………………… 肖　雪 090

天津传统文化产品（服务）转化为公共文化产品（服务）的政府激励分析
　　——基于外部性的视角………………………………………… 曹明福 114

公共文化服务保障地方立法的天津实践
　　………………………… 严　静　王瑞文　王雪丽　廖青虎 128

天津市政府购买公共文化服务现状及提升对策………… 刘文花　王雪丽 146

服务效能视角下天津市公共文化服务考核评价制度设计与实践
　　………………………… 王瑞文　王　哲　霍朋朋 164

三　典型经验

全民阅读推动公共文化服务效能提升典型经验
………………………… 王　雪　杨文索　杨　奕　高海晶　王雪飞 186
天津市河西区公共文化服务工作的发展与展望
………………………………… 宋　杨　段　威　曲维和　李　霞 200
公共文化服务创投模式研究：北辰区创建国家公共文化服务体系示范区
制度设计课题 ………………… 王　焱　马希荣　高文申　边士明 213
基层综合文化服务中心（站）管理员制度实践
——基于对滨海新区的调研结果 ……………… 李悦田　王会臣 232
西青区基层群众文化团队培育与激励机制 …… 郭　颖　于建玮　杨丹丹 247

主 报 告

天津市公共文化服务体系建设
基本情况概述

宗成灵[①]

近年来，按照党中央、国务院关于加快推进公共文化服务体系建设的决策部署和工作要求，天津市持续加大公共文化服务建设力度，全市基本形成了较为完善的公共文化设施网络体系、公共文化活动品牌体系、公共文化服务队伍体系、公共文化产品创作体系和公共文化服务政策制度体系，推动全市公共文化服务工作实现了全面健康快速发展。

一 天津市公共文化服务发展成效

在全市各级党委政府、各有关部门的共同努力下，天津市公共文化服务在设施建设、服务供给、队伍建设、品牌塑造、服务保障等方面改革发展，成效明显。

---

① 宗成灵，天津市文化和旅游局公共服务处（文化中心管理办公室）副处长。

（一）进一步完善设施网络，公共文化设施条件明显改善

按照《中华人民共和国公共文化服务保障法》要求，一批市级、区级及基层文化设施项目依法规划选址，规范建设管理。截至 2019 年 10 月，全市共有省级公共图书馆 2 个、群众艺术馆 1 个；地市级公共图书馆 27 个，文化馆 16 个；各类博物馆 70 家；244 个乡镇（街道）基本建有综合性文化服务中心；4000 多个村（社区）文化室覆盖全市，覆盖城乡的四级公共文化服务网络日趋完善。近年来，全市新建了武清区文化中心、河西区文化中心、滨海新区文化中心、空港经济区文化中心、中心生态城图书馆、河西区图书馆文化馆梅江馆区、和平区少儿图书馆、河东区图书馆嘉华中心馆区、西青区图书馆赛达馆区等一大批区级文化设施，津南区、西青区、北辰区等新一批文化中心建设已被提上议事日程。2019 年，北辰区投资 14.5 亿元总面积为 10 万平方米的新文化中心已通过立项，新建过程中投入 4000 余万元临时租用建设了总面积 2.5 万平方米的北辰区文化中心。河东区 8000 多平方米的文化馆新馆即将落成并投入使用。

（二）多措并举，公共文化服务效能不断提升

开展区级文化馆、图书馆总分馆制建设，不断增强了公共文化机构发展活力和服务能力。达标街镇和村居综合性文化服务中心创建工作，重点突出抓好乡镇（街道）综合文化站和村（社区）综合性文化服务中心效能发挥，落实人员、强化投入、提升综合服务能力。公共文化数字化建设进展明显，西青区为辖区内 200 余个社区配备电子书借阅机，滨海新区"文化有约"实现网上公共文化一站式服务，部分区启动公共文化云建设项目。天津市公共文化服务工作由以往的政府部门直接承担，不断转变为由政府购买社会专业机构提供服务，政府部门全程参与指导，极大地激发了社会力量参与公共文化服务的积极性。如街镇文化站调研、公共文化服务群众满意度测评、综合性文化服务中心建设规范制定等工作，引入社会化参与机制，培育了公共文化服务全社会共建共享的良好氛围。探索政府购买公共文化服务方式，引入

社会力量参与市少儿图书馆梦娃专题绘本馆运营与服务，全年服务小读者 3 万多人次，开展 200 余场亲子阅读活动；每年对非国有博物馆、行业博物馆进行考核补贴，6 年已发放 4020 万元奖励性补助；连续 5 年发行文化惠民卡，2019 年计划发行 22.5 万张，比 2018 年增加 8.5 万张。

（三）改进产品供给，公共文化服务不断丰富

各相关公共文化机构加强艺术创作，不断完善服务项目、丰富服务内容，创造条件向公众提供免费或优惠的文艺活动演出、陈列展览、阅读服务、艺术培训等，努力推出艺术精品，为文化惠民注入新鲜血液。紧密结合纪念改革开放 40 周年、新中国成立 70 周年等主题，围绕重大节假日等关键节点，广泛开展各项专题文化活动。2016 年至 2019 年相继开展四届市民文化艺术节，每届市民文化艺术节均举办 50 项左右重点文化活动。开展全国"群星奖"选拔工作，2018 年征集群众文艺新作品 112 件，评选出优秀作品 38 个，3 个作品入围全国"群星奖"决赛。指导全市文化志愿服务工作，天津市文化志愿服务总队 6500 人全年开展志愿服务活动 4500 场。指导全民阅读推广，开展京津冀图书馆阅读交流展示、"牵手残疾人走进图书馆"书画摄影大赛，启动天津图书馆汽车图书馆服务等活动。举办天津市庆祝新中国成立 70 周年名家经典惠民演出季，演出剧目约 150 台、260 场。各博物馆充分挖掘馆藏文物内涵，加大了藏品征集力度，策划出丰富多彩的特色展览，接待博物馆参观人数逐年提高。组织博物馆、纪念馆、美术馆开展送展览、送讲座进学校、社区活动及冬夏令营活动。

（四）扩大社会参与范围，群众文化活动蓬勃发展

天津市的基层文化有着深厚的群众基础，充分发挥人民群众在文化建设中的主体作用，充分调动人民群众的积极性和创造性，经过多年发展培育，逐步形成了天津群众文化"一区一品"的生动发展格局。如和平区创办的"和平杯京剧票友邀请赛"，南开区创办的"广场舞大赛"，河东区创办的"家庭文化艺术节"，河北区创办的"社区文化艺术节"，红桥区创办的"老年

文化艺术节"，河西区创办的"西岸艺术节"，滨海新区创办的"滨海艺术节"，西青区创办的"杨柳青年画艺术节"，东丽区创办的"东丽杯群众文学评奖"，北辰区创办的"天穆杯农村小品展演"和"北仓杯环渤海青年歌手大赛"，宝坻区创办的"京东大鼓艺术节"等品牌活动交相辉映。全市还定期举办青年新歌手电视大赛、民乐大赛、钢琴大赛、都市风采主持人大赛、农民艺术节、外来务工人员艺术节、中小学生读书系列活动、国际少年儿童艺术节、残疾儿童艺术节等丰富多彩的群文活动，形成了覆盖全市的文化活动热潮。天津的群文活动打破了地域和时间的阻隔，实现了内容和形式的有机统一。在空间地域上，形成了市、区、乡镇（街道）及村（社区）四个层面统筹联动发展模式；在时间维度上，形成长年不断、月月常新的常态化、持续化发展模式；在内容上，戏曲表演、书法绘画、声乐器乐、花会舞蹈等艺术形式无所不包；在组织形式上，既有文化主管部门、镇街文化站、企事业单位和基层文艺团队组织的活动，也有群众自发组织的活动，形成了全市群体文化活动一盘棋的良性发展格局。

（五）加强队伍建设和经费投入，保障能力显著增强

全市 16 个区全部由区委、区政府出台关于加快推进公共文化服务体系建设的实施方案。16 个区全部落实基层公共文化服务体系建设专项经费，能够按照每个街镇 11 万元、每个村 1.7 万元、每个社区 9000 元标准，将市财政补助经费及区配套经费下达街镇或村居。16 个区基本解决街镇文化站专职工作人员问题，部分区通过公益岗或政府购买方式为各村居配备了文化管理人员。依托基层文化管理队伍建设，指导各区做好基层文艺团队建设，据不完全统计，全市各类民间文艺团队超过 6000 个，推动了全市公共文化服务体系框架的基本确立。

二 天津市公共文化服务创新发展的重要举措

天津市在推进公共文化服务体系建设进程中，力求以改革的思路和招法，

有效破解公共文化服务效能难题。一方面通过完善工作组织机制、顶层制度设计、软硬件保障、监督考核评价等工作，努力营造公共文化服务体系高效运转的外部环境；另一方面通过推进文化体制改革创新、文化惠民工程实施等措施，不断增强公共文化服务体系自身活力。

（一）强组织、重保障，增强公共文化服务高效运转动力

1.贯彻《保障法》，出台《天津市公共文化服务保障和促进条例》

为加快公共文化服务立法进程，成立了立法工作领导小组，深入全市各区和公共文化服务机构，全面了解公共文化服务过程中存在的困难和问题，面向全市高等院校、研究机构公开选聘课题组，广泛征求市公共文化服务体系建设协调组成员单位、各区文化行政部门和社会公众的意见，邀请法学、公共文化服务等领域的专家进行座谈讨论，针对天津市实际情况，在地方特色上下功夫，突出地方立法的针对性。《天津市公共文化服务保障与促进条例》（以下简称《条例》），于 2018 年 11 月 1 日起施行，天津市成为《中华人民共和国公共文化服务保障法》实施后全国第二个出台地方性法规的省市，为全市公共文化服务建设提供了强有力的保障。

2.强化协调整合，建立工作协调机制

专门成立由市政府分管副市长任组长的全市公共文化服务体系建设协调组，成员单位涉及近 30 个市级部门。市协调机制成立后，多次召开专题会议，部署中央重点改革任务贯彻落实工作，推进基层文体设施建设、文化管理队伍建设、公共文化政策法规制定和区公共文化建设考核评价等重点工作，在实践中形成了运行有效的协调议事规则和机制。

3.强化顶层制度设计，出台多项公共文化政策制度

先后出台了《关于加快构建现代公共文化服务体系的实施意见》《关于推进基层综合性文化服务中心建设的实施方案》《关于做好政府向社会力量购买公共文化服务工作的实施意见》《关于推进区级文化馆图书馆总分馆制建设的实施意见》《天津市乡镇（街道）综合性文化服务中心建设与服务规范》《天津市村（社区）综合性文化服务中心建设与服务规范》《天津市基

层综合性文化服务中心达标验收工作实施方案》等文件，政策文件的密集出台为全市公共文化服务体系建设提供了重要遵循依据。

4.强化人财物保障，建立长效投入机制

设立了基层公共文化服务体系建设专项资金，市财政对全部街镇、村居每年公共文化服务工作和文体设施新（扩）建项目予以补助。围绕天津市公共文化需要，市财政先后设立了文化事业发展、全民阅读活动、文化惠民演出、支持高端演出、高端展览和公益文化普及活动、文化场馆安防提升改造、宣传文化事业发展等专项经费，有效保障人民群众基本文化权益。针对基层文化管理人员匮乏问题，在村居层面推广政府购买公益文化岗的做法，截至目前，河西区、滨海新区、东丽区、西青区、北辰区、武清区、河东区等多区设立村居公益文化岗。

5.强化督查考核，建立绩效评价机制

由天津市公共文化服务体系建设协调组牵头，将于 2016 年、2018 年、2020 年分三轮组织各区公共文化服务体系建设全面考核工作。首轮考核和第二轮考核分别于 2016 年、2018 年顺利完成，最终确定 4 个区为优秀，12 个区为达标。考评结果通报各区政府，根据考核结果，对各区下达了绩效奖励经费。

（二）深化体制机制创新，增强公共文化服务内在活力

在落实各项改革任务过程中，将改革精神与实际情况紧密结合，陆续开展了公共文化服务标准化、基层综合性文化服务中心建设、文化馆图书馆总分馆制建设、公共文化机构法人治理结构建立等文化体制改革工作。

1.全面推进公共文化服务标准化建设

2015 年，中办、国办下发《国家基本公共文化服务指导标准》之后，天津市委、市政府高度重视此项工作，积极贯彻落实文件精神，组建工作协调机制、开展顶层制度设计、深入推进天津市市区两级公共文化服务标准化建设。2015 年 7 月，市委市政府制定出台了《天津市基本公共文化服务实施标准（2015—2020 年）》，各区也及时出台了本区域基本公共文化服务实施标

准，扎实推进各项工作任务落实，同时专门研究制定了《天津市基本公共文化服务实施标准评估验收细则》，明确天津市公共文化服务体系建设验收指标，指导各区以新标准为参照，梳理存在问题，攻坚克难，在完善公共文化服务体系，更加惠民利民上深入探索，创新形式、拓展内容、完善设施，开展丰富多彩的文化活动，各区公共文化服务标准化建设取得显著提升。

西青区在 2018 年公共文化服务体系建设中投入 5055 万元，区图书馆从国家二级馆升至国家一级馆，各街镇综合文化服务中心各类功能室配置完善，基本完成区、街镇、村居三级阵地的资源整合和互联互通，群众文艺团队长效机制建设取得显著成果，在全市乃至全国产生示范影响。

滨海新区作为第四批国家公共文化服务体系示范区，陆续建成滨海新区图书馆、泰达图书馆、空港文化中心、中心生态城图书馆 4 个地市级公共图书馆，总面积达到 21 万多平方米，均为国家一级图书馆；新区文化馆建有 3 个馆区，总面积 4.1 万平方米，3 个馆区均为国家一级文化馆；区内在 3 个公共博物馆、1 个美术馆的基础上，8 万平方米的国家海洋博物馆也于 2019 年 6 月建成开馆。

河西区成功创建第二批国家公共文化服务体系示范区，公共文化服务体系建设走在全市前列，各街道综合文化服务中心均配备 3 名专职文化干部，每个街道均配有 1 名以上专职图书管理员，以区文化中心为主阵地，面向市民百姓举办各类惠民演出，2019 年成功举办"西岸文化艺术节"。

和平区成功创建第一批国家公共文化服务体系示范区，多项工作发挥示范引领作用，积极开展图书馆行业分馆建设，在创新大厦、恒隆广场、养老院等 20 处场地，为百姓提供读书与休闲相得益彰的公共阅读场所。

北辰区成功创建第三批国家公共文化服务体系示范区，全区 16 个镇街综合文体服务中心面积均达到 800 平方米以上，7 个街镇文化中心面积达到 2000 平方米以上，4 个街镇文化中心面积超过 3000 平方米。

武清区建成一批水平领先、功能完备的大型文化设施，区图书馆总面积达 2.4 万平方米，藏书 72 万余册，日接待能力可达 4000 人次；区博物馆是全市首家区级博物馆，面积达 1 万平方米，藏品 3000 件（套），连续三年通过政府补贴形式按每人每月 1000 元补助标准，为全区七百多个行政村（社区）

配备了文化组织员。

津南区8个镇均建有面积1000平方米以上的综合性文化服务中心，其中北闸口镇、小站镇、双港镇建筑面积达到5000平方米以上。

宁河区在经费较为有限的情况下，投资1303万元建成14个配套功能齐全的镇级综合文化服务中心。

东丽区引入社会专业机构参与分馆建设，打造"阅东方"24小时城市书房，已建成军粮城街、华明街等7个"阅东方"24小时城市书房，实现无人值守、24小时自助服务。

静海区以改革破解公共文化服务建设人员保障难题，将区评剧团、电影服务站等单位整合成立新事业单位区公共文化服务中心，将工作人员直接派驻到各乡镇文化站配合开展文化工作，负责公共文化采购配送、活动策划、教育培训、品牌建设等工作，通过垂直管理，专人专岗，极大提升了基层文化站整体工作水平。

宝坻区充分利用传统文化资源，引领带动公共文化服务开展，重点打造了环渤海评剧艺术节和全国京东大鼓艺术节2个全国性品牌文化活动，并充分发挥区、街镇、村（社区）三级公共文化服务网络作用，开展丰富多彩的传统文化推广活动。

河东区将家庭文化建设与构建现代公共文化服务体系紧密结合，突出家庭文化建设特色，结合现代公共文化服务体系建设打造"一室、一门、一榜"家庭文化特色模式，举办品牌文化活动家庭文化艺术节，繁荣家庭文化题材文艺作品创作，成立新时代市民文化学院。

河北区专门制定《河北区人民政府关于配备社区综合文化服务中心公益岗人员的实施意见》，对社区综合文化服务中心公益岗位人员的招录、管理、考核、工资保障等进行明确规定，每个社区配置1名政府购买的公益岗位人员。

南开区、红桥区、蓟州区积极探索文旅融合发展，创办"妈祖文化旅游节""天津运河桃花文化商贸旅游节""天津蓟州梨园情旅游文化节"等活动。

2.持续加快基层综合性文化服务中心建设

市文旅局联合市统计局信息咨询中心、天津商业大学，开展了全市10个涉农区街镇综合文化服务中心调研工作，通过实地调研、调查评估、课题研究，形成了《关于全市涉农区街镇文化站资源利用调研情况的报告》，相继制定出台了指导街乡镇、村居文化设施标准化建设的多个规范性文件。为推进各区街镇综合性文化服务中心建设，2016年、2018年组织专家组完成全部街乡镇实地评估验收工作，极大促进了街镇综合文化服务中心建设。建立街镇和村居综合性文化服务中心抽查机制，委托第三方机构对全市街镇和村居综合性文化服务中心建设服务情况开展不定期大规模抽查暗访工作，2017年全年抽查范围覆盖238个街镇和1000多个村居，街镇抽查覆盖率100%，村居抽查覆盖率达20%，有效提升基层公共文化服务效能。利用基层公共文化服务体系建设专项资金，将基层综合性文化服务中心建设纳入补助范围，对各区新（扩）建乡镇综合文化站的，按照不超过国家建设标准的新（扩）建建筑面积，每平方米补助1000元。支持各区统筹利用现有市对区文体传媒一般性转移支付、公共文化绩效奖励等转移支付资金，结合自身实际，推进基层综合性文化服务中心建设。2018年，天津市政府与市委宣传部联合召开基层综合性文化服务中心建设现场推动会，部署开展街镇和村居综合性文化服务中心达标创建工作，计划于2018至2020年分三批创建。和平区、河西区结合全国公共文化服务体系示范区建设，由区政府牵头，整合多方力量，在辖区内开展了社区综合文化服务中心建设专项工作，建成了一批水平较高、设施齐备的综合文化服务中心，高水平实现村居综合性文化服务中心全覆盖。北辰区分批开展"标准村居文化活动室"创建工作，针对设施面积、功能布局等方面提出了具体要求，区政府采取以奖代投的方式给予专项补贴，建设标准村居综合性文化服务中心。西青区在社区（村）文化活动室全覆盖的基础上，整合宣传文化、党员教育、科学普及等各类资源，对文化设施进一步提升改造，在全区社区（村）普遍建立了300平方米以上的综合性文化服务中心。津南区、东丽区在城乡一体化建设工作中，结合新城镇建设，在新建社区高标准配建了一批现代化社区综合文化服务中心，极大地改善了基层文化设施条件。

3.积极开展文化馆图书馆总分馆制建设

区级公共图书馆分馆建设工程被列入2018年市委、市政府二十项民心工程，在全市部分街道、社区综合性文化服务中心开展区级公共图书馆分馆和基层服务点建设。制定出台《天津市区级公共图书馆总分馆制建设和服务规范》《天津市区级文化馆总分馆制建设和服务规范》等规范性文件，为各区开展工作提供指导标准；组织天津图书馆专门成立天津市公共图书馆总分馆制建设配套政策课题组，研究制定公共图书馆总分馆信息公开制度、供需反馈制度、督导考核制度、管理系统并轨制度等配套措施，整理撰写《天津市区级公共图书馆总分馆制建设操作指南》，为区级公共图书馆分馆和服务点科学发展建设提供专业指导和技术支持；指导各区按照建设任务要求，制定切实可行实施方案。邀请全国公共文化服务体系建设专家先后四次开展全市图书馆、文化馆总分馆制建设专题培训，与文化部上海培训基地联合举办天津市区级文化馆图书馆总分馆制建设专题培训班。利用基层公共文化服务体系建设专项资金，积极协调市财政，为总分馆建设提供经费支持。建立完善分馆建设情况统计上报制度，督促各区每月上报总分馆建设进展情况。市文化和旅游局通过照片审核、电话征询、后台数据管理、实地考核等方式对上报建成的分馆和服务点进行检查，督促各区分馆不断完善分馆设施建设和服务水平。

2018 年，天津市共建成区级图书馆分馆 137 个，整合配置图书 55.7 万册，分馆与区图书馆之间全部实现通借通还；建成基层服务点 900 个，整合配置图书 189.6 万册，配置电子阅读设备 766 台；所有分馆和服务点均按照《天津市区级公共图书馆总分馆制建设与服务规范》要求向群众免费开放，并积极创新分馆管理体制和运行机制，把基层服务点从社区文化室向机关、楼宇、部队、学校、商场等公共休闲场所进行推广延伸。各区采取信息化和流动服务结合方式，通过安装了数字阅读机或图书流动服务开展阅读推广服务。积极探索文化馆总分馆制建设，西青区通过配备数字化远程设备，实现区文化馆与街镇综合性文化服务中心的资源共享，信息互通，并通过文化馆干部包街镇的方式，为每个街镇配备专业文化干部长期驻地开展特色文化培训，共建成 10 个区文化馆街镇分馆，完成了街镇文化馆分馆覆盖全区的建设目标。通过数字化远程设备，实现同时对全部街镇开展基层文化干部培训、群众文化队伍培训等实时业务指导，使广大基层群众享受基本公共文化服务内容更加丰富，途径更加便捷，质量显著提升，文化服务均等化水平稳步提高。津南区以区文化馆数字馆建设为契机，积极推进总分馆制建设，在 8 个镇级综合性文化服务中心建设区文化馆分馆 8 个。

4.稳步推进公共文化机构法人治理结构工作

2017 年 8 月，中宣部等七部委联合印发了《关于深入推进公共文化机构法人治理结构改革的实施方案》，天津市文化和旅游局坚持与中央和天津市委决策部署对标、对表，深入贯彻落实文件精神，进一步强化天津图书馆、天津市群众艺术馆、天津自然博物馆法人治理结构的规范运行，并对运行机制及相关配套制度逐步优化完善。2018 年 6 月，文化和旅游部印发《关于开展公共图书馆、文化馆法人治理结构改革试点工作的通知》，确定将天津图书馆、天津市滨海新区图书馆在内的共 61 家单位作为全国公共文化机构法人治理机构改革试点单位进行统筹推动。为全面推动天津市市、区两级公共文化机构改革试点工作，天津市文化和旅游局在天津图书馆召开公共文化机构法人治理结构改革工作推动会，围绕法人治理机构改革的政策文件、主要内容、配套措施、重点任务进行了培训部署，就规范制定章程，优化理事结构，完善配套制度提出了工作要求。按照中央《关于深入推进公共文化机构法人治理结构改革的实施方案》和文化和旅游部《关于开展公共图书馆、文化馆法人治理结构改革试点工作的通知》要求，为统筹推动市、区两级公共文化机构法人治理机构改革，2019 年天津市文化和旅游局在指导天津图书馆完成理事会换届工作，优化完善天津图书馆、天津自然博物馆、天津市群众艺术馆理事会《章程》及相关配套制度，指导天津市少年儿童图书馆完成法人治理结构建设工作基础上，推动滨海新区图书馆、河西区图书馆、北辰区图书馆、河西区文化馆、北辰区文化馆年内完成法人治理结构建设。2020 年，重点推动武清区图书馆、和平区图书馆、津南区图书馆、河东区图书馆、西青区图书馆、和平区文化馆、滨海新区文化馆、西青区文化馆等单位开展公共文化机构法人治理结构改革，2020 年底前基本完成区级公共文化机构法人治理结构改革。

以上四项公共文化体制改革工作截至 2019 年上半年，全市村（社区）综合性文化服务中心已完成 4488 个，到 2020 年计划完成 4705 个，任务完成比例为 95.4%。15 个区公共图书馆完成总分馆制建设，完成比例达 93.7%，12 个区文化馆完成总分馆制建设，完成比例达 75%，未完成的 1 个区图书馆、4 个文化馆均计划在 2019 年底完成总分馆制建设。全市公共图书馆法人治理建设到 2020 年计划完成 10 家，已完成 3 家，文化馆法人治理建设到 2020 年计划完成 6 家，已完成 2 家，任务完成比例均达到 30%。

（三）精准对接，群众共享文化发展成果

1.供需对接，提供公共文化精准服务

天津积极推进公共文化服务精准化，建立新常态下公共文化的供需平衡链，实现公共文化良性循环，让更多的天津市民分享文化供给侧改革的成果。精准收集需求信息，探索以需定供模式，天津市采取多种方式收集百姓文化需求，特别是运用新媒体手段方面，与北方网合作搭建互动平台，开展数字群艺馆、数字图书馆微信平台建设等，成为公共文化需求反馈的重要渠道，清晰呈现出不同年龄、不同阶层公众真实的精神文化需求。根据收集到的百姓文化需求，天津市针对公共文化产品和服务总量较多与结构性短缺并存的矛盾，在内容提供上精准发力。如为改善以往公共文化服务儿童老年参与多、中青年参与少这种"两头沉，中间轻"的情况，着力打造了"梦想家""我的舞台我做主""凡人日记"等专门针对青年群体的群文品牌，为怀揣文艺梦想的青年人提供筑梦舞台。针对群众反馈公共文化活动地域、时间局限性问题，我市以"互联网+"的思维积极打造指尖互联的公共文化服务模式。如组织了包括"家乡味道"寻找记忆中的民俗网络微摄影展、"微时代"全国网络短篇小说大赛等网络活动。为提升农村公共文化服务品质，开展"农民点戏，戏进农家"活动，将要看什么戏的选择权交给农民群众自己，由农民群众参考"剧目册"，根据自己的喜好和意愿点戏。为提高文化惠民项目的针对性、吸引力和满意度，天津图书馆、南开区图书馆、津南区图书馆推出"百姓选书，我买单"订单式服务，从采购源头着手，变定向批量采购图书

为读者自选，将"选书权"交给读者。强化群众评价反馈结果运用，重塑供需平衡，我市根据反馈信息，加强对公共文化服务产品和服务供给的监督和绩效管理，如各类公共文化服务相关考核中均将第三方群众满意度测评纳入其中，倒逼相关单位不断改善服务质量，创新服务方式，提高服务水平。

2.文化惠民工程高效实施，百姓收获文化实惠

天津市相继推出公共图书馆通借通还、免押金借阅服务、市民文化艺术节等一批惠民工程，取得了良好的实践成果，津城百姓得到了实实在在的文化实惠。2016 年实现天津图书馆为中心的 20 个公共图书馆通借通还服务体系。"一卡在手，全市通读"，极大提升了图书馆整体服务能力。2017 年 4 月 23 日，全市各级公共图书馆统一实施中文图书免押金借阅，彻底取消借阅门槛。截至目前，全市各级公共图书馆累计新办借阅证 26 万多个，退还押金500 多万元，月办证量同比增长 70%。天津成为全国首个实现全区域范围内各级公共图书馆免押金服务的省市。第四届市民文化艺术节是 2019 年天津市二十项民心工程。该艺术节自筹备以来，市文旅局牢牢把握以人民为中心的工作导向，以"祝福祖国 赞美家乡"为主题，将迎庆新中国成立 70 周年贯穿在艺术节各项活动之中。经过与各区文化和旅游局、市群众艺术馆、天津图书馆、市少年儿童图书馆等单位反复协调沟通、充实活动内容、完善活动方案、落实活动经费，最终确定为"唱响主旋律""共祝祖国好""文化进万家""中华有传承""书香满天津"等 5 大版块共 48 项活动，涵盖音乐、舞蹈、戏剧、曲艺、美术、书法、摄影、文学、读书等各类群众文化活动 400余场。仅市民艺术节开幕式活动现场参与及观看群众近万人次，通过津云和腾讯直播平台线上观看演出人次达 6 万余人。津云市民艺术节专栏总点击量已达130 万余次。结合对口援助任务，远赴新疆和田地区、西藏昌都、青海省黄南州和甘肃省甘南州等地区，连续多年开展"春雨工程"文化志愿者边疆行活动，把天津人民的深情厚谊送到边疆。2019 年赴新疆和田开展"我们的中国梦 中华文化耀和田"暨春雨工程文化志愿者边疆行活动，组织 30 余人演出队伍，节目涵盖音乐、舞蹈、戏剧、曲艺、杂技、魔术等多个艺术门类，历时 12 天，演出 10 场，覆盖和田地区 7 县 1 市，惠及 1.5 万余名当地群众。

三　天津市公共文化服务存在的问题

（一）设施建设水平有待提升

部分村和老旧社区文化设施建设不达标。有些设施建设未考虑辐射百姓提供服务、方便管理等因素，存在选址及内部布局不合理等问题，部分功能室利用率不高，受益群众较少；部分设施后期经费投入不足、设备简陋或匮乏，不便百姓参与使用。

（二）基层文化服务效能发挥不充分

一是部分设施管理服务不规范。天津市虽然出台了完备的设施管理服务规范，包括功能配置、标识牌匾、开放时间、管理制度、服务项目、活动场次、人员配备、特色品牌、信息报送等内容，实际运行中不同程度存在管理服务规范落实不到位的问题。二是服务项目和产品供需不匹配。一方面表现为供不应求，优秀高品质的、百姓喜闻乐见的产品项目不多，不能较好地满足百姓需求；另一方面表现为供非所求，部分服务项目内容，事先并没有对群众文化需求进行深入调研，对群众缺乏吸引力。

（三）基层文化队伍建设薄弱

一是街镇和村居文化管理人员难以实现专人专岗。虽然中央及天津地方多个文件对街镇和村居文化管理人员提出明确要求，多数区也要求专人负责，但实际落实情况不理想，在一个综合职能众多且不是以文化职能为主的机构，即使有固定专门人员从事文化工作，也很难实现专岗专责，甚至要求文化管理员做到以文化工作为主都较为困难。二是公共文化专业人才匮乏。从事文化普及和组织策划文化活动的骨干力量严重不足。许多市级艺术工作者下乡、辅导、交流往往是配合某项文化活动开展，没有形成制度化工作机制。三是人员培训力度不够。街镇和村居文化工作人员缺乏由上对下的业务指导和服务支撑，上级文化部门对街镇和村居开展工作进行指导、培训等缺乏统一规划，未形成常态化机制。

四 天津市公共文化服务未来改革发展的设想

（一）推进基层文化设施建设

继续开展基层综合性文化服务中心达标验收，推动公共文化服务标准化、均等化。公布命名达标基层综合性文化服务中心，发挥示范引领作用，鼓励引导各区、各街镇、各村比学先进，不断加强文化设施建设服务。及时总结经验做法，加大宣传推广、教育培训力度，使基层综合性文化服务中心的高标准、新内容深入人心。同时，启动第二批街镇和村居综合性文化服务中心达标验收工作，继续推动全市基层公共文化服务上水平。

（二）提升基层文化服务效能

以文化馆、图书馆总分馆制建设为抓手，推进基层综合性文化服务中心发挥效能。以新一轮全国文化馆评估为契机，落实中央文化体制改革重点任务，制定文化馆总分馆服务规范，指导各区文化馆总分馆制建设取得实质进展，在街镇分馆推广"五个一"文化建设，即建成1个特色展馆、培育1个活动品牌、扶持1个群众文艺团体、组织1次街镇文艺汇演、编排1个特色节目。在村居推广"三个一"文化建设，即培育1个活动品牌、扶持1个群众文艺团体、组织1次基层文艺汇演。

（三）对接百姓需求提供优质服务

整合各类文化资源，推动优质资源丰富基层文化生活。发挥市民文化艺术节平台优势，结合农家书屋、城市书吧提质增效，结合戏曲进乡村专项工作，推动更多文化产品和服务向街镇和村居下沉。推动各区担起责任、抓好落实。比如，在今后举办的滨海艺术节、"和平杯"京剧小票友邀请赛、"天穆杯"小品展演、家庭文化艺术节、社区文化艺术节、"宝坻杯"京东大鼓艺术节、"南开杯"新广场舞大赛暨京津冀广场舞展演等各项品牌群众文化活动中增加基层一线巡演、活动的比重和场次，立足基层性文化中心设计开展一定比例的活动，在推动供需对接、资源下沉的同时，努力用好基层文化设施，提升老百姓幸福感、获得感。

（四）加强基层文化队伍建设

加强基层文化人员队伍建设，充分发挥群众在文化建设中的主体作用。建立健全基层文化队伍培训机制，大力开展基层文化人才培训，壮大文化志愿者队伍，充分发挥好基层文化能人、文艺骨干的示范带动作用，挖掘地域特色文化，推动各街镇、各村居打造"一街镇一品""一村居一品"，在推动基层公共文化服务特色化发展过程中尊重群众主体地位，形成群众演、群众看、群众乐的良性循环。

专 题 研 究

天津市公共文化服务体系建设现状与发展路径

柯 平①

摘 要： 当前形势下，加快现代公共文化服务体系建设是重视民生的一项重要举措，是全面深化文化体制改革、促进文化事业繁荣发展、打造文化自信的必然需要。近年来，天津市公共文化服务体系在政策法规、组织支撑、资金与人才、基础设施建设等方面取得了一定的成绩，通过构建制度化、标准化、社会化、数字化以及示范化等有效发展路径，助推天津市现代公共文化服务体系逐渐完善，未来在文旅融合、区域特色、现代科技、京津冀协同发展方面还有很大的拓展空间。

关键词： 天津 公共文化服务体系现状 路径

---

① 柯平，南开大学商学院教授。

近年来，天津市委、市政府将公共文化服务体系建设作为重点任务，公共文化服务体系建设呈现出全面推进、重点突破、整体提高的良好态势，在全国范围内起到了很好的示范和引领作用。如今，天津市已经基本建成覆盖城乡、便捷高效、保基本、促公平的现代公共文化服务体系，基本公共文化服务标准化与均等化水平稳步提升，公共文化服务各项指标位于全国前列。市、区（县）、乡镇（街道）、村（社区）四级公共文化设施网络全面覆盖，各区推进区、街道、社区三级公共文化服务体系逐步提升和完善，公共文化服务效能稳步提升。

一 公共文化服务与公共文化服务体系

2005 年，党的十六届五中全会首次提出"公共文化服务体系"的概念。2013 年党的十八届三中全会《关于全面深化改革若干重大问题的决定》首次提出要"构建现代公共文化服务体系"，现代公共文化服务体系建设被提升到社会发展的战略全局高度，指明了未来公共文化服务的发展方向。

（一）公共文化服务

公共文化是文化的组成部分，强调的是文化的普惠性、共享性和基本性，公共文化是以满足公民基本文化需求为主要目的，由政府主导、社会力量参与，向全体公民提供的公共文化设施、产品和服务，承担着向所有人传播和内化社会主义核心价值观、提高公民道德和文化素质的使命与功能，其所提供的具体内容、具体活动、具体服务需要与经济社会发展水平和供给能力相适应，应当动态调整、与时俱进、因地制宜[1]，而公民的文化权益与文化需求是公共文化服务存在的支撑点[2]。《中华人民共和国公共文化服务保障法》以法律形式界定了公共文化服务，公共文化服务是指由政府主导、社会力量参与，以满足公民基本文化需求为主要目的而提供的公共文化设施、文化产品、文化活动以及其他相关服务[3]。公共文化服务是实现人民群众基本文化权益的主要途径，对于公共文化服务而言，"均等"是核心，公共文化服务的最终目标是让文化的阳光普照每一个人；"基本"是尺度，公共文化服务保障基本文化权益、满足基本文化需求；"公益"是保障，公共文化服务政府主导，以公共财政支撑为主；"便利"是前提，公共文化服务是老百姓身边的文化、是融入老百姓日常生活的文化，必须方便利用。

（二）公共文化服务体系

从"公共文化服务体系"的初步提出，到"现代公共文化服务体系"，是顺应文化体制改革的要求对以前公共文化服务的深化改革，表明了文化功能设置、服务体制机制、服务途径方式等方式不断更新升级，并逐步走向现代化。公共文化服务体系是以保障人民群众基本文化权益、满足人民群众基本文化需求为目的，以政府为主导，以公共财政为支撑，以公益性文化单位为骨干，向全社会提供的公共文化设施、产品、服务及制度体系的总称，包括公共文化基础设施建设体系、公共文化组织管理体系和公共文化活动体系等方面，是现代社会文明的基本标志[4]。公共文化服务体系化是公共文化服务建设的题中之义，现阶段我国所构建的公共文化服务体系以传统文化事业单位为基干的建设道路，兼具时代性、开放性和创新性的特点，是现代化国家治理体系的重要组成部分。

天津市公共文化服务体系建设以培育和践行社会主义核心价值观为导向，坚持围绕中心、服务群众，公共文化投入机制稳定增长，公共文化设施网络覆盖面不断加大，公共文化产品供给有效提升，公共文化活动品牌不断丰富，公共文化服务队伍素质持续提高，初步形成了公共文化制度体系有效运行的总局面，公共文化呈现出整体推进、重点突破、全面提升的良好发展态势，人民群众精神文化生活得到明显改善[5]。近年来，按照党中央、国务院的要求，天津市委、市政府积极推进公共文化服务体系建设的决策部署，在天津市财政的大力支持下，天津市持续加大公共文化服务建设力度，积极创建国家文化服务体系示范区，初步形成了稳定发展的公共文化服务体系，形成具有天津特色的公共文化服务体系的"天津模式"。

二 天津市公共文化服务体系建设现状

天津市大力发展公益性文化事业，以政府为主导，公共财政为支撑，以公益性文化单位为骨干，坚持公共文化建设的公益性、基本性、均等性和便利性，引导和鼓励各类企业和社会力量共同参与公共文化服务，在公共文化服务体系中不同领域取得了值得肯定的成就[6]。

（一）公共文化政策法规体系引领科学有效

1.率先出台地方实施意见，公共文化服务政策体系有序推进

天津市委、市政府高度重视现代公共文化服务体系建设，将其纳入市委深改组工作台账，写入政府工作报告。2015 年 1 月，两办印发的《关于加快构建现代公共文化服务体系的意见》之后，天津市按照党中央、国务院和文化部的相关要求，相关部门乘势而上、密切配合，于 2015 年 7 月制定出台天津市《关于加快构建现代公共文化服务体系的实施意见》（以下简称天津市《意见》）及实施标准，成为继山东省之后全国第二个出台地方实施意见的地区，推动全市公共文化工作步入发展的快车道，天津市在全国现代公共文化服务体系制度设计方面走在全国前列。提出到 2020 年基本建成覆盖城乡、便捷高效、保基本、促公平的现代公共文化服务体系。在天津市《意见》出台后，天津各区纷纷出台区级推进政策，例如《宝坻区关于加快构建现代公共文化服务体系建设的实施方案》《南开区关于加快构建现代公共文化服务体系的实施意见》《天津市滨海新区关于加快构建现代公共文化服务体系的实施方案》等。天津市公共文化服务政策立足天津实际、着眼长远，彰显了制度的引领示范功能，并体现了鲜明的天津特色。

2.完善天津市文化法制体系，明确各级政府责任

非物质文化遗产保护领域，我国于 2011 年就颁布了《中华人民共和国非物质文化遗产法》。在加快推进现代公共文化服务体系的背景下，天津于 2018 年 12 月及时出台了《天津市非物质文化遗产保护条例》。2016 年 12 月，《中

华人民共和国公共文化服务保障法》颁布，天津市结合自身区域特色，于 2018 年 11 月出台《天津市公共文化服务保障与促进条例》，让公共文化服务"接地气""活起来"。这两部条例将天津市建设公共文化服务体系与非物质文化遗产保护的有效经验上升到地方性法规，完善了天津市文化法制体系，在明确各级政府责任的同时，助推本市公共文化服务体系建设与非物质文化遗产保护再上新台阶。

3.拓宽政策覆盖领域，多角度保障公共文化服务体系建设

为进一步落实完善天津市文化设施布局，天津市出台《天津市文化设施布局规划（2015—2030 年）》，对国家级、市级、区县级、街道（居住区）或乡镇级、居委会（社区）或村级公共文化设施空间布局提出明确的要求和配建标准。2015 年 5 月，国务院办公厅《关于做好政府向社会力量购买公共文化服务工作的意见》下发后，天津市文旅局、财政局、出版局、体育局四部门于 2016 年初联合制定下发《关于做好政府向社会力量购买公共文化服务工作的实施意见》[7]。2017 年 8 月，继《国家"十三五"时期文化体制改革和发展规划纲要》之后，天津市出台《天津市"十三五"时期文化发展改革规划纲要》，有效推进天津市文化强市的建设步伐，并对公共文化服务体系建设提出发展要求。2017 年 12 月，为贯彻落实文化部等《关于推进县级文化馆图书馆总分馆制建设的指导意见》，天津市出台了《关于推进天津市区级文化馆图书馆总分馆制建设的实施意见》。同时，天津市相关部门还起草了《天津市关于推进基层综合性文化服务中心建设的实施方案》。以上政策的出台，逐渐拓宽天津市公共文化服务体系建设的政策保障覆盖领域。

4.政策重点向基层倾斜，加大对基层公共文化服务的扶持

各级人民政府加大对村、社区公共文化服务的供给，为村、社区开展公共文化活动提供支持，逐步加强对基层的指导和帮扶。公共文化服务城乡发展不平衡是限制区域公共文化发展的重要因素，天津市采取"面向基层、面向农村、面向社区，实现重心下移、资源下移"的政策引导措施，图书馆通过开设社区分馆、行业分馆、流动图书馆等形式，将公共图书馆服务向行业、

基层延伸。同时，通过数字图书馆共享系统，打破传统图书馆区域界线，实现无建筑虚拟图书馆无瓶颈服务。在宣传落实方面，天津市针对地方公共文化服务体系建设现状和新政策的出台带来的新变化，多次召开公共文化服务体系建设协调组会议，贯彻推动天津市地方文化法规宣传，对地方法规与政策的宣传落实，积极开展工作部署。

（二）公共文化服务组织支撑体系作用凸显

1.建立工作协调机制，力求精准发力

2015年天津市《意见》出台之后，及时成立公共文化服务体系建设协调组，天津市分管副市长任组长，市政府分管秘书长与市文化和旅游局负责同志任副组长，办公室设在市文化和旅游局，成员单位包括市委宣传部等近30家的相关部门，发展改革、教育、科技、财政、规划、建设、体育等部门在各自职责范围内负责相关公共文化服务工作。各区参照市级公共文化服务体系建设协调组实行。通过此种协调机制，明确工作职责，加强统筹、整体设计、协调推进，市、区两级工作协调机制的建立，为全面推进公共文化服务工作提供了强有力的组织保障。

2.积极深化体制改革，探索公共文化服务新思路和新模式

天津市以深化文化体制改革为引领，体制机制创新进展明显。党的十八届三中全会确定了文化改革重点任务，党的十九大明确了政府机构和行政体制改革的三大方向，强调推动文化事业和文化产业发展，深化文化体制改革，完善文化管理体制。创新基层公共文化管理机制方面，积极探索基层群众自治组织，推动全民参与式管理，完善表达和监督机制。积极推动公益性文化事业单位改革，按照深化文化体制改革和推进事业单位分类改革的要求，推进管办分离，以试点的形式稳步推进公共文化机构法人治理结构实施和运营。落实推动政府向社会力量购买公共文化服务工作、推进基层综合性文化服务中心建设的实施。充分发挥政府、市场和社会三方力量，体现统筹建设、协同推进、开放多元、创新发展的要求，构建起政府、市场、社会和群众等主体间的良性互动机制。

在文化和旅游大发展的背景下，文旅融合已成为公共文化服务发展的新动能。2018 年 11 月，根据党中央、国务院正式批准的《天津市机构改革方案》，将天津市旅游局、文化广播影视局的文化、广播电视、文物管理等职责整合，组建成立市文化和旅游局，作为市政府组成部门，加挂市广播电视局、市文物局牌子，同时不再保留市文化广播影视局、市旅游局，天津市文化和旅游局，使新部门成为天津市文化和旅游融合发展的主管部门。到 2018 年底，天津市基本完成了文化和旅游合并的机构改革，各区也加快推进文旅融合步伐，就此开启天津市探索公共文化服务的新思路和新模式。

3.协调不同管理领域间的合作，全力实现共建共治共享

天津市、区人民政府在领导本行政区域公共文化服务工作的同时，将其纳入本级国民经济和社会发展规划，以实现统一协调和规划。2018 年 11 月，天津市制定了《全域创建文明城市三年行动计划》，推进全域文明城市创建管理机制建设。同时，在积极推进自身组织改革的基础上，天津市积极培育和规范文化类社会组织，制定相关规章，加强引导、扶持和管理。鼓励组建多种形式的文化服务组织，在公共文化社会化的助推下，推进文化类社会组织与行政机关的脱钩，以独立身份融入公共文化服务体系建设之中，创新理念方法，充分调动多方建设力量的积极性。

（三）公共文化资金与人才保障体系支撑有力

1.强化专项资金保障，形成长效稳定投入机制

自 2015 年底开始，天津市围绕基层公共文化服务体系建设情况和群众实际需求，率先设立了基层公共文化服务体系建设专项资金，区财政也按一定比例配套投入。专项资金包括农村文化建设专项资金，博物馆、美术馆、图书馆、文化馆（站）免费开放专项资金，天津市民办和行业博物馆专项补助资金，支持高端演出、高端展览和公益文化普及活动专项经费，国有院团超场次演出专项补贴资金等专项资金。专项资金涵盖经常性补助、重点项目补助、绩效奖励三部分，专项资金设立后，天津市对全部街镇、行政村、社区每年公共文化服务建设予以补助，从而有力地保障了各项实施标准的推行实施。

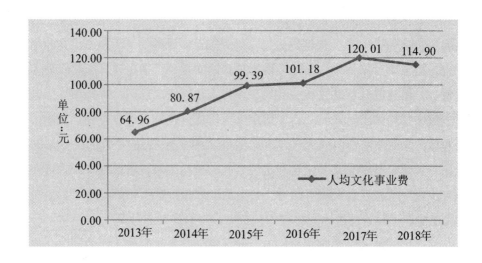

图 1　天津市 2013—2018 年人均文化事业费

资料来源：此图及以下各图表均来源于历年《中国文化文物统计年鉴》。

2.拓宽资金来源渠道，财政投入力度不断加大

天津市、区级政府将基本公共文化服务所需经费纳入各级政府目标管理责任制，纳入本级财政预算，一同部署安排，一同推动落实，基本公共文化服务财政支出与本区域经济发展和财政增长相协调，逐步增加公共文化服务财政投入。市财政进一步落实财政转移支付，重点向落后地区倾斜，重点支持农村和社区基层。2017 年，天津市文化体育与传媒财政支出 57.94 亿元，相对于 2016 年增长 1.4%，为公共文化服务体系建设提供了有力的资金支持。各级政府也通过政府购买的方式，拓展公共文化资金保障的途径，发挥民间文化团体、文化人才等社会力量的特长和作用。

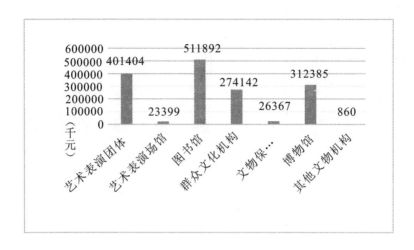

图 2 2017 年天津市公共文化财政拨款分配

3.合理配备人员岗位，重点解决基层文化管理人员匮乏问题

天津市、区政府根据公共文化设施的功能、任务和服务人口来合理设置、配备人员岗位，成长起一批有现代意识、创新意识的公共文化管理者及基层人才队伍。落实公共文化人才培训工程，并将其列为天津市公共文化建设重点工作，提升从业人员职业素养和服务能力。近年来实施的"千村百站"街乡镇文艺骨干培训工程和"千人百团"社区艺术团培训工程，每年培训文化管理人员 1500 余名，筑牢基层文化管理人才基地。逐步形成以市、区县宣传文化队伍为龙头基层文化单位和文艺团体为纽带，各级优秀文艺人才为骨干的文化组织网络。市和区人民政府及文化等有关部门建立和完善公共文化服务人才引进、培训和激励机制。鼓励和支持文化专业人员、高校毕业生和志愿者到基层从事公共文化服务工作。

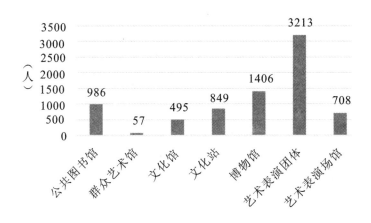

图 3　2017 年天津市主要公共文化机构从业人员数

（四）公共文化基础设施网络体系覆盖逐步完善

1.统筹全市，建成覆盖城乡的公共文化设施网络

天津对全市现有和计划建设的图书借阅、文化活动、传统文化产业和新兴文化产业四类设施进行统一部署，逐步形成覆盖城乡、功能完善、布局合理的文化设施格局。建成以天津市文化中心为代表的一大批标志性公共文化设施后，新建和改扩建了一批区文化馆、图书馆、博物馆和街乡镇文体中心，村文化室和农家书屋基本实现全覆盖，市、区、街镇和村居四级公共文化设施网络得到进一步完善[8]。按照文化部基层综合性文化服务中心试点要求，2015 年天津市在和平区、东丽区、津南区、西青区四个区开展了试点工作，全年共建成基层综合性文化服务中心 169 个。截至 2018 年底，共建成区级公共图书馆分馆 137 个，基层服务点 900 个。

表 1　2013 年–2018 年天津市公共图书馆发展基本情况

项　　目	年　份					
	2013	2014	2015	2016	2017	2018
机构数（个）	31	31	31	31	32	29
从业人员（人）	1248	1217	1189	969	986	1047
总藏量（万册/件）	1474	1598	1697	1806	1662	1867
人均拥有公共图书馆藏量（册/件）	1.00	1.05	1.10	1.16	1.07	1.20

项　目	年　份					
	2013	2014	2015	2016	2017	2018
总流通人次（万人次）	714	681	789	851	1403	1226
外借册次（万册次）	658	779	859	876	1058	1137
财政拨款（万元）	27108	32511	37294	39120	51189	56947
总支出（万元）	38499	31586	35517	37285	53488	53025
新增藏量购置费（万元）	3358	4140	4870	4688	12399	7350
人均购书费（元）	2.281	2.729	3.148	3.001	7.964	4.713
购书费支出占总支出比重（%）	8.7	13.1	13.7	12.6	23.2	13.9
新购图书册数（万册）	121	122	102	110	166	223
阅览座席数（万个）	1.4	1.4	1.5	1.5	1.7	1.9
每万人公共图书馆建筑面积（平方米）	168.1	169.4	167.4	168.8	209.1	259.8

2.互联互通，总分馆制建设纳入现代公共文化服务体系

2017年底以来，天津市按照填平补齐原则，继续推进市、区、乡镇（街道）、村（社区）四级公共文化设施网络建设。预计到2020年，实现四级文化馆图书馆总分馆制服务体系全面覆盖[9]。在总分馆建设的同时，天津图书馆着力加强行业分馆的建设，"工商局分馆""市残联分馆""农业科技分馆""公安分馆"陆续建立起来，有效带动了社会上其他单位主动与天津图书馆联系，建立本行业的分馆，并与总分馆制的推行形成很好的联动作用。在推进文化馆图书馆总分馆制的机遇下，市、区、街、基层点四级图书馆通借通还服务取得了很好的效果，实现书目数据与天津图书馆书目数据无缝对接。实现"三馆一站"及街道、社区公共文化设施全部免费开放，公共图书馆、文化宫、非遗馆、纪念馆、博物馆实现无障碍、零门槛进入。2016年底，实现了全市各级公共图书馆通借通还。2017年，成为全国首个实现全区域范围内各级公共图书馆免押金服务的省市。

3.辐射基层，重点突破涉农文化设施薄弱环节

近些年，天津市涉农基层文化设施建设相对薄弱，部分涉农区的街镇文化站设施布局不合理，有些街镇文化站，群众不方便到达，出现一边闲置、一边无场馆可用的情况，部分村居文化室存在被挪用、日常开放不规范等现

象。基于此，天津市积极推动街镇村居开展达标建设。经过近年来的不断推动，街镇、村居基本建有综合性文化服务中心。按照《天津市村居综合性文化服务中心建设服务规范》要求，2018 年天津市村居综合性文化服务中心建筑面积不低于 300 平方米的有 1133 个，约占全部村居的 22%。

（五）公共文化产品生产与服务供给体系日益充实

1.文化惠民全面提速，彰显区域文化特色

由于天津特殊的历史积淀，文艺氛围比较浓厚，优秀的公共民俗文化得以传承，专业文艺团体定期表演。天津市为深入实施文化惠民工程、持续改善文化民生，在全国首推文化惠民工程——文惠卡，也成为天津市在公共文化服务体系建设方面的一张特色名片，进一步彰显了天津市的历史文化特色。文化惠民卡推行之后，近几年天津市文化演出市场呈现出井喷态势。仅 2018 年，市财政安排补助资金 4000 余万元，推出文惠卡演出 5228 场，吸引观众 136 万人次。2019 年，文惠卡再次"扩容"，增发 8.5 万张，发行总量达到 22.5 万张。每逢节假日和周末，每天都有二三十场不同类型的演出在各大剧场轮番上演[10]。同时，区级文化惠民工程也积极推进，例如和平区将和平共享书吧作为 20 项民心工程项目之一，与市级惠民工程互为补充。

2.公共文化服务精准供给，破解供需脱节

提升公共文化服务设施利用率关键要在供给侧发力，不断提高公共文化服务供需的匹配程度。针对公共文化服务供需脱节的问题，天津市在开展公共文化服务精准投放成效调查的基础上，积极推广"菜单""订单"服务，实行"群众点单""资源配送"的供给模式。转变"大水漫灌"为"精准滴灌"式服务，提升公共文化产品的针对性、满意度和吸引力。例如，河西区把印有各类文化产品资讯的"节目菜单"免费发放到居民手中，"农民点戏、戏进农家"服务将文化惠民活动自主权交给农民群众。天津市文化中心开展"群众点单我请名师"活动，邀请知名人士举办公益讲座；天津北方演艺集团在"文化惠民卡"的基础上，新增了郊区县卡、学生卡和公益卡；和平文化宫针对盲人群体成立"心目影院"。此外，还建立群众需求反馈机制，"倒逼"公共文化服务部门创新。2018 年 11 月，天津政务网公开了《天津市人民政府办公厅关于加快推进夜间经济发展的实施意见》，在文旅融合的大背景下，天津市积极探索创新公共文化服务，丰富市民夜间文化生活。天津图书馆 2019 年 1 月 10 日起延时开放至 21 点 30 分；从 2019 年 7 月 8 日开始，天津滨海新区图书馆、滨海新区博物馆和滨海新区美术馆等文化场馆开展夜间延时服务，延时开放至 22 点至 22 点 30 分。

3.人民群众广泛参与，打造精品群众文艺品牌

针对基层文化管理人员匮乏的问题，天津市在村居层面推广政府购买公益文化岗的做法，目前河西区、滨海新区、东丽区、西青区、北辰区、武清区等多区已经设立村居公益文化岗。公共文化服务志愿者团队方面，天津市已于 2012 年成立公共文化志愿服务总队，注册志愿者人数超过 6000 多人。每年的基层公共文化志愿演出累计达 4500 场，受惠群众超过 300 万人次。扶持全市各类民间团队和协会共 6000 个，人员近 12 万人，涉及合唱、舞蹈、腰鼓、戏曲等几十个门类。结合文化部对天津市志愿活动对口支援工作的要求，推进文化志愿服务边疆行。"春雨工程"天津甘肃手拉手、"北辰区文化志愿者革命老区正宁行活动"、和平区甘肃靖远文化调研及文艺培训等活动有很好的社会影响。同时，打造国家级和市级群众文艺精品活动，"一区一品"实现了国家级和市级群文品牌活动在各区县的全覆盖。2016 年以来，市文化和旅游局集中优势资源，将全部品牌活动纳入"天津市市民艺术节"大平台，打造群众文化活动的"组合拳"和"升级版"。"和平杯"中国京剧票友邀请赛、北辰区"天穆杯全国农村小品展演"、东丽区"东丽杯全国群众文学评奖"、西青区"杨柳青年画艺术节"、南开区"妈祖文化旅游节"等一系列品牌活动影响广泛。全民阅读方面全力打造书香天津，讲好天津的故事，在全市营造浓厚书香氛围。河西区马场街"读书节"、西岸读书节等品牌阅读活动深受群众喜爱。

三　天津市公共文化服务体系建设路径

"十二五"期间，公共文化服务体系基本建成，但与经济社会发展要求相比，与人民群众不断增长的精神文化需求相比，与城市功能定位相比，文化改革发展还存在不相适应的问题。"十三五"期间，天津努力将本市建设成有榜样、有名胜、有自信、有传承的文化强市。建设过程中，天津市公共文化服务体系建设路径符合经济社会发展趋势，符合构建现代公共文化服务体系的要求，符合文化发展规律，具有科学性和示范价值。

（一）公共文化服务制度化的有效保障

1.制度建设协调机制

公共文化服务相关法规政策的编制、法规政策的内容设计、不同行政层级的政策推进方面，天津市形成了完整的制度建设协调机制。规划编制主体方面，天津市加强制定地方性公共文化服务法规，建立由天津市政府分管领导牵头、相关职能部门参与的公共文化服务体系建设协调机制，各区联合多个部门组成的公共文化服务体系建设协调组。如北辰区的公共文化示范区创建工作由49个部门联合建立6个专项创建推动组。内容设计和政策推进方面，天津市从整体上把握与国家政策的衔接，发布天津市《意见》，各个区结合本区特色，注重与国家、市级政策的内容衔接。以滨海新区为例，积极推进、落实本区加快构建现代公共文化服务体系的实施方案，并出台了《关于进一步加强街镇文化站人员队伍建设的通知》《天津市滨海新区街镇居村公共文化设施三年达标实施方案》等文件[11]。

2.机构管理运行机制

法人治理结构方面，天津市不断探索建立事业单位法人治理结构，推动公共图书馆、博物馆、文化馆、科技馆等组建理事会，吸纳有关方面代表、专业人士、各界群众参与管理，健全决策、执行和监督机制。天津图书馆成为国家事业单位法人治理结构建设试点单位，制定了《天津图书馆理事会组建方案》《天津图书馆理事会章程》等制度文件；陆续启动市群艺馆和自然博物馆法人治理结构建设；滨海新区逐步推进区属公共图书馆、文化馆总分馆制服务体系的全覆盖，建立图书馆、文化馆、博物馆现代法人治理结构，为全区城乡居民提供优质便捷的公共文化服务。公共文化设施资产统计报告制度和公共文化服务开展情况的年报制度方面，公共文化设施管理单位建立资产统计报告制度，实行资产动态管理机制，汇总、编制、公开公共文化服务开展情况的年度报告。天津市结合地域特色和居民文化需求，配置和更新必需的服务内容和设备，加强设施经常性维护管理工作，保障公共文化设施的正常使用和运转。

3.效能导向评价机制

天津市公共文化设施从以硬件建设为主，转向重点提升服务效能，以街镇、村居等基层为主要工作对象，为此天津市设计公共文化服务体系考核评价制度，并以效能为导向，制定政府公共文化服务考核指标。各区注重以公共文化服务效能为导向评价机制的建设，如西青区注重建立基层群众文化团队培育与激励机制，和平区以全民阅读推动公共文化服务效能提升。天津探索引进公共文化服务第三方评价机制，增强公共文化服务评价的客观性和科学性。2016年、2018年天津公共文化服务评估继续加大第三方评价机制运用，建立公众参与的公共文化服务考核评价制度。此外，天津以街道综合文化中心和社区文体活动室为联系群众的纽带，将群众对公共文化服务的满意度调查作为常规性工作。

（二）公共文化服务标准化的不断推进

1.公共文化设施网络建设标准化

天津市基本公共文化服务设施标准的推进，形成"两心、一廊、多点"的天津文化设施空间布局结构，将市级、区级公共文化设施串联成完善的公共文化服务网络。《天津市基本公共文化服务实施标准（2015—2020年）》中"基本公共文化设施条件"标准共15条，明确了基本公共文化设施条件，有关部门、相关单位按照本市基本公共文化服务实施标准提供公共文化服务，如《天津市居住区公共服务设施配套标准》《天津市文化设施布局规划》（2015—2030）。同时各区为加快落实《天津市基本公共文化服务实施标准》，制定区级基本公共文化服务实施标准，如《滨海新区基本公共文化服务实施标准》，文化行业规范标准的相继出台也在完善公共文化设施，如《天津市博物馆服务标准》，从服务设施与环境方面列出了 6 条标准。

2.基层综合文化服务建设标准化

天津市出台了《天津市乡镇（街道）综合性文化服务中心建设与服务规范》《天津市村（社区）综合性文化服务中心建设与服务规范》等，对乡镇（街道）、村（社区）制定出相应标准，通过标准的保障，计划到 2020 年各区建立起以区图书馆为总馆，乡镇（街道）综合性文化服务中心为分馆，村（社区）综合性文化服务中心为基层服务点的三级总分馆制服务体系。2017至 2018 年，按照示范标准新建了 4 个街道级综合文化服务中心。截至目前，共有 10 个符合建设标准的街道综合性文化服务中心免费开放，其余 2 个街道建筑面积达标的综合性文化服务中心用房已经进行了交接[12]。

3.公共文化服务绩效评估标准化

以绩效评估的方式衡量文化事业的发展状况，强调对公共文化资源和公共文化服务进行有效的监督和约束。建立公共文化机构绩效考评制度，考评结果作为确定预算、收入分配与负责人奖惩的重要依据。天津市建立了市对区公共文化服务体系建设的全面考核机制，专门研究制定了《公共文化服务评估验收工作方案》《公共文化服务评估验收细则》和《天津市基层公共文化设施达标验收工作实施方案》。并于 2016 年、2018 年、2020 年开展天津市公共文化服务体系建设评估验收，量化二级指标 57 个。2018 年天津市公共文化服务体系建设评估验收过程中，市公共文化服务体系建设协调组对 16个区近 40 个图书馆、文化馆、博物馆和 240 个街镇开展了实地评估验收，并委托第三方机构进行了 16 个区的群众满意度测评和 1179 个村居的实地评估验收。通过以评促建，有力推动了全市公共文化服务体系建设。

（三）公共文化服务社会化的稳步发展

1.社会购买服务新颖化

天津市《关于做好政府向社会力量购买公共文化服务工作的实施意见》《政府向社会力量购买公共文化服务指导性目录》，在购买公益性文化活动、支持民营院团及文化志愿服务、创新文化设施运营管理等方面培育了一批政府购买公共文化服务典型示范项目，形成了与社会组织合作联建等多种社会化运行管理模式。以设立专项经费方式创新公益文化活动覆盖面和影响力，形成了市级支持、区级配套机制，对项目的支持实现重点突出、多渠道、广覆盖。专项经费包括经常性补助、重点项目补助、绩效奖励三部分，专项经费设立后，天津市每年将对全部街镇、行政村、社区的公共文化服务建设予以补助，从而将有力地保障各项实施标准的推行实施[13]。同时，以政府购买服务的思路探索公共文化服务设施运营管理新模式。天津市先后实施推出文化惠民卡，支持高端演出、高端展览、公益文化普及等公共文化服务购买项目，政府购买开展天津市名家经典惠民演出季等活动，委托社会力量对天津大剧院进行运营与管理，设立扶持民办和行业博物馆发展专项资金。基层文化管理人员方面，推广政府购买公益文化岗。

2.服务参与主体多元化

天津鼓励和支持社会力量通过兴办实体、资助项目、赞助活动、提供设施、捐赠产品等方式参与提供公共文化服务，建立公共文化机构和社会组织、民营机构、个人的合作机制。社会组织方面，天津市培育和发展公共文化服务领域的社会组织，包括民间文化保护基金会等，天津市文化惠民演出联盟，是我国首个以文化惠民演出为宗旨的联盟组织，有机整合国有院团和民营演出单位。民营机构方面，由民营企业家建设的产业园和博物馆定期向群众免费开放。个人方面，名人将自己的藏品和作品无偿捐献给文体中心，供群众欣赏。丰富的文化活动和使用便利的文化设施也吸引了一批观众投身到文化服务团队中去。

3.文化供给形式多样化

天津市相继推出文化惠民卡、公共图书馆通借通还、免押金借阅服务等一批惠民工程，文化供给形式多样化。通过票价补贴、剧场运营补贴等方式，支持艺术表演团体提供公益性演出，鼓励在商业演出和电影放映中安排低价场次或门票，实施群众文化团队扶持项目，形成群众文化团队建设运行长效机制，建立群众文化活动交流平台，推动公共文化服务社会化、专业化发展。如天津市开展名家经典惠民演出季等演出活动，扶持重大革命和历史题材影视作品品牌、津版图书品牌、津派舞台艺术品牌和文化特色活动品牌等。支持文艺演出、展览和公益文化普及活动的开展，推动文化惠民项目实施，活跃文化市场。加大文化创意产品开发力度，天津市级和区（县）级的博物馆、图书馆都在积极打造自身的文创产品或者与其他机构合作创作文化 IP，体现当地特色。

（四）公共文化服务数字化的有序开展

1.公共数字文化工程建设深入落实

在文化信息资源共享、数字图书馆、公共电子阅览室等数字化工程的基础上，天津市自 2015 年以来陆续实施基于移动终端的数字群艺馆和数字非遗、"公共文化民心桥"互动平台、"百姓选书我买单"百姓参与图书馆新书采购等新一批数字公共文化工程，群众可以通过官网、微信公众号、官方微博和 App 客户端等多种方式使用公共文化数字服务产品和资源。首先，公共数字文化工程遵循国家标准、行业标准、《天津市基本公共文化服务实施标准》（2015—2020 年）和《天津市公共数字文化工程管理办法（试行）》的要求进行建设，实现全市数字文化资源普及。其次，文化信息资源共享工程建设有序推进。"十二五"期间天津市建成市级、区（县）级支中心、乡镇（街道）、村（社区）基层服务点的四级网络体系，基本建成资源使用、服务便捷、覆盖城乡的数字文化服务体系，内容涵盖农村养殖、保健养生、相声曲艺、讲座等。再次，数字馆推广工程快速推进。天津市文化改革发展"十三五"规划中提出"加快数字图书馆、数字档案馆、数字博物馆、网上文化馆、网上剧院等国家级数字文化工程建设"。公共电子阅览室建设计划逐步推进。天津市按照文化部公共电子阅览室建设配置标准，结合共享工程基层服务点，分批建设提高公共电子阅览室等文化设施水平。

2.公共数字文化服务平台各具特色

首先，行政区域划分方面。构建天津公共文化云、北方网"公共文化民心桥"等天津市统一平台，打造津南区文化云平台、北辰文旅云等一区一平台。其次，载体形式方面。信息发布平台和交流平台多样化，包括网页、微信公众号、官方微博和 App 客户端等，如天津公共文化云除了微官网，还有公众号、QQ 群等；滨海新区"文化随行公共文化服务百姓互动数字平台"对百姓意见线上收集线下改进。再次，平台内容方面。汇集了文化信息、在线课堂、场馆预定、活动预定等功能，强调市民的线上线下互动，如滨海新区现有文化服务资源为基础，以"线上线下"全方位互动对接为主要特征的多平台文化服务体系。

3.公共文化与数字科技深度融合

首先，利用数字科技构建文化消费平台。2013 年，《天津市促进文化和科技融合发展的实施意见》提出利用智能科技提升文化消费服务水平。滨海新区、武清区等做好城乡居民扩大文化消费试点工作。其次，加快传统文化的数字化保存和传承。2019 年《天津市促进数字经济发展行动方案（2019—2023 年）》，提出打造"天津智港"，构建传统戏剧、手工技艺、民俗等天津非物质文化遗产的数字资源库，实现对文化遗产的数字化保存。再次，数字科技推动总、分馆的公共文化建设。各区通过"文化地图"整合各镇文化站点及百余个基层服务站点，结合文化一体机、线下预约取票机、在线直播、远程培训系统实现资源共建共享，通过全息戏曲、书画互动展示墙、环屏沉浸式体验空间等完善总分馆的文化体验设备[14]。

（五）公共文化服务示范化的超前引领

1.全方位公共文化供给体系

国家公共文化服务示范区创建的重要目的，是为了打造公共文化服务体系建设的先行区、公共文化体制机制改革的创新实践区，充分发挥典型引领作用，为全国公共文化服务体系探索道路、积累经验、提供示范[15]。天津市和平区、河西区、北辰区以国家公共文化服务体系示范区建设为突破口，通过"五分钟文化圈"推动全方位公共文化供给体系。创建公共文化服务示范区已经成为深化公共文化服务体制机制改革，促进公共文化服务标准化、均等化发展的重要抓手，在公共文化服务体系建设体制和机制、内容和形式、方法和手段等方面有创新性成果。如滨海新区以第四批国家公共文化服务体系示范区为契机，在公共文化设施建设方面、经费保障方面、管理方法上不断提升。

2.文化品牌活动长效机制

第 1 批至第 4 批的国家公共文化服务示范区和示范项目中，6 个示范项目申报成功，分别是文化品牌活动长效机制（北辰区）、群众文艺创作激励机制（东丽区），挖掘传统文化资源、促进公共文化发展（宝坻区）、群众文化队伍长效发展管理机制（西青区），文化随行——公共文化服务百姓互动数字平台（滨海新区）、以家庭文化建设推动公共文化服务发展（河东区），有较高的推广价值，形成文化品牌活动长效机制。打造一区一品牌，以北辰区为例，传统的运河文化已形成北辰独特的地域文化，自此衍生出的北辰现代民间绘画成为享誉全国的文化品牌。同时，实现区域文化联动。目前形成跨区域、跨省和国际间文化交流。跨区域文化联动方面，积极推进京津冀公共文化服务协同发展，形成区域品牌等，并保障品牌活动长期开展，与其他省份的合作也在进行探索中。国际文化联动方面，2017 年通过"丝路津韵"文化交流平台，北辰农民画作为"北辰礼物"走进巴基斯坦大使馆。

3.传统文化保护开启新模式

随着《天津市非物质文化遗产保护条例》的颁布，天津市传统文化遗产保护呈现新态势，推动京津冀历史文化遗产保护体系建设，加强京津冀非物质文化遗产项目交流，这些典型经验对其他区和其他省份具有示范作用。河东区加大传统文化遗产保护挖掘力度。举办了 2019 年"非遗"年货市集、"非遗"踩街、"非遗"民俗花会展演等活动，开展"非遗"展览、展示、展演等活动，宣传形式多样。举办"记忆天津——我们的'非遗'"大型舞台剧；数字化取得突破，天津通过统一的数字服务管理平台进行"非遗"数字化展示，向世界讲述"天津故事"方面，组织优秀"非遗"项目参加了尼泊尔"中国非遗文化周"和"运河记忆""非遗"宣传展示走进王府井活动。天津积极落实《国家大运河文化保护传承利用规划纲要》，完成了《新时代下天津名人故居文化旅游资源活化利用》课题研究等。

四　天津市公共文化服务体系建设思考

通过对近些年天津市公共文化服务体系建设现状和发展路径的总结可以看出，政府、公共文化机构、人民群众等多方参与主体在多角度为加快推进天津市现代公共文化服务体系做出了突出的成绩，天津市的建设经验也成为部分地区可以借鉴的参考依据。站在新的时代背景下，进一步推进天津市现代公共文化服务体系建设还可以重点关注以下几个方面：

（一）落实贯彻文旅融合，创新公共文化服务体系建设方式

公共服务领域的文化和旅游融合发展应该作为公共文化服务创新发展的思路之一。从旅游以及相关业态的发展趋势来看，近几年，中央提出了发展旅游的若干重大概念，围绕这些重大概念，有很多条件和要素能够和公共文化服务融合发展。天津市开展公共服务领域的文化和旅游融合可采取多种形式。首先，公共文化服务机构中的旅游元素。在文化资源丰厚的文化馆（站）开展特色群众文化活动，打造旅游演艺项目；在公共文化场馆进行旅游相关的业务发展，把实施"文化惠民工程"项目与以异地文化体验为主的文化旅游相结合等。其次，旅游部门提供的公共文化服务。特色小镇配套建设的科技馆、3D打印、人工智能等现代科技设施以及文化设施，特别是文旅小镇，将会成为本地公共文化服务的增量；与基层综合性文化中心建设结合，围绕传统村落等行政村自然村开发乡村旅游、乡村创客等。再次，公共文化服务机构延伸到旅游行业。政府和社会资本合作模式是促进文商旅有机融合的催

化剂，在遗址保护、保护利用老旧厂房拓展文化空间等方面都可以进行应用。基于文旅融合新背景，通过多种不断创新探索，丰富公共文化供给方式、供给渠道、供给类型，满足天津市市民群众多样化公共文化服务需求。

（二）深度挖掘区域文化资源，凸显天津公共文化服务发展特色

深度挖掘区域文化资源，推动天津市优秀传统文化创造性转化和创新性发展，不断赋予天津市优秀传统文化新的时代内涵和现代表达形式。首先，天津市应重点突出发展城市特色文化，深度挖掘公共文化服务地域特色资源。利用好天津市作为历史文化名城拥有的独特的天津文物古迹、"非遗"项目、民间民俗文化和传统文化的文化街区、艺术形式等，利用特色鲜明的城市文化资源，在公共文化项目、服务设施、活动中突出地方特色，通过展示和传播天津历史文化，普及地域文化知识，提升群众文化认同感和自豪感，实现津派文化在国际范围内知名度和影响力的提升。其次，保护、传承与开发相结合。进一步贯彻落实《关于实施中华优秀传统文化传承发展工程的意见》《中国传统工艺振兴计划》《天津市非物质文化遗产保护条例》等文件的精神。再次，大力实施天津市优秀传统文化传承工程，建设一批优秀传统文化教育基地，加大"非遗"项目进校园力度，继续打造"非遗"文创"O2O"模式；做强做大曲艺、戏剧等"津派"戏曲艺术等传统艺术门类；统筹规划天津市文化生态保护区建设，积极申报国家级文化生态保护实验区。

（三）以科技引领服务，推动公共文化服务体系跨越式发展

完善区域公共数字文化服务网络，建设专业数字平台，通过网络平台全面，整合区域优质公共文化资源，实现跨部门、系统、区域资源整合，实现资源的线上线下无缝对接，实现公共文化服务数字化、便捷化、精准化，推动公共文化资源共建共享，使市民通过平台可享受更丰富的数字化资源和更高品质的公共文化服务，实现城市的智慧式运行管理。智慧图书馆、智慧博物馆成为探索创新点，推进公共文化服务与科技的进一步融合。核心在于依托数据最大限度满足人的精神需求，全面提高文化场馆公共文化服务能力和

水准，满足广大人民群众对文化场馆数字服务的新期待。同时，结合"智慧天津""智慧社区"建设，加强公共文化大数据的采集、存储和分析处理，加快数字文化资源在智能社区中的应用。

（四）融合京津冀协同发展，打造区域协同公共文化服务体系新模式

京津冀协同发展是重大国家战略。《京津冀协同发展规划纲要》和《京津冀三地文化领域协同发展战略框架协议》等系列合作协议，先后成立的京津冀图书馆联盟等 5 个协同发展平台，尤其是《京津冀演艺领域深化合作协议》的签署和实施，促进京津冀公共文化服务体系建设多元共享，在公共文化服务、群众文化活动、演出艺术发展等领域实现资源互通共享[16]。在新时代基于京津冀协同发展的大环境与大背景，天津市应加强协同发展顶层设计，统筹规划区域文化发展布局；积极与京冀文化部门建立高层协商机制和公共文化设施建设等具体工作层面的合作机制，共同谋划公共文化服务领域协同发展大局，完善天津市公共文化服务网络，推动天津市公共文化服务供给侧结构性调整；提升三地文化遗产挖掘、利用、保护合作水平，形成共同保护机制，促进资源共享与优势互补[17]；在公益性文化事业单位和专业艺术机构间，政府应多多搭建多方的沟通协作平台，并给予政策上倾斜和财政上的支持；统筹打造三地共同文化品牌并提高影响力；深化落实京津冀文化人才协同发展战略；充分发挥行业协会作用，助推京津冀公共文化服务效能提升，推动三地文化交流与合作朝着更高水平、更深层次、更宽领域发展。

参考文献

[1] 李国新.《对我国现代公共文化服务体系建设的思考》.《克拉玛依学刊》，2016年第 4 期。

[2] 申静、李沁芯.《公共文化服务促进创新文化发展作用探究》，《图书馆杂志》，

2018年第9期。

[3] 中华人民共和国公共文化服务保障法[EB/OL].[2019-09-01].http：//www.ndcnc.gov.cn/zixun/yaowen/201612/t20161226_1285262.htm[EB/OL]

[4] 柯平等.《公共图书馆的文化功能——在社会公共文化服务体系中的作用》，上海交通大学出版社，2010，第3页.

[5] 关于我市公共文化服务体系建设情况的报告[EB/OL].[2019-09-01].http：//www.tjrd.gov.cn/rdzlk/system/2016/07/22/010027111.shtml

[6] 国家图书馆研究院.公共图书馆服务体系的探索与实践——天津调研报告[M].北京：国家图书馆出版社，2013：2.

[7] 天津构建现代公共文化服务体系成效显著[EB/OL].[2019-09-01].http：//roll.sohu.com/20160413/n444070895.shtml.

[8] 天津市公共文化服务体系建设基本情况[EB/OL].[2019-09-01].http：//www.ndcnc.gov.cn/shifanqu/jiaoliu/201803/t20180309_1378024.htm

[9] 关于推进天津市区级文化馆图书馆总分馆制建设的实施意见[EB/OL].[2019-09-01].http：//www.bhwh.gov.cn/home/content/detail/id/4756.html.

[10] "壮丽70年，奋斗新时代——高质量发展大家谈".文化惠民多措并举津城文化品位与软实力不断提升[EB/OL].[2019-09-01].http： //tjtv.enorth.com.cn/ system/2019/05/05/037183411.shtml

[11] 武清区启动公共文化服务体系建设评估验收和基层公共文化设施建设达标验收迎检工作[EB/OL].[2018-11-10]http：//www.tjwq.gov.cn/wgju/qtgkxx0/201811/9641fc 3a071e4b789845e0b0ac657a0e.shtml.

[12] 河东构建公共文化服务体系[EB/OL].[2018-12-11].http： //news.enorth.com.cn/system/2018/12/11/036508142.shtml.

[13] 天津文化产业发展专项资金有效引导文化产业发展[EB/OL].[2017-04-21].http：//www.tjwhcy.gov.cn/system/2017/04/21/012280073.shtml

[14] 科研融合：现代科技与文化馆职能融合——数字文化馆建设研讨会在津南举办[EB/OL].[2019-06-25].http：//ms.enorth.com.cn/system/2019/06/25/037382085.shtml

[15] 金武刚：《一类不可忽视的地方文献——国家公共文化服务体系示范区（项目）

创建文献信息的收集与利用》，《图书馆建设》，2019 年第 9 期。

[16] 文化互通互融带来强大合力——春到京津冀之五[EB/OL].[2019–09–07].http：//news.enorth.com.cn/system/2019/02/27/036897914.shtml

[17] 天津代表委员热议政府工作报告：积极推进京津冀协同发展[EB/OL].[2019–09–07].http：//news.enorth.com.cn/system/2018/03/07/035149740.shtml

天津市公共文化服务发展分析与预测

王 焱[①]

摘 要： 天津市公共文化服务整体发展情况良好，体系建设日趋完善，各项重要指标均有所提升或增长，各项工作都以良好态势发展。但还存在区域发展不平衡、服务效能不足、资源整合不到位等问题。结合全国及我市公共文化服务的政策分析，我市公共文化服务在未来几年将逐渐完善体系建设，标准化、规范化建设日益健全，公共文化服务的社会化、智能化将取得突破。

关键词： 公共文化服务体系建设 效能提升 社会化 智能化

近年来，天津市公共文化服务建设发展取得较大成就。公共文化服务在体系建设、政策制定、服务供给、提升效能等方面都取得了突破性进展。现就近年来天津市公共文化服务发展情况及趋势进行分析，并对今后的发展做出预测。

一 2016—2018 年天津市公共文化服务发展情况分析

（一）总体发展情况

目前，全市共有省级公共图书馆 2 个、群众艺术馆 1 个；地市级公共图书馆 27 个，文化馆 16 个；各类博物馆 70 家；244 个乡镇（街道）基本建有综合性文化服务中心；近 4000 多个村（社区）建有文化室，覆盖城乡的四级

---

① 王焱，天津社会科学院法学研究所，副研究员。

公共文化服务网络日趋完善。现代公共文化服务体系已基本形成，天津市民已经基本能够享受到均等化、标准化的公共文化服务。

2015年底，天津市围绕基层公共文化服务体系建设情况和群众实际需求，率先设立了基层公共文化服务体系建设专项资金，区县财政也将按一定比例配套投入资金。专项资金设立后，我市对全部街镇、行政村、社区每年公共文化服务工作予以补助。针对各区投资规模大、示范带动作用明显的文体设施新（扩）建项目予以补助，2016年市、区财政分两批对28个基层文化设施建设项目予以支持，补助资金总额超过1.3亿元。针对基层文化管理人员匮乏等问题，在村居层面推广政府购买公益文化岗的设置。截至目前，全市60%以上的村居设立公益文化岗。通过以上一系列的配套支持，着力引导基层加快完善公共文化服务体系建设，提升服务水平。

（二）重要指标发展状况

近年来，我市公共文化服务从机构数量到服务能力都有了显著增加与提高。艺术机构、电影院、博物馆都有明显增加，公共图书馆在2017年和2018年都在稳步增加。全面推进区级图书馆、文化馆总分馆制建设，目前已基本建成137个街镇分馆和900余个村居基层服务点，不断增强公共文化机构发展活力和服务能力。

表 1　天津市近年来公共文化服务机构数量变化

年份	艺术	电影	公共图书馆	档案机构	群众文化活动	文物保护单位	博物馆
2011	73	286	31	324	19	8	19
2012	51	295	31	310	19	8	20
2013	50	294	31	291	19	8	20
2014	44	316	31	217	19	8	22
2015	66	262	31	257	19	8	22
2016	67	269	31	236	19	8	22
2017	72	285	32	266	19	8	62
2018			29		17	8	65

资料来源：《天津市统计年鉴》。

2015 年，我市在市内六区公共图书馆开展了通借通还试点工作，在试点图书馆逐步运行良好的基础上，市文旅局联合市财政局 2016 年在全市推广通借通还建设任务。该工程被列入 2016 年天津市 20 项民心工程，市政府召开通借通还工作推动会，累计投入经费近 800 万元，于 2016 年底实现全市各级公共图书馆通借通还。自 2017 年 4 月 23 日"世界读书日"起，天津图书馆、天津市少年儿童图书馆及全市 20 个区级公共图书馆、各区级少儿图书馆实施中文图书免押金借阅服务，天津成为全国首个实现全区域范围内各级公共图书馆免押金服务的省市。该工程是天津市委、市政府 2017 年 20 项民心工程项目之一，是将文化惠民落到实处、为百姓带来更多实惠的重大举措。

2015 年首次推出了 6 万张天津市文化惠民卡。2016 年，市财政进一步加大投入力度，文化惠民卡增发至 10 万张，并创新推出了学生卡、公益卡和郊区县卡，鼓励引导大中小学生、贫困儿童和郊区百姓走进剧场，领略艺术魅力。中央电视台新闻联播予以宣传报道，中宣部领导专程来津调研，称"这是中国文艺界的重大创新发明"。每年对非国有博物馆、行业博物馆进行考核补贴，2013—2019 年六年已发放 4020 万元奖励性补助。2019 年计划发行和补贴文惠卡 22.5 万张，比 2018 年增加 8.5 万张。这些政策措施大大促进了市民去公共文化服务机构接受服务的次数和质量。

在各个区的公共文化服务机构建设上，部分区取得了较大进展。2019 年，北辰区投资 14.5 亿建设总面积为 10 万平方米的新文化中心已通过立项，新建过程中投入 4000 余万元临时租用建设了总面积 2.5 万平方米的北辰区文化中心，河东区 8000 多平方米的文化馆新馆即将落成并投入使用，河北区积极推进新建文化馆立项工作，东丽区高水平新建 7 座 24 小时城市书房。开展达标街镇和村居综合性文化服务中心创建工作，突出抓好乡镇（街道）综合文化站和村（社区）综合性文化服务中心效能发挥，落实人员、强化投入、提升综合服务能力，176 个街镇和 1157 个村居申报首批达标验收，北辰区全部街镇综合性文化中心均在 1000 平方米以上。

艺术表演机构、团体和艺术表演场所、剧场都保持稳定或有所增加。

表 2　天津市艺术事业发展情况（2014—2017）

项目	2014	2015	2016	2017
艺术表演团体				
机构数（个）	16	16	16	15
话剧团、儿童剧团	2	2	2	2
歌舞剧团	1	1	1	3
戏曲剧团	8	8	8	7
京剧	2	2	2	2
曲剧团、杂技团				
木偶团	3	3	3	3
工作人员数（人）	1976	1962	1962	1915
演出场次（场）	3397	3818	3181	2810
到农村演出	661	672	606	410
观众人次（万人次）	233	255	258	186
艺术表演场所				
机构数（个）	28	50	51	57
剧场、影剧院	26	34	34	41
书场、曲艺厅	1	2	2	1
综合性、其他场所		13	14	15
音乐厅	1	1	1	
座席数（个）	15125	23438	23475	29039
工作人员数（人）	346	874	760	708

资料来源：《天津市统计年鉴》。

全市公共文化数字化建设取得明显进展，西青区为辖区内 200 余个社区配备电子书借阅机，滨海新区"文化有约"实现网上公共文化一站式服务，部分区启动公共文化云建设项目。探索政府购买公共文化服务方式，引入社会力量参与市少儿图书馆梦娃专题绘本馆运营与服务，全年服务小读者 3 万多人次，开展 200 余场亲子阅读活动。

（三）在全国各大城市中的发展水平

总体来看，天津市公共文化服务发展水平在全国同等级别城市中处于中游水平。

根据人民论坛测评中心对全国 19 个副省级以上城市文化软实力的测评结果，上海市的文化软实力得分在四个直辖市中排名第一，其次分别是北京、重庆和天津，其中，天津文化软实力得分与其他三个直辖市相差较大。为了进一步分析四个直辖市的强项和不足，我们对其文化软实力下的各分项得分进行了比较。比较分析发现，北京在公共文化服务建设上成果明显；上海在文化产业发展上具有突出优势；重庆则是民众满意度远高于其他直辖市；天津虽然各方面均不突出，但是上升空间最大，公共文化服务建设在四直辖市中位列第三，好于重庆。[1]在 19 个城市文化软实力排名中，天津排在中游水平，但低于平均得分，与先进城市还有不小的差距。

表 3 4 个直辖市文化软实力分项得分

城市	公共文化服务建设	文化产业发展	民众满意度
北京	92.01	82.14	72.26
天津	77.82	72.73	63.83
上海	87.23	88.85	78.21
重庆	70.25	70.84	97.98

在公共文化服务建设上，19 个城市中天津排名靠前，位列第五。但在东部地区，天津市排名中游，与深圳、北京、上海还有相当的差距。杭州、厦门、宁波、广州等城市与天津的得分较接近，南京、武汉、青岛与天津的差距不大。

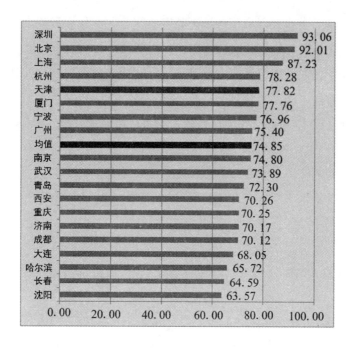

图 1　19个城市公共文化服务建设得分

（四）全国发展趋势分析

党的十八大以来，在以习近平同志为核心的党中央坚强领导下，各地区各部门紧紧围绕全面建成小康社会目标和"五位一体"总体布局，全面推进文化体制改革，逐步建立健全文化发展政策和体制机制，进一步优化文化发展环境，文化建设取得长足进展。积极培育和践行社会主义核心价值观，文化自信显著增强；现代公共文化服务体系初步形成，均等化程度稳步提高，服务能力显著增强。[2]十八大以来，各级政府切实履行了在文化领域的公共服务职能，不断加强现代公共文化服务体系建设，着力补齐文化民生短板，努力保障人民群众基本文化权益，初步建立起了覆盖城乡的公共文化服务体系。"三馆一站"公共文化服务设施全部免费开放，基本实现了"县有公共图书馆、文化馆，乡有综合文化站"的建设目标；深入实施广播电视村村通、文化信息资源共享、农家书屋等重大文化惠民工程，公共文化服务能力和普惠水平不断提高。十八大以来，各地区高度重视公共文化服务建设，地方一般公共预算文化体育与传媒支出持续增加，中部地区增幅居于首位。

当前全国各大城市都在深入推进公共文化服务体系建设，并且进入"十三五"收官阶段，体系建设日趋完善，服务效能已经成为各大城市关注的重点。2020 年是一个重要时间节点，各大城市必然会加大投入，在 2020 年完成既定目标，所以各大城市的公共文化服务体系建设水平都会有一个较大提升。城市之间的竞争也会更加激烈，东、中、西部的差距会进一步缩小。天津市地处东部地区，又在京津冀协同发展的国家战略之中有重要地位，公共文化服务体系建设的任务尤为突出，增强文化软实力也是重中之重。

二　当前我市公共文化服务领域面临的突出问题和挑战

（一）城市与农村之间、区域之间不平衡问题

中心城区文化设施相对完备，文化活动开展较为丰富，群众的基本文化权益得到了较好的保障，但涉农区受多方面因素制约，文化设施数量偏少、服务半径偏大，文化设施建设相对薄弱，文化活动内容较为单薄。比如，部分涉农区的街镇文化站设施布局不合理，有些街镇文化站，群众不方便到达，出现一边闲置、一边无场馆可用的情况；部分街镇文化站存在管理人员不足、文化活动不够专业等问题，导致基层公共文化服务功能得不到正常发挥；部分村居文化室存在被挪用、日常开放不规范等现象。当前，我市很多街镇、村居的基层公共文化服务还停留在自娱自乐的乡土文化消遣上，真正专业化的文化活动开展困难。专业化公共文化资源的下沉不到位，已经成为当前制约我市基层公共文化服务水平提升的重要因素。

特别是在农村地区，经济发展水平相对较低，基础设施建设比较薄弱，政府长期以来重视经济发展，投入较多的资金和资源致力于发展经济，对文化建设不够重视，因而对公共文化服务发展的经费投入较少。尽管近年来随着国家政策的倾斜，注重发展公共文化服务，各级对农村公共文化服务的资

金投入力度也在逐渐加大，重视农村公共文化服务基础设施的建设以及农村文化人才和文化队伍的培训和发展，但是从总体上看，公共文化服务的供给质量和效率仍然显得不足。

（二）公共文化服务供给的结构性问题

我市公共文化服务发展和建设的资金目前主要是以政府的财政投入为主，社会投入为辅。文化活动和基础设施建设的经费，主要依赖政府的财政投入，社会投入的部分非常有限，政府作为公共文化服务供给的主体，承担着最主要的供给工作，使得"政府办文化"的观念在无形中形成一种社会共识，社会组织，包括非营利组织或其他企事业单位等，很少参与公共文化服务体系的建设，造成公共文化服务供给的政府"一元"模式，不能有效地满足公众多元化的文化需求。

随着社会经济的发展，近年来我市广大群众公共文化需求总体上趋于弹性发展，具有自主性的私人文化活动比较丰富多彩，需求异质性程度较高，群体需求差异化、多样化，健康养生的消费方式逐渐盛行，公共文化服务的便利性和休闲性对民众越来越重要，而政府则是以刚性的公共文化供给为主，政府部门往往主观倾向严重，经常在缺乏调研与咨询的情况下从自己的角度与高度来决定供给内容，提供的公共服务较为单一，形式雷同，供给效率不高，部分文化设施使用率较低，群众的文化需求本身存在大量被迫性需求，未能有效满足群众的文化需求，这就出现了"一弹一刚"的供需矛盾。即政府提供的公共文化服务与民众实际需求的文化存在着严重的脱节和矛盾，供求出现结构性失衡，政府不能有效地供给公共文化，公共文化服务供给效率偏低，民众的公共文化需求并没有真正很好地得到满足。

（三）公共文化服务的社会化问题

社会化问题是当前公共文化服务创新的重大课题。在我国文化领域，长期以来受计划经济根深蒂固的影响，公共文化服务产品的提供主要是政府部门主导，由各级政府国有文化事业单位自上而下地输送，市场很少参与公共文化服务体系的构建，社会和民间的力量参与严重缺乏，形成公共文化服务供给主体单一的格局。并且公共文化的资金也主要是由政府财政拨款，缺乏政府以外的其他参与者和投资主体，在资金来源渠道上较为单一，再加上政府财力有限，难以满足公众日益增长且差异化的文化需求。公共文化服务与群众需求的对接机制不够完善，公共文化服务设施利用率不够高，公共文化活动参与范围不够广。

当前，我市在社会力量参与公共文化服务方面还存在供给渠道不畅通问题。一方面，承接公共文化服务功能的主体相对单一，以国有文化企业为主；另一方面，现阶段我市允许社会力量参与公共文化服务的形式主要是政府购买文化演出活动、文化服务等，较少涉及岗位、管理的购买。个别基层文化单位有引入社会力量进行管理的尝试，但难以形成规模，产生影响。

（四）基层的服务效能问题与资源整合问题

公共文化服务方面存在重设施建设、轻管理，设施很高大上但利用率和效能都比较低，活力不足的问题。在公共文化设施建设上存在着一个矛盾的现象：一方面，宣传文化系统一直在呼吁要加大硬件设施建设；另一方面，工、青、妇、科、教、残联等系统的公共文化设施只为本部门服务，公共文化服务职能履行不到位，设施闲置情况严重。一是同一层级的不同管理部门各搞一套，自成一体，资源浪费现象严重。以数字公共文化服务建设为例，文化信息资源共享工程、党员教育网、远程教育网、数字农家书屋等就因隶属不同的管理部门而各自为政，条块分割，造成重复建设。二是不同层级的公共文化服务机构分级管理，封闭式运行。不同层级的公共文化服务机构只对本级政府负责，很少考虑整合公共文化服务资源。以公共图书馆为例，目前，绝大多数公共图书馆仍然遵循每级政府建设与管理一个图书馆的分级建设与管理体制，这形成了公共图书馆多级建设主体和多级管理主体的现状，严重影响图书馆之间共享资源，以及跨行政层级、跨区域组织体系的形成。总之，自成一体、各自为政的公共文化服务管理体制和运行机制难以有效整合资源，形成合力，难以最大限度地利用公共文化资源。

三 当前促进公共文化服务发展的政策分析

公共文化服务的发展主要依靠政府政策和政府投入，保障政府文化职能的顺利实施。公共文化服务政策发展变化的趋势决定着公共文化服务发展的趋势。进入 21 世纪以来，我国公共文化服务政策的数量较之前有明显的增长，并不断地发展和完善，且呈现出阶段性波动式增长的特征。仅 2017 年就出台了 20 份政策，呈现爆炸式增长。究其原因，与 2016 年《中华人民共和国公共文化服务保障法》的颁布密切相关，同时与近年来党和国家高度重视人民群众的精神文化需求分不开。此外，围绕公共文化服务出台的政策中，涉及面愈加广泛细致，不仅从宏观层面进行引导，而且在微观层面进行规范。[3]这些政策的出台有利于公共文化服务内容标准化、规范化，加速公共文化服务的建设进程。

（一）公共文化服务的政策价值变化趋势

公共文化服务的政策价值可以分为三个阶段。第一阶段，政治认同作为主导性价值统领公共文化服务建设；第二阶段，社会效益构成统领性价值指导公共文化服务管理；第三阶段，三种价值的落差逐步缩小，政治认同与社会效益并驾齐驱，公民理性紧随其后共同牵引着以治理为核心的公共文化服务。在价值演进态势上，政治认同整体呈下降趋势，社会效益呈上升走势，公民理性呈现"低比例高稳定"的演进趋势。[4]这也反映出公共文化服务政策作为政治性与社会性的结合体，必然要体现出二者的平衡，并且在今后的政策价值走向中，政治性更多地要蕴含在社会性之中。

（二）公共文化服务的政策工具变化

在公共文化服务的政策体系中，硬件建设、软件建设和服务供给成为主要的政策工具。各类政策在这三方面的偏重程度是有很大不同的。有学者认为，分析过去十多年的公共文化服务政策，在政策工具维度上，政府部门对不同类型政策工具的依赖性呈现为"差序格局"：对环境型政策工具强依赖，对供给型政策工具一般性依赖，对需求型政策工具弱依赖。优化环境型政策工具，调整供给型政策工具结构，提升需求型政策工具应用水平是完善我国公共文化服务政策的重要路径。[5]实际上，很多政府部门在公共文化服务的政策上，总是看重以硬件建设为主的环境型政策工具，对供给与需求的结合以及促进服务效能提升的政策工具较少关注。目前，这种情况正在发生变化，注重公共文化服务的供给与需求对接，注重公共文化服务效能的政策已经逐渐成为主流。

（三）公共文化服务的智能化政策逐渐深化

智能化是当前公共文化服务的一大趋势，各类促进公共文化服务智能化的政策也相继出台。互联网的普及和自媒体的发展把公共文化服务带入数字化点播时代，公众"一站式"获取公共文化资源、"订单式"享受公共文化产品的需求日益强烈，公共文化服务同数字科技的融合是大势所趋。尤其对于基层偏远地区来说，通过文艺表演团体开展流动共享服务，依托物理化的服务场所提供展览作品、图书杂志、文艺讲座等传统化的方式耗时费力，成本高昂。数字化的文化服务方式突破地域和时间限制，既提高了文化的传播效率，又满足了不同主体多层次多样化的文化需求。[6]各地各类"文化云"的出现，是公共文化服务智能化的一种体现。在智能化的同时，数字化传播内容就成为智能化政策中的重中之重。

以社会主义意识形态为核心的宣传思想工作将成为未来 20 年国家文化建设核心内容。与文化建设功能定位经历从辅助性社会资本到国家软实力核心的转变趋势相一致，国家未来会继续从国家软实力的角度来加强国家文化建设，而中国特色社会主义意识形态则是国家软实力的内核，必须要加以强化。同时，伴随着文化管理体制和公共文化服务体系的逐步完善，以及全球化背景下国家软实力竞争的日趋加剧，以意识形态领导权与话语权建设为核心的宣传思想工作将成为文化建设新焦点，并在相当长的时期内与文化管理体制改革、文化传承与保护和公共文化服务共同形成文化建设核心内容的"四足鼎立"局面。[7]

四　我市公共文化服务发展的趋势分析及预测

近年来，随着我市不断加强公共文化服务体系建设，制定相关政策，深入贯彻公共文化服务"两法"，通过地方立法机构出台相应条例为公共文化服务发展提供了坚实的保障。未来几年，我市公共文化服务发展将继续保持高质量发展态势，各项工作将继续深入推进。群众在文化建设中首创精神将进一步得到激发。激活政府和各类主体在公共文化服务中活力的体制机制进一步得到健全。公共文化服务与科技融合的力量进一步得到迸发。基层公共文化服务进一步得到夯实。

（一）体系建设和基础建设方面

市文旅局与市委宣传部联合印发《天津市基层综合性文化服务中心达标验收实施方案》，召开全市基层综合性文化服务中心建设现场推动会，部署开展街镇和村居综合性文化服务中心达标创建工作，推动各区加大投入、整合资源全面提升街镇和村居基层文化服务中心硬件设施水平。

全市将按照"试点先行、分步推进"的原则开展总分馆制建设，分期分批进行推进。2018年，选取有条件的区开展试点建设；2019年，进一步扩大试点范围，确保全市60%以上的区完成文化馆、图书馆总分馆制建设；2020年，总分馆制建设在全市推开，100%的区完成文化馆、图书馆总分馆制建设，实现总分馆制服务在各区的全覆盖。各区根据本区实际，选择有条件的乡镇（街道）和村（社区）进行试点，分期分批推进。

（二）服务供给与效能提升方面

文化惠民卡获百姓高度赞誉，今后将会进一步增强发放数量，津城百姓畅享高水平文化演出盛宴。全国繁荣文艺创作经验交流会将天津"文惠卡"经验向全国推广。继续深入推进通借通还工程，完善全市图书馆统一平台，津城百姓将更加便利享受图书借阅服务。

各相关公共文化单位加强艺术创作，不断完善服务项目、丰富服务内容，创造条件向公众提供免费或优惠的文艺演出、陈列展览、阅读服务、艺术培训等，努力推出艺术精品，为文化惠民注入新鲜血液。

按照《天津市基本公共文化服务实施标准（2015—2020年）》的要求，落实《天津市乡镇（街道）综合性文化服务中心建设和服务规范》《天津市村（社区）综合性文化服务中心建设和服务规范》《天津市区级文化馆总分馆制建设和服务规范》等标准化、规范化的政策文件，加强考核评估，公共文化服务效能将会进一步提升。

（三）公共文化服务社会化方面

随着我市已经有四个区入选或申报国家公共文化服务体系示范区，公共文化服务社会化已经成为一种趋势。各级政府鼓励社会力量参与公共文化服务，扩大政府购买的种类和数量，扶持民营文化机构发展，建立公共文化机构和民营机构合作机制，满足百姓个性化、多样化文化需求。北辰区、滨海新区都已经将社会化作为示范区创建中的重要工作。

推进公共文化服务"管办分离"、社会参与成为公共文化服务体系建设中的重要课题。未来几年，我市公共文化服务社会化程序将会大幅提高。文化类社会组织数量进一步增加，公共文化服务的社会参与范围和质量将进一步提升。政府将释放更多政策空间，向文化类社会组织和各类专业文化组织购买更多的文化服务，以满足群众的文化需求。

（四）公共文化服务体制改革方面

2019年天津市文化和旅游局指导天津图书馆完成理事会换届工作，优化完善天津图书馆、天津自然博物馆、天津市群众艺术馆理事会《章程》及相关配套制度，指导天津市少年儿童图书馆完成法人治理结构建设工作。重点推动滨海新区图书馆、河西区图书馆、北辰区图书馆、河西区文化馆、北辰区文化馆年内完成法人治理结构建设。

2020 年，重点推动武清区图书馆、和平区图书馆、津南区图书馆、河东区图书馆、西青区图书馆、和平区文化馆、滨海新区文化馆、西青区文化馆等单位开展公共文化机构法人治理结构改革，2020 年底前基本完成区级公共文化机构法人治理结构改革。

参考文献

[1] 人民论坛测评中心：《杭州、上海、厦门位居前三 对 19 个副省级及以上城市文化软实力的测评研究》，赵紫燕执笔，《国家治理》2017 年第 45 期。

[2] 国家统计局社科文司：《文化强国建设稳步推进 文化改革发展成绩显著——党的十八大以来经济社会发展成就系列之二十》，《中外文化交流》2017 年 第 9 期，第 40–43 页。

[3] 王平、洪瑾：《基于内容分析法的我国公共文化服务政策发展趋势研究》，《知识管理论坛》2018 年第 5 期。

[4] 李少惠、王婷：我国公共文化服务政策的价值识别及演进逻辑，《图书馆》2019 年第 9 期。

[5] 汪圣、刘旭青：政策工具视角下我国公共文化服务政策研究，《图书馆工作与研究》2018 年第 2 期。

[6] 李少惠，王婷：《我国公共文化服务政策的演进脉络与结构特征——基于 139 份政策文本的实证分析》，《山东大学学报》（哲学社会科学版）2019 年第 2 期，第 57–67 页。

[7] 郭远远，陈世香：《改革开放 40 年来文化建设定位的历史演变与未来展望——基于历年国务院政策文本的分析》，《中南大学学报》（社会科学版）2018 年第 24 卷第 1 期。

天津市基层综合性文化服务中心（站）建设情况研究

王　东[①]

摘　要： 党的十八届三中全会明确提出"建设综合性文化服务中心"改革任务。天津市高度重视基层综合性文化服务中心（站）建设，在健全部门协调机制、财政资金保障、文化活动组织、绩效考核评价上使劲发力，取得了显著成效，获得了基层群众的认可。同时，也存在基层综合性文化服务中心（站）设施不完善和布局不合理、公共文化产品供给不足、统筹规划力度不够、工作力量不强等问题。新的形势下，推进基层综合性文化服务中心（站）建设，必须坚持规范化、标准化建设方向，加大政策支持力度，在推进阵地建设、打造文化队伍、提升服务效能、健全制度机制上着力，使基层综合性文化服务中心（站）成为天津市文化建设的重要阵地和提供公共文化服务的综合平台，成为党和政府联系群众的桥梁和纽带，成为基层党组织凝聚、服务群众的重要载体。

关键词： 基层　综合性文化服务中心（站）　建设

建设集宣传文化、党员教育、科学普及、普法教育、体育健身等功能于一体的基层综合性文化服务中心（站），是党的十八届三中全会提出的重点改革任务。2018 年 9 月，中办、国办印发的《关于加快构建现代公共文化服

---

① 王东，天津社会科学院法学研究所，助理研究员。

务体系的意见》也对此提出明确要求。为贯彻落实党中央、国务院部署，在市委、市政府的领导下，近年来天津市各地各有关部门不断加大基层综合性文化服务中心（站）建设力度，通过建立健全基层公共文化服务制度体系，开展基层综合性文化服务中心（站）达标验收，推进村居综合性文化服务中心（站）建设等措施，着力破解全市基层公共文化服务体系建设中存在的问题和短板，有力推动了基层公共文化设施建设和服务效能的提升。

一 天津市基层综合性文化服务中心（站）建设的现状

（一）基层综合性文化服务中心（站）的结构、数量、等级

截至 2018 年，天津市全市 244 个街镇中 241 个建有综合性文化服务中心（站）；5158 个村居中 4461 个建有基层综合性文化服务中心（站）。同时，及时印发《天津市基层综合性文化服务中心（站）达标验收实施方案》，召开全市基层综合性文化服务中心（站）建设现场推动会，部署开展街镇和村居综合性文化服务中心（站）达标创建工作，推动各区加大投入、整合资源，全面提升街镇和村居基层文化服务中心（站）硬件设施水平。全市首批共有176 个街镇和 1177 个村居申报达标验收。着眼提升基层公共文化服务效能，切实推进全市图书馆、文化馆总分馆制体系建设，使优质资源向基层下沉，并将图书馆总分馆建设纳入市政府 20 项民心工程，已建成 137 个街镇分馆和900 个村居基层服务点。同时，各区在推进基层文化服务中心（站）建设中也形成了一些亮点。比如西青区在社区（村）文化活动室全覆盖的基础上，整合宣传文化、党员教育、科学普及等各类资源，对文化设施进一步提升改造，在全区 180 个社区（村）普遍建立了近 200 平方米的综合性文化服务中心。又比如，津南区、东丽区在城乡一体化建设工作中，结合新城镇建设，在新建社区高标准配建了一批现代化社区综合性文化服务中心，极大地改善了基层文化设施条件。

（二）基层综合性文化服务中心（站）的运转情况

调查走访的各村镇几乎都建有综合性文化服务中心（站），并且已经投入使用。天津市各地各部门在推进基层综合性文化服务中心（站）建设过程中，极其注重功能整合的工作，统筹使用基层各级各类公共文化资源，从而实现其整体上的服务内容丰富、服务功能强化、服务效益提升。在农家书屋方面，村镇综合性文化服务中心（站）都建有农家书屋，配备图书阅览室，经济条件较好的村镇还建设了电子阅览室。配送了较为广泛的书目，像农业、养殖、种植、科普等都有涉及，对于开拓村民们的眼界、增长见识、提升技能发挥了积极作用。在文体广场、戏台方面，天津市一方面在城市中建设文化广场，同时在农村也开展综合文体广场建设，方便群众开展文化活动。另一方面加强相关配套设施建设，对于在农村建设的综合性文体广场，针对性地配置体育器材，有力强化体育设施建设。天津市有的地方还探索整合了现有科普、普法、文化、党教等资源，努力提高设施场所的利用率。有的地方则向人民群众提供文体活动、展览展示、读书看报、电影放映、文艺演出、教育培训、广播电视等全方位公共文化服务。有的地方除设置传统的文化娱乐、文化信息、文化阅览等传统服务项目外，还整合了农业技术、法律科普等服务职能。有的村镇在建设综合性文化服务中心（站）时，建有专门的文体广场，有条件的村镇（社区）还有搭建的简易戏台和篮球场。相关设施的配备大大补齐了基层基础文化设施薄弱的短板，基本满足了村民开展活动、娱乐身心的需要，有力保障了基层群众的基本文化权益。

天津市各地各部门以不断丰富基层群众文化活动为目的，积极落实市政府文化惠民项目，高水平办好市民文化艺术节，以"祝福祖国 赞美家乡"为主题的天津市第四届市民文化艺术节内容丰富，形式多样，共设"唱响主旋律""共祝祖国好""文化进万家""中华有传承""书香满天津"5 大板块共 48 项活动，已于 2019 年 4 月初举办开幕演出。"祝福伟大祖国 共赏运河桃花"——天津运河桃花文化商贸旅游节、"梦想中国说"——京津沪渝四直辖市"都市风采"系列活动暨第六届主持人大赛、"共庆祖国华诞传承经典国粹"——第七届"和平杯"京剧小票友邀请赛等活动全年陆续展开。在第十八届全国"群星奖"天津地区选拔赛的基础上，评审推荐并组织优秀作品参加第十八届全国"群星奖"复赛和决赛，我市3个节目入围群星奖决赛。赴新疆和田开展"我们的中国梦 中华文化耀和田"暨春雨工程文化志愿者边疆行活动，组织以群文干部为主的30余人演出队伍，节目涵盖音乐、舞蹈、戏剧、曲艺、杂技、魔术等多个艺术门类，历时12天，演出10场，覆盖和田地区7县1市，惠及1.5万余名当地群众。指导全市公共文化志愿服务工作，组织好天津市公共文化志愿服务总队活动，"我爱家乡"公共文化志愿活动在宝坻区口东镇村八台港村启动。指导全市阅读推广活动，启动天津图书馆汽车图书馆服务，举办"牵手残疾人走进图书馆"书画摄影大赛、"好书伴我成长"全市中小学生读书活动、"新时代少年朗读者"——京津冀百校学生朗诵大赛等。

同时，根据对天津市基层综合性文化服务中心（站）运转情况调查获得的第一手的资料，发现：第一，公共文化服务设施方面。多数的受访者认为基层公共文化设施是完善的。由此可见，多数村镇（社区）拥有的基础文化设施基本满足了人民群众的文化需求。第二，文化活动方面。大部分受访者表示会偶尔参加文化活动或经常参加文化活动，只有极少数的受访者表示自己从不参加任何文化活动。对于参加什么样的文化活动，受访者选择知识类和娱乐类的文化活动的居多，而选择艺术类、体育类和竞赛类等文化活动比重则较为平均。在调查访问过程中，城市社区的群众，平时的休闲娱乐以广场舞为主；而相比较社区群众而言，农村群众很多人没有特别的兴趣爱好。

（三）基层综合性文化服务中心（站）的服务效能

基层综合性文化服务中心（站）的服务对象是基层普通群众。中办、国办印发的《意见》明确提出，鼓励群众参与建设管理基层综合性文化服务中心（站）。天津市各地各部门在推进基层综合性文化服务中心（站）建设中，非常注重激发广大人民群众文化建设的主体意识，调动其参与建设的积极性、主动性和创造性。比如，有的地方在文化礼堂建设中，积极发挥群众的主体作用，组建文化礼堂理事会，有的将文化礼堂委托群众业余团队管理。又比如，有的地方鼓励支持群众自办文化活动，引导群众在参与中实现自我服务、自我表现和自我进步。有的地方着力搭建各类文化平台，拉近了群众"心理距离"，吸引了不少群众的参与。在硬件有了的同时，又着力推动软件建设，依托建成的城乡舞台空间，努力丰富文化产品供给，不断提高群众文化生活的获得感。

同时就基层公共文化服务能否满足需求进行了调查问卷，结果显示大多数受访者认为公共文化服务能满足自身的需求。这说明天津市各地各部门建设的基层综合性文化服务中心（站）发挥了较好的作用，获得了基层群众的认可。同时，还就基层综合性文化服务中心（站）每年开展的延伸服务进行了调查问卷，其中，"根据村民需要开展各种文化活动"和"举办农业技能培训"占比较高，说明基层综合性文化服务中心（站）开展的延伸服务针对性较强。同时，基层综合性文化服务中心（站）在开展延伸服务的时候也比较关注老人和儿童的文化娱乐活动，对此，绝大多数受访者对此均表示认可。

公共文化服务根在基层，活力在基层，难点也在基层。数字化是现代公共文化服务体系建设的重要特征。互联网技术的发展和微信、微博等新媒体的普及，对公共文化服务的提供方式和手段提出了新的、更高的要求。天津市各地各部门在推进基层综合性文化服务中心（站）建设中，为打通公共文化服务"最后一公里"，不仅创造性地在城乡村镇（社区）建设群众性文化广场，有的区还把实现免费WiFi广场全覆盖作为一项重要建设任务来抓，通过互联网拓展了公共文化机构的服务范围，提升了基层公共文化设施的服务效能。天津市通过对互联网信息技术的运用，极大提高了基层公共文化服务中心（站）的运营水平，获得了老百姓的认可。在调查问卷中，大多数基层群众肯定了这种做法，只有极少数的群众认为自己没有感受到，主要原因在于自己不会用现代化的通信设备。

通过对基层综合性文化服务中心（站）的调查问卷的统计分析，基层综合性文化服务中心（站）的是连接党心民心的桥梁，也是直接影响到打通最后一公里公共文化服务保障体系的关键所在。

二、天津市基层综合性文化服务中心（站）
建设存在的问题和困难

（一）基层综合性文化服务中心（站）达标率有待进一步提高

目前，天津市共有 244 个街镇。根据原天津市文化广播影视局 2017 年委托第三方抽查情况显示，全市约 50 个文化站因装修、在建、锁门无法进入、未找到地址等原因存在未正常开放或建设不达标的情况。经各区文旅局进一步核实，全市共有 18 个街镇文化站不达标，经过整改，截至 2018 年底，241 个街镇文化站基本达标。同时，全市共有村居 5158 个，按照《天津市村居综合性文化服务中心建设服务规范》要求，截至 2018 年底，天津市 300 平方米以上村居综合性文化服务中心数量约为 1133 个，约占全部村居的 22%左右，达标比率不高。

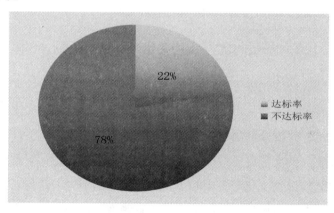

图 1　全市村居综合性文化服务中心面积达标情况

（二）基层综合性文化服务中心（站）设施不足、布局不合理

一是基层综合性文化服务中心（站）设施不完善。中央要求，基层综合性文化服务中心（站）建设主要依靠现有文化设施，不搞大拆大建，一般不进行改扩建和新建。因此，天津市现有基层文化服务设施是基层综合性文化服务中心（站）建设的设施基础。但调查发现，天津市部分村和老旧社区文

化设施建设不达标，设备简陋或空缺，提升改造困难。街镇普遍反映基层文化设施选址困难，用地审批、立项验收等手续基本无法通过，加之建设经费投入不足，改扩建或选址新建难度较大。一些基层文化设施硬件虽然基本达标，但空间布局欠合理、服务功能不完善、软件配置效果差，制约了基层综合性文化服务中心（站）的建设进程。二是设施存在被挤占挪用现象。上级各条口都对村居的设施建设有要求、标准、考核，基层"上面千条线，下面一根针"的问题突出，村居在基层设施建设方面压力较大，村居现有文化设施存在被挤占挪用现象。三是基层综合性文化服务中心（站）利用率不高。电子阅览室和"农家书屋"利用率偏低。之所以会产生这个问题，原因就在于大家用手机就可以阅读书籍和查找资料，无须再到基层综合性文化服务中心（站）查阅，同时公共文化设施的不完善也会影响村民的参与积极性，影响其使用率。基层公共文化设施利用率低，公共文化服务效能不高，已经成为现代公共文化服务体系建设的难点和痛点。

（三）面向基层的优秀公共文化产品供给不足

基层综合性文化服务中心（站）无论是从文化产品的形式还是从内容上来看，存在着文化精品不足、文化特色缺乏的问题。有的文化产品不是群众喜闻乐见的，对群众的吸引力不够，导致群众参与度不高，群众的满意低。同时，基层公共文化服务效能不够高的另一个表现就是，服务与需求之间的错位。基层综合性文化服务中心（站）所提供的不少书籍与老百姓实际的需求有差距，与老百姓的生产生活贴得不够紧密。比如，在农家书屋方面，配送书目尽管涉及广泛，但考虑到面向的人群，书籍的种类侧重点不够突出，迫切需要有针对性地增加村民真正需要的书籍。

（四）统筹协调、统一规划的力度不够

一是缺乏管理意识和科学规划。在基层综合性文化服务中心（站）建设中缺乏科学的规划，也没有形成科学的管理意识。工作方式比较单一，工作思路也非常被动，在考核中出现片面性。二是基层公共文化条块分割的现象

普遍存在。基层文化服务机制不健全，存在多头指挥、重复建设、资源利用不高的现象，服务组织方式单一，服务理念偏于传统，现代化程度不足，缺乏基于广大人民群众需要开展的特色服务项目。三是统筹协调不够。虽然天津市大部分村镇（社区）都建有综合性文化服务中心（站），但其基础设施建设的标准各有差异。比如，有的地方虽然已经建成综合性文化服务中心（站），也设有农家书屋，但是完全符合标准化要求的不多。又比如，部分行政村或社区因城镇化建设存在规划拆迁情况，影响基层文化设施达标。主要表现为：准备启动拆迁的，基层文化设施提升无法启动；正在拆迁中或拆迁完成的，因未落实公共文化设施先建后拆有关规定，部分村居基层文化设施缺失或不达标。这些都反映出基层综合性文化服务中心（站）的建设上统筹规划欠缺。

（五）基层文化工作力量不强

在力量配备方面：一是街镇文化工作没有专门机构。与基层教育、卫生等部门相比较，2000 年机构改革后，街镇和村居文化服务中心（站）不再是独立机构，街镇文化站陆续被并入街镇政府综合性办事机构，不再是独立法人，虽然保留职能，但在综合管理部门中，编制不明确、人员不稳定，市区两级文化管理任务没有专门基层文化机构进行落实。二是人员配备不足。调查发现，基层文化设施日常管理服务人员落实不到位的现象还较为普遍。不少地方缺少文化专职管理和服务人员。在走访调查中，也发现一些工作人员是临时上岗的，即使有的配备专职管理员的地方，由于用人机制不灵活，导致工作积极性普遍不高。特别是村居文化管理人员未全部落实，有些专职从事文化工作的管理员，由一人负担整个街镇和村居的文化管理工作，压力较大。三是专业技能欠缺。虽然有的地方对文化工作人员进行了岗前培训，但由于缺乏系统严格的规范程序和标准，导致培训流于形式，影响了公共文化服务的满意度。同时，在基层综合性文化服务中心（站）的工作人员，很多人在组织群众活动过程中缺乏创新能力和组织能力。

在经费保障方面：一是经费投入不足。基层综合性文化服务中心（站）

的建设经费保障严重不足。调查显示，不少地方的基层公共文化服务经费得不到较好的保障。除了工作硬性要求约束下的资金在一定程度上得到了保障，运行经费缺口较大，经费投入的长效机制有待进一步健全。按照公共文化服务体系建设标准要求，市、区两级财政均有配套经费下拨到街镇和村居，但对街镇没有明确配套要求，财力较好的街镇对村居有投入，但多数村居仅有市区拨款，经费非常有限。二是经费使用不规范。由于基层文化工作没有专门机构负责，街镇文化经费下拨至街镇政府，村居经费一般也由街镇政府统筹使用，即使个别街镇把经费下达村居，也只能拨付村居委会，文化工作经费使用没有自主权，很难保障及时到位和专款专用。

（六）管理服务的制度机制不健全

作为沟通市、区和村居的重要中间环节的街镇一级，对基层文化工作重视程度不够、文化工作在绩效考核中摆位不高，无专门机构，欠缺专职专用的工作人员，履行指导、培训、提升等服务职能的力度不够。同时，村居设施和人员相对薄弱，基层文化工作运行效率不高，基本处于自娱自乐状态，举办的文化活动基本上是自发和零散的，未能充分发挥好精神引领和凝心聚力作用。部分基层综合性文化服务中心（站）标牌不明显，宣传引导力度不够，没有主动服务的精神，与百姓需求对接不充分，不能较好地听取、研究、分析百姓需求，不能够主动使群众参与其中。相对于城市里的人而言，农村大部分都是老人和留守儿童，文化程度和素质更低，致使农家书屋的利用率远低于城市社区里图书馆的利用率。

三 天津市促进基层综合性文化服务中心（站）建设的支持系统分析

（一）制度与政策支持方面

天津市及时召开全市《公共文化服务保障法》贯彻落实工作会议，召开天津市公共文化服务体系建设协调组会议，建立天津市公共文化服务体系建设专家委员会。印发《公共文化服务保障法》手册，开展全市《公共文化服务保障法》培训。及时开展《公共文化服务保障法》《公共图书馆法》宣传，启动《天津市图书馆条例》立法调研，组织实施区图书馆、文化馆总分馆制和街镇、村居综合性文化服务中心（站）建设服务标准的相关课题研究。先后制定出台了《关于加快构建现代公共文化服务体系的实施意见》《关于推进基层综合性文化服务中心（站）建设的实施方案》《关于推进区级文化馆图书馆总分馆制建设的实施意见》《天津市乡镇（街道）综合性文化服务中心（站）建设与服务规范》《天津市村镇（社区）综合性文化服务中心（站）建设与服务规范》《关于加强天津市群众文化活动规范管理的意见》《天津市公共图书馆免押金借阅服务实施方案》等文件。政策文件的密集出台为天津市公共文化服务体系建设提供了重要遵循。制定印发了《天津市各级少年儿童图书馆通借通还工作实施方案》，建立起全市少儿图书馆通借通还体系建设协调工作机制，全市少儿图书馆通借通还服务体系建设进展顺利。2018年2月份，原天津市文化广播影视局印发了《天津市公共数字文化工程管理办法》。《办法》明确，按照政府向社会力量购买公共文化服务相关文件要求，放开准入条件，通过政府采购、委托管理等方式，以资源建设、服务应用为重点，推动公共数字文化工程的设备升级和机制创新，逐步提高社会力量参与的比例。《办法》的出台，对于加强基层公共数字文化工程的组织管理，更好保障人民群众基本文化权益具有十分重要的意义。

天津市各地各有关部门在基层综合性文化服务中心（站）建设中，通过制定设施、服务、管理、评价考核等标准，努力实现统一建设、管理、服务和标准化。比如，有的地方以文化礼堂为，开展了基层综合性文化中心建设，制定了一系列与文化礼堂相关的设施建设、展陈设置、礼仪活动、考核评估标准。又比如，有的地方制定了以农民文化乐园建设为代表的硬件设施标准。还比如，有的地方制定了基层综合性文化服务中心（站）的硬件标准和软件标准，等等。通过强化基层综合性文化服务中心（站）建设标准化，以标准化推动基层综合性文化服务中心（站）建设、管理、服务的规范化，推动基层综合性文化服务中心（站）建设长效发展，真正造福于民，让群众共享文化发展成果。

（二）财政支持方面

天津市利用基层公共文化服务体系建设专项资金，将基层综合性文化服务中心建设纳入补助范围，对各区新（扩）建乡镇综合文化站的，按照不超过国家建设标准的新（扩）建建筑面积，每平方米补助 1000 元。结合基层综合性文化服务中心（站）实施免费开放、文体设备器材更新、文体及相关培训活动等公共文化服务项目需要，天津市按照根据各区文化场馆、街乡镇、村居建制数量和对应补助标准安排补助资金，其中：区"两馆一站"每年免费开放补助分别达到 50 万元和 5 万元，城市书吧出版物补充更新每年补助 2 万元，街乡镇、行政村、社区居委会每年公共文化服务补助分别为 6 万元、1.7 万元、0.9 万元，有力保障了基层综合性文化服务中心运行和各项功能发挥。支持各区统筹利用现有市对区文体传媒一般性转移支付、公共文化绩效奖励等转移支付资金，结合自身实际，推进基层综合性文化服务中心建设。比如，北辰区分批开展"标准村居文化活动室"创建工作，针对设施面积、功能布局等方面提出了具体要求，区政府采取以奖代投的方式给予专项补贴，共建设标准村居综合性文化服务中心 66 个。

（三）社会力量支持方面

为进一步扩大公共文化影响力，让百姓分享到文化权益，天津市在不断加大基层公共文化服务体系建设的过程中，在政府部门主导、大力支持的同时，积极鼓励和促进社会力量参与公共文化建设和服务。比如，为推进各区街镇综合性文化服务中心建设，2016 年组织专家组完成 16 个区 240 个街乡镇实地评估验收工作，极大促进了街镇综合文化服务中心建设。又比如，建立街镇和村居综合性文化服务中心抽查机制，2017 年委托第三方机构对全市街镇和村居综合性文化服务中心建设服务情况开展不定期大规模抽查暗访工作，有效提升基层公共文化服务效能。同时，文化惠民活动、广场演出季、大型文艺演出、社区文艺展演……都能看到社会力量支持参与的身影。比如，市属文化院团主动提供技术支持，为百姓带来高雅艺术的享受；企业积极参与公共文化基础设施建设、文化团队扶持，为文体活动提供资金与场地支持；教育资源被充分吸收利用，教室、礼堂、操场无偿提供给群众文体活动使用，为天津文化大发展、大繁荣提供了强大助力。社会力量进一步融入公共文化活动中，推出了更多群众喜闻乐见的公益性演出，让老百姓乐享公共文化服务的实惠。比如，有的地方将社会力量的独特资源嵌入到社区文化服务工作中，由负责运营的文化企业引进其他社会力量，一方面发挥不同社会力量在公共文化服务建设中的作用，解决社区综合性文化服务中心（站）面临的专业队伍不健全、服务体系不完善、管理效率低等问题；另一方面克服社区综合性文化服务中心（站）独立运营下对接、引入外部资源时存在的目标不明、热情不足、缺少计划等原有弊端，形成"政府主导+社会化管理+多元化合作"的联动机制，有效提升社区文化服务的效率和质量。

当前，社会力量已经成为天津市基层综合性文化服务中心（站）的发展动力。一是推动基层文化资源的均衡配置。天津市基层综合性文化服务中心（站）通过与不同社会力量的深度合作，丰富了基层公共文化服务的数量与层次，避免公共文化服务出现动力有限的问题。二是居民文化参与度提升。社会力量参与天津市基层综合性文化服务中心（站）服务内容的开发，为街镇（村居）居民之间的文化交流提供了更多的机会，居民参与街镇（村居）文化活动的积极性不断提升。三是社会化管理机制更加健全。通过引入社会力量参与天津市基层综合性文化服务中心（站）建设，有助于降低基层公共文化设施的运营成本，并通过专业人才队伍、专业服务体系的构建，有效提升了基层文化机构的服务效能。四是基层综合性文化服务中心（站）发展活力得到激活。基层综合性文化服务中心（站）运营方引入社会力量，激活了街镇（村居）综合性文化服务中心（站）的发展活力，达到了资源共享、协同发展的利好效应。

四　天津市基层综合性文化服务中心（站）建设的努力方向

（一）在推进规范化标准化建设上着力

推进规范化、标准化建设，既有利于基层操作，又有利于规范基层综合性文化服务中心（站）的行为，提高服务效能，同时还能有效保障基层群众的文化权益。天津市在推进基层性文化服务中心（站）建设过程中，要始终坚持规范化、标准化的建设方向。在标准引领上，要将构建现代公共文化服务体系纳入国民经济和社会发展规划。出台基本公共文化服务保障标准，进一步明确基层综合性文化服务中心（站）发展的路线图、任务书、时间表，设计出具有可操作性的总体发展目标和阶段性发展指标，为全市基层综合性文化服务中心（站）的规范化、标准化发展提供规划引领。天津市在推进基层综合性文化服务中心（站）的规范化、标准化发展过程中，要着力在四个方面下功夫。一是建立标准化的服务标识系统和服务指南。这是居民认识街镇（村居）综合性文化服务中心（站）的工具，对于基层综合性文化服务中心（站）的服务和使用具有重要的指引作用。二是推动街镇（村居）综合性文化服务中心（站）服务设施实行精细化管理。服务设施的管理水平关系到服务设施使用的可持续性。具体措施包括：对服务设施进行分级管理，制定专项的服务标准，建立健全标准体系和内部管理制度，配备专业的管理人员对器械设备进行维护和保养，制定完善的活动室管理制度和文明使用公约，等等。三是整合资源，共建共享。这是推动街镇（村居）综合性文化服务中心（站）规范化、标准化建设的一项重大任务。要因地制宜、主动借力，打破行政条块分割，建成集宣传文化、党员教育、科学普及、法治教育、体育健身于一体的行政街镇（村居）综合性文化服务中心（站）。四是打造社会化、数字化的街镇（村居）综合性文化服务中心（站）。这是实现街镇（村居）综合性文化服务中心（站）规范化、标准化的重要途径。要建立以街镇（村居）党组织为主导、以社会组织为运作主体、以街镇（村居）人才为主要服务力量的立体管理机制，探索采用委托管理或自行管理的方式，通过文化与科技的融合，实现街镇（村居）公共文化产品和服务供给上下联动、供需对接。

（二）在强化政策支持上着力

推进基层综合性文化服务中心（站）建设，加大政策支持力度至关重要。要进一步强化对基层综合性文化服务中心（站）建设的政策支持，注重政策的系统性和可操作性。在基层文化阵地建设、基础层公共文化服务社会化、基层文化品牌塑造、基层文化队伍建设等方面出台系列政策，健全配套措施，确保政策体系落实到位。明确各级党组织和相关部门的主体责任，强调靠前服务、持续推动，狠抓落实。进一步加大财政支持力度，落实投入保障。制定和完善系列财政政策，建立基层综合性文化服务中心（站）建设财政保障制度，设立基层综合性文化服务中心（站）建设专项扶持经费，确保全市推进基层综合性文化服务中心（站）建设各项工作的资金需要。要进一步加强科技应用，强化考评督导。充分运用互联网、大数据等智能化手段，为基层综合性文化服务中心（站）建设工作提供技术支撑，形成线上线下互动，网上有传播、线下有体验的引领模式。建立完善的绩效考评体系，完善检测文化硬实力与软实力的科学指标体系。明确考核主题、规范考核程序、提高考核质量。

（三）在打造阵地平台上着力

阵地是基层综合性文化服务中心（站）建设的重要依托，加强阵地建设和管理，做到守土有责、守土有责、守土尽责，使各类阵地成为提供基层文化服务的坚强阵地。要始终注重抓好基层公共文化服务阵地建设，推动基层综合性文化服务中心（站）与党群服务中心、新时代文明实践中心（站、所）相结合，统筹实现各部门、各领域资源一体整合，形成基层综合性文化服务中心（站）建设的合力和促进基层文化发展的合力。突出基层综合性文化服务中心（站）阵地的意识形态引领，全面提升图书馆、文化馆（站）、博物馆、美术馆、科技馆和体育馆等基层公共文化服务设施的意识形态引领效能，创新服务方式，吸引更多群众参与到公共文化服务中来，使社会主义核心价值观的传播润物无声地深入人心。加强对数字文化服务、网络空间等新型文化空间和资源的阵地占领意识。各地各部门需要重点抓好以下五个方面的项目建设。一是抓好文化礼堂建设。利用现有的文化广场、文化活动室、农村书屋等阵地资源，在发挥基层综合性文化服务中心（站）基本文化服务的基础上，充实增加节庆礼仪、红白理事、道德讲堂、村民会议等功能，打造文化礼堂品牌。二是抓好城市文化广场建设。依托现有的城市中心区域广场或开放式公园进行改造提升，完善文化体育设施，注入思想文化内涵，让市民在休闲、娱乐、健身中潜移默化地接受教育。三是抓好社区文化家园建设。利用现有的社区服务中心等资源，充分发挥社区综合性文化服务中心（站）基础作用，完善社区文化服务网络，进一步加强内容建设，在居民家门口打造集思想引导、道德教化、文化熏陶、互助互爱、邻里守望等功能于一体的社区文化家园。四是抓好学校文化讲坛建设。依托现有校史馆、礼堂、图书馆或学术报告厅等开办学校文化讲坛，聘请党政领导、社科专家、优秀教师、先进典型、身边好人等与学校学生进行面对面的互动交流。同步建设网上文化讲坛，利用网络、两微一端等媒介扩大覆盖面和影响力。五是抓好基层文化场馆建设。不断加大基层文化馆、图书馆、乡镇文化站、村农家书屋等公共文化场馆免费开放力度，依托这些场馆平台，有针对性地组织开展各类文体活动，切实增强公共文化场馆文化民生工作实效。

（四）在建强文化队伍上着力

人才队伍缺乏是制约基层综合性文化服务中心（站）建设的"瓶颈"，需要加快培养造就一支结构合理、专兼结合、业务精湛的公共文化服务人才队伍。一要通过政府购买服务的方式，在街镇（村居）综合性文化服务中心（站）设立城乡基层公共文化服务岗位，配齐配强工作人员。二要把基层公共文化服务相关专业人才培养纳入国民教育和职业教育体系，加大对基层文化队伍人才的培养力度，提高基层文化工作队伍的整体素质。三要不断完善吸引优秀文化人才服务基层政策措施，积极做好人才引进、培养和使用工作，不断加强基层乡土文化人才队伍建设，充分挖掘、培育基层业余文化人才，激发创造活力。同时，要积极扶持地方特色文艺队伍发展壮大，支持业余文艺团队和乡土文化能人开展系列文化活动。鼓励"三支一扶"大学毕业生、大学生村官、志愿者等专兼职从事基层综合性文化服务中心（站）管理服务工作。四要结合基层综合性文化服务中心建设，加大基层公共文化服务队伍的培训力度。面向全部街镇和村居综合性文化服务中心，采取就近轮训的方式，系统学习《公共文化服务保障法》和国家、天津市关于公共文化服务体系建设特别是基层综合性文化服务中心建设的规章制度，努力使各街镇（村居）了解掌握并对接落实国家和天津市的公共文化建设服务相关标准要求。

（五）在提升服务效能上着力

基层综合性文化服务中心（站）建设成效，最终要体现到服务功能的有效发挥和效能的实现上。要采取综合措施，全面提升基层综合性文化服务中心（站）的服务功能和效能。一要深入开展宣传教育活动。要依托基层综合性文化服务中心（站），通过政策解读、专题报告、百姓论坛等多种形式，宣传新时代中央和天津市的重大改革措施和惠民政策；结合美丽乡村、文明村镇、文明社区建设等活动，把中国梦主题教育和社会主义核心价值观教育深入传播到广大人民群众中去；加强对本地区历史人文资源的挖掘、整理和保护，培育地方特色文化；推动地方戏曲创作演出，活跃群众文化生活；积极开展艺术普及、科学普及、法治文化教育、农技推广以及防灾减灾知识和就业技能培训等，传播科学文化知识，提升群众综合素质。二要大力开展群众文体活动。以基层综合性文化服务中心（站）为平台，鼓励和扶持群众兴办书画、戏曲、歌舞、摄影、棋牌等各类群众性文艺团体。利用春节、元宵、端午、中秋、重阳等传统节日，结合地方传统文化，开展民俗文化活动，通过组织开展读书征文、文艺演出、经典诵读、书画摄影比赛、体育健身竞赛等文体活动，让节庆更富人文情怀，让群众共享文化成果。三要提升公共文化服务效能。建立健全群众文化需求反馈机制和评价机制，及时准确掌握群众真实文化需求，根据实际制定公共文化服务"菜单"，开展"订单式"服务，特别是要为老年人、未成年人、残疾人、异地务工人员和农村留守妇女儿童等群体提供有针对性的文化服务，打造一批特色服务项目。广泛开展流动文化服务，推广文化体育志愿服务，把基层综合性文化服务中心（站）建成流动服务点，开展文化进社区、进农村和区域文化交流等活动。

（六）在创新制度机制上着力

重点在三个方面着力：一是建立健全基层综合性公共文化服务中心（站）建设的指标体系，全面总结基层综合性公共文化服务中心（站）建设实践，系统归纳和提炼基层综合性公共文化服务中心（站）建设成效，形成基层综合性公共文化服务中心（站）建设的制度、规范和标准体系，构建科学化的基层综合性公共文化服务中心（站）建设评估指标体系，推动各项工作量化和指标化。二是建立健全基层综合性公共文化服务中心（站）建设评估考核机制，完善考评办法，规范考评程序，引入专业机构开展第三方专业评估。通过满意度调查、主客观评价等多种方式进行系统考察、科学评估。以评估指标体系建设推动基层综合性公共文化服务中心（站）建设责任制落实，推进"以评促建"。三是建立健全基层综合性公共文化服务中心（站）建设工作推动落实长效机制，建立完善统筹协调机制，健全内部沟通协调机制、跨部门统筹协调机制，强化分类管理、因地制宜，合理确定目标、步骤和措施。健全落实督查督导机制，探索开展基层综合性公共文化服务中心（站）建设工作督查绩效评价试点，将督查结果纳入对领导班子、领导干部综合考核评价内容。拓宽监督渠道，充分动员社会各方面和人民群众参与监督，促进各项目标任务落实。

天津市公共图书馆服务体系建设

李 培 王茉瑶 刘良玉①

摘 要： 在天津市公共文化服务体系建设中，公共图书馆承担着建设重任，发挥着重要作用。天津市各级公共图书馆以技术网络为支撑，搭建了通借通还服务体系，推动公共数字文化工程建设；以总分馆制建设为基础，建立区级公共图书馆总分馆制，广泛开展图书馆延伸服务；以公共文化活动为主线，实行全市中文图书免押金借阅，各项文化品牌活动惠及全民。天津市公共图书馆通过服务体系建设，服务设施更加优化，服务效益明显增长，服务半径不断扩大。取得的建设经验概括为：秉持理念、政策导向，循序渐进、覆盖全域，多级联动、通力合作发展，统筹规划、形式多元。今后全市公共图书馆将全面提升服务体系效能，着力构建全民阅读服务体系，拓展多元化、专业化服务内容，引入社会力量、创新文旅融合，进一步提高公共图书馆服务体系建设水平。

关键词： 公共图书馆 总分馆制 通借通还

一 引 言

（一）构建现代公共文化服务体系

自 2015 年《关于加快构建现代公共文化服务体系的意见》颁布以来，党

---

① 李培，天津图书馆；王茉瑶，天津图书馆；刘良玉，天津图书馆。

和国家对公共文化事业重视程度日益提高。2017 年《中华人民共和国公共文化服务保障法》的实施从法律层面对如何开展公共文化服务提出了更高的要求。2018 年，习近平总书记在全国宣传思想工作会议上强调"要推动公共文化服务标准化、均等化，坚持政府主导、社会参与、重心下移、共建共享，完善公共文化服务体系，提高基本公共文化服务的覆盖面和适用性"。构建现代公共文化服务体系，是保障和改善民生的重要举措，是全面深化文化体制改革、促进文化事业繁荣发展的必然要求。

天津市委、市政府近年来紧密围绕党中央、国务院的战略部署，高度重视公共文化服务体系建设。发挥政府主导作用，对公共文化建设的财政投入持续增长，相继出台了《关于加快构建现代公共文化服体系的实施意见》《天津市公共文化服务保障和促进条例》等一系列制度文件，大力实施文化惠民工程，布局公共文化服务网络，为天津人民提供了更加优质、更加便利的公共文化服务，推动全市文化大发展、大繁荣迈上了新台阶。

（二）发展中的天津市公共图书馆事业

天津市现辖 16 个行政区，建有公共图书馆 29 个，其中市级公共图书馆 2 个（天津图书馆、天津市少年儿童图书馆），区级公共图书馆 27 个（19 个区图书馆，8 个区少年儿童图书馆）。在《文化和旅游部关于公布第六次全国县级以上公共图书馆评估定级上等级图书馆名单》中，天津市共有 27 个公共图书馆参评，14 个被评为"一级图书馆"。

近年来，天津市各级公共图书馆通过馆舍的新建、扩建，扩大馆藏资源、设备规模，完善人员与业务制度等措施，持续推进基础设施与服务水平的双重提升：2018 年，全市公共图书馆的馆舍建筑面积达 40.52 万平方米，常住人口中每万人拥有公共图书馆建筑面积从 2010 年的 109.7 平方米升至 259.8 平方米；各馆藏书总量 1867.29 万册，相比于 2008 年新增了 40.72%，电子图书总量 2039.57 万册；共有约 1.9 万个阅览室座席，4341 台计算机；在全市公共图书馆从业人员的努力下，2018 年共为读者举办讲座、展览、培训等各类文化活动 3089 场次，公共图书馆事业稳步繁荣发展（详见下表）。

2018 年度天津市公共图书馆基本情况一览表

名称	建筑面积（平方米）	阅览室座席数	藏书量（万册）	电子图书（万册）	计算机数量	从业人数
天津图书馆	118525	4507	608.36	345.19	1117	273
和平区图书馆	6000	547	53.73	11.00	306	32
河东区图书馆	10540	654	51.28	260.03	130	23
河西区图书馆	10896	515	81.78	22.00	183	32
南开区图书馆	2745	236	57.22	115.00	110	25
河北区图书馆	2111	122	33.04	32.00	80	23
红桥区图书馆	8320	531	37.02	17.00	125	14
东丽区图书馆	6200	500	26.58	45.00	100	25
西青区图书馆	12000	636	41.21	64.00	162	16
津南区图书馆	10521	650	37.44	54.26	158	18
北辰区图书馆	5040	102	31.63	22.00	102	29
武清区图书馆	24000	1200	62.42	142.26	153	67
宝坻区图书馆	9273	145	29.20	44.00	60	25
滨海新区图书馆	22000	1550	159.11	15.00	140	71
宁河区图书馆	841	100	5.97	5.00	57	13
静海区图书馆	5320	450	21.97	22.44	107	31
蓟州区图书馆	3216	208	18.73	180.30	65	28
泰达图书馆	24000	1197	99.20	35.93	150	65
空港经济区文化中心	35000	1059	42.70	138.00	400	38
中新天津生态城图书档案馆	67000	2000	38.42	431.60	132	21

　　天津图书馆作为全市文化资源服务中心，拥有文化中心馆、复康路馆和海河教育园馆三个馆区，总建筑面积近 12 万平方米，馆藏普通文献 670 余万册（件），电子文献 345 余万册，处于全国领先水平，全年免费向读者开放。2017 年滨海新区图书馆新馆建成开放，在网络上被誉为"中国最美图书馆"，并荣登美国《时代周刊》"2018 年最值得去的 100 个地方"名单榜首。各级公共图书馆现已成为文化新地标，活跃全市书香氛围，使市民尽享文化发展优质成果。

（三）天津市公共图书馆服务体系概况

在公共文化服务体系建设中，公共图书馆承担着建设重任，构成其服务总和的公共图书馆服务体系也是现代公共文化服务体系的重要组成部分。在市委、市政府的领导下，天津市各级公共图书馆迎来了蓬勃发展的时期。图书馆事业规模不断扩大的同时，积极配合全市文化工作部署，服务公共文化服务体系建设。通过多种形式的服务网络建设，现已形成市、区、街乡镇、村（社区）四级框架的公共图书馆服务体系，建立起区级公共图书馆总分馆制，实现全市范围内的通借通还、资源共享，不断丰富文化服务内容，把图书馆优质资源服务向基层延伸，推动现代公共文化服务体系建设，满足人民群众不断增长的精神文化需求，取得了显著服务成果。

二 以技术网络为支撑

（一）搭建通借通还服务体系

2012 年天津市制订了《天津市公共图书馆系统服务体系建设规划（2013—2017 年）》，目的是通过构建以天津图书馆为中心馆、各区公共图书馆为成员馆，并延伸至基层服务点的三层服务体系，建立全市统一的公共图书馆图书文献资源和服务管理平台。整个建设采用分阶段发展模式，一是搭建全市公共图书馆的通借通还服务体系，二是推进全市公共图书馆的业务管理系统并轨工作，从而实现资源与服务最大限度地整合，推进全市公共图书馆事业均等化、标准化发展。

1.总体建设与服务模式

经过前期充分调研、制定实施方案，2014 年初天津市公共图书馆通借通还服务体系开始启动市内六区的建设试点工作，2015 年环城四区陆续加入通借通还服务网络，2016 年底全市通借通还系统全线开通，全市 20 个区级图书馆与天津图书馆实现通借通还服务，全市读者"一卡在手，全市通读"。

该体系建设总体上遵循市、区两级政府共同投入、统一管理、资源共享的指导方针，全系统按照"统一系统平台、统一编目加工规范、统一业务规范、统一流通规则、统一物流配送、统一培训管理"的原则开展运行。系统平台选择具有国际先进水平的 ALEPH500 图书馆自动化集成管理系统，实现资源高密度共享；总体流通模式采用完全意义上的"通借通还"，即读者可在任一成员馆办理的读者证，在网内任一馆内都可以办理已在馆内图书的借出和归还手续。

2.建立自动化管理系统网络

在通借通还服务逐步开通的基础上，天津市还分批建立起区域内统一的图书馆自动化管理系统网络，各区馆与天津图书馆完成管理服务系统并轨工作，由以中心馆天津图书馆流通馆藏为基础逐渐向全市各级公共图书馆流通馆藏全部进入通借通还流通范围扩展，实现通借通还服务的全覆盖。

2015 年，和平区图书馆作为全市第一家区级公共图书馆成功并入中心馆天津图书馆的自动化管理系统，在统一平台、统一管理、统一制度的基础上，保留成员馆自己个性化服务，目前已有 11 家区馆与天津图书馆签订系统并轨相关协议。部分区馆充分发挥区域性分中心的作用，相继选取区内条件成熟社区服务点开通通借通还服务，多级架构模式初步形成，最大限度地满足读者便捷、充分利用文献资源与服务的需求。

3.实现文献资源联合编目

随着天津市公共图书馆通借通还服务体系的顺利搭建以及各馆 ALEPH 系统并轨工作的持续推进，市、区两级公共图书馆搭建系统，共用一个书目数据库，实现了书目数据资源的整合共享。

天津市图书情报工作协调委员会书目数据研究中心依托于天津图书馆、全国图书馆联合编目中心、地方版文献联合编目协作网及各成员馆，多年来致力于全市图书馆编目工作的标准化建设，推动本地区实现书目数据资源共建共享。在自动化管理系统并轨工作开展过程中，中心配合各签署并轨协议的成员馆，提供翔实的采编工作系统培训，最大限度地保证系统并轨后采访数据和书目数据的规范统一，确保全市联合编目数据库的高质量，推动通借通还服务工作的顺利进行。

（二）建设公共数字文化工程

公共数字文化建设是实现公共文化服务体系的重要手段。天津市依托公共图书馆实施全国文化信息资源共享工程、数字图书馆推广工程和公共电子阅览室建设计划三大公共数字文化惠民工程，启动公共文化数字化服务平台，并于2017年印发了《天津市公共数字文化工程管理办法（试行）》，以进一步提高公共文化服务能力和水平，有效保障数字网络环境下市民对公共文化服务的新需求。

1.开展公共电子阅览室工作

天津市公共电子阅览室建设工作始于2011年，将和平区、北辰区和静海区确定为第一批公共电子阅览室建设试点单位。2013年底出台了《天津市"公共电子阅览室建设计划"实施方案》，计划在全市公共图书馆（含少儿图书馆）、群艺馆（文化馆）、街乡镇文化站建设规范的公共电子阅览室，鼓励有条件的社区（村）建立公共电子阅览室，努力实现公共电子阅览室在全市所有街乡镇的全覆盖。

根据部署，2013年至2015年期间全市公共电子阅览室建设工作全面开展，截止到2015年底基本完成建设目标，2016年至今处于平稳运行阶段。截止到2018年11月，全市共登记注册有各级公共电子阅览室307个，其中市直属公共电子阅览室4个，区级48个，乡镇街道及社区（村）一级255个，平台用户总量47813人，通过全市公共电子阅览室访问网站总量8209659人次，总服务177799人次。

2.统筹数字资源共建共享

在公共数字文化服务的建设过程中，天津市注重增加数字资源有效供给，统筹数字资源联合共建，通过"互联网+公共文化服务"的模式使更多市民足不出户即可共享一站式公共数字文化服务。

数字图书馆推广工程天津分中心积极组织全市各区成员馆参与资源联合建设工作，采用统一标准招标、制作、审核，确保整体制作数据的规范、合格。截至2018年底，共完成元数据仓储项目5.76万条；地方图书数字化249

种，12.2149 万拍；民国报纸 2 种 8000 拍；政府公开信息完成总量 25 万条；专题数据库已完成 3 个，内含 1.3 万条数据；网事典藏 300 个网站；图书馆公开课视频数据量 13.6TB，所有项目数据总量达 16TB。文化信息资源共享工程天津分中心与相关合作单位合作完成天津地方特色资源建设工作，累计拍摄制作《近代中国看天津》《天津文化》等文化专题片 170 余集，资源建设总量近 30TB。

2009 年天津公共图书馆数字资源共享系统启动，在电子图书资源方面率先实现了地区性的整合和一站式服务。2013 年以来，全市图书馆通过 VPN 陆续实现互联互通，经由 155M 专线连接至国家图书馆，使读者在局域网环境下可免费共享使用各馆数据资源。随着 2017 年 11 月国家公共文化云正式上线，天津市通过公共文化数字支撑平台建设聚合各类公共文化资源，下一步还将计划筹建天津公共图书馆文化云，使图书馆的公共数字服务惠及更广泛的社会公众。

3.提供公共数字文化服务

为带给读者更好的公共数字文化服务体验，天津市利用新媒体服务手段开展各类线上推广活动，加强读者与图书馆的互动。

数字图书馆推广工程天津分中心结合本市实际情况，在每年的重要节日节点，组织全市各成员馆推广"网络书香过大年""VR 诵经典"、图书馆公开课等线上主题系列活动，截至 2018 年 11 月，这些活动的参与者达 295674 人次。

"数字图书馆深度游"文化品牌活动从 2014 年开始举办，2016 年创新活动形式，利用微信公众平台开展线上活动。2016—2018 年累计举办线下讲座 54 场，几乎场场座无虚席；举办线上活动 15 场，2018 年首次将平均每场参与人数提升到千人以上。

"百姓选书我买单"是天津公共文化数字化为民服务平台子项目之一，于 2015 年 10 月正式上线，广大市民通过天津图书馆微信公众平台随时推荐自己喜欢的图书，采购工作人员将及时按照荐购信息安排采购，拓宽了读者荐购图书新渠道。

三　以总分馆制建设为基础

（一）建立区级公共图书馆总分馆制

图书馆总分馆制建设是国家层面推动的公共文化领域重点改革任务，明确写入了《中华人民共和国公共图书馆法》，是进一步完善公共文化服务体系的重大举措。2017 年底天津市文化和旅游局（原文化广播影视局）等五部门联合印发了《关于推进天津市区级文化馆、图书馆总分馆制建设的实施意见》，要求至 2020 年，全市建立起以区级图书馆为总馆，以乡镇（街道）综合性文化服务中心为分馆，以村（社区）综合性文化服务中心为基层服务点的三级总分馆制服务体系全覆盖。有效整合图书馆文化资源，促进优质资源和服务下沉。

1.制度先行，实行统一规范

2018 年之前，天津市已经建成三级联动的通借通还服务体系，一些区级图书馆也在各自区域内自发地建立分馆，积累了部分经验。此次区级公共图书馆总分馆制建设以"政府主导，统筹实施；立足需求，有效对接；创新机制，资源共享；因地制宜，注重实效"为基本原则，制订《天津市区级公共图书馆总分馆制建设与服务规范》，提出了具体而统一的建设标准。

主要做法有：明确各级政府和主管部门的责任主体地位及专项经费投入；细化总馆、分馆、基层服务点的主要职责，保障总分馆体系科学有序地运行；规范分馆、基层服务点建设标准、人员设备配置和服务要求，实现文献资源统一采编、配送、通借通还；将总分馆制建设纳入公共文化服务建设专项考核中。

天津市各区贯彻落实市委、市政府各项文件精神，均成立了总分馆建设领导小组，制订本区的总分馆制建设实施方案，保证总分馆制建设的各项任务顺利落地实施。

2.充分调研，启动前期调研项目

2018 年初，为全面提升天津市公共图书馆的保障水平和服务效能，天津图书馆充分发挥中心馆的作用，从技术资源、智力资源等方面支持区级总分馆制建设，成立天津市公共图书馆总分馆制建设项目小组，启动前期调研项目。

项目通过多种调研方式，赴上海等较早开展总分馆制实践的地区学习，围绕全市 19 个区级公共图书馆展开业务模块调查分析，找出现阶段天津市区级公共图书馆总分馆制建设中的问题和不足，形成《天津市区级公共图书馆总分馆制建设前期调研报告》和《天津市区级公共图书馆总分馆制建设操作指南（征求意见稿）》，为各区总分馆制建设提供了参考指导。

3.组织培训，提高总分馆业务水平

为使全市公共图书馆从业人员对总分馆制建设有更加深入了解，天津市先后邀请行业专家面向全市组织开展了多次总分馆制培训。天津图书馆多次派专业人员配合总馆完成系统调试、上机指导等工作，并随时提供线上咨询。各总馆亦定期对分馆、基层服务点专职人员开展业务培训，加强本区基层图书管理人才队伍建设，提高总分馆的整体管理水平。

此外，天津市图书馆学会、天津图书馆、天津市高等学校图书情报工作委员会开展"图书馆总分馆服务体系 LOGO 设计方案征集"活动，对总分馆服务体系起到了良好的宣传推介作用，获奖作品《书上天津·一点点》现已被多个区采纳为总分馆建设的统一标识。

4.全面落实，标准化建设成效显著

2018 年底，区级公共图书馆总分馆制建设全面推进，目前天津市已建成 137 个街镇分馆和 900 余个村居基层服务点，所有分馆和基层服务点均按照《天津市区级公共图书馆总分馆制建设与服务规范》要求向市民免费开放，实现三级图书馆通借通还。

各区因地制宜，探索本区总分馆制特色发展模式，着力发展村（社区）书屋书吧建设，向各行各业、公共休闲场所推广，延伸至公共文化服务末端。和平区"共享书吧"、河西区"西岸书斋"深入景区、企业、商场等地建设，扩充体系服务行业。东丽区"阅东方"城市书房、西青区"青阅书苑"城市书房打破传统图书馆时间限制，实行 24 小时智能化全开放，提供自助借阅服务。北辰区、滨海新区以流动服务车的形式补充固定场馆服务的不足，为处于较为偏远地区的居民提供图书借阅服务。

（二）天津图书馆开展延伸服务

天津图书馆从 2002 年起便依靠自身的技术、资源优势建立行业分馆、社区分馆，探索延伸服务模式，其建设的成功经验曾被文化部在全国给予重点推广。经过多年的实践，已成为全市总分馆体系的重要组成部分。

1.建立行业分馆

天津图书馆以资源共建共享，有效整合现有资源为建设指导方针，依托市总工会和行业系统的相应职能管理部门，与机关团体、企事业单位合作共建了一批行业分馆，如天津市公安局分馆、天津警备区分馆、南开区地方税务局分馆和老干部活动中心分馆等，逐步在各行业内部建成了分布合理、覆盖广泛的图书馆 20 余个基层服务网点。针对每个行业分馆，天津图书馆充分调研不同用户的阅读环境需求，有针对性地借助分馆平台开展特色读者活动，组成下基层小分队定期开展办证、送书等上门服务，将优质公共文化资源输送至基层。

2.汽车图书馆流动送书

2019 年，天津图书馆从加强硬件设施建设、打造文化宣传车品牌、提供定制化服务、营造温馨的阅读环境、创新文旅融合服务模式五大方面对汽车图书馆流动送书服务进行了全面的升级与创新。通过为近 10 个部队服务点的 2000 余名士兵送书、将汽车图书馆开进天津城市地标区域、利用新媒体平台直播车内借阅服务，汽车图书馆流动送书服务营造了良好的全市全民阅读氛围。

四 以公共文化活动为主线

（一）实行中文图书免押金借阅

2011 年，文化部和财政部下发了《关于推进全国美术馆、公共图书馆、文化馆（站）免费开放工作的意见》，要求保障公众免费、无障碍地享受公共图书馆文化服务。自 2017 年"世界读书日"起，天津图书馆、天津市少年儿童图书馆及全市各区级公共图书馆、少儿图书馆实施中文图书免押金借阅服务。

该项政策在免押金无门槛办证的基础上，鼓励读者通过信用度和借阅量的累积，实现图书借阅次数的提升。新办理的免押金读者证可在全市公共图书馆通借通还，借阅中文出版物"2 书 2 刊"，满足一定持证时间及借阅册数，并无逾期、丢失等不良记录，即可升级到借阅"5 书 5 刊"。各级图书馆为读者提供集中退（换）证、退押金服务，在当年即为读者办新证及证转换业务 67784 个，退证 11118 个。2019 年在原有基础上文献借阅数量又增加一倍，读者最多可借阅中文出版物"10 书 10 刊"。

天津市是全国首个实现全区域范围内各级公共图书馆免押金服务的省市，这一举措进一步增强了全市公共图书馆的辐射力和服务效能，吸引了更多的社会公众到公共图书馆享受公益性服务。

（二）文化品牌活动惠及全民

公共文化活动是建设公共图书馆服务体系的重要载体，也是实现全民阅读的主要途径。天津市各级公共图书馆数年来致力于探索丰富多样的公共文化活动形式，打造了一批文化阅读品牌，深受广大市民欢迎。

1.推出公益性文化讲座

公益性文化讲座是公共图书馆传播优秀文化、弘扬人文精神、提高市民文化素质的重要文化阵地。天津市公共图书馆目前几乎每周都向公众提供公益免费的讲座服务，通过丰富生动的讲座内容满足多层次读者需求，形成了如天津图书馆"海津讲坛"、红桥区图书馆"御河讲坛"、南开区图书馆"南开文化大讲堂"、津南区图书馆"沽上讲堂"、武清区图书馆"潞河讲堂"、宝坻区图书馆"桑梓大讲堂"等多个公益性文化讲座品牌。2018年全市公共图书馆组织讲座1869场，有17.79万人次参与。

各馆在开展丰富多彩的阵地活动的同时，不断延伸服务领域，贴近群众，扎根基层。"海津讲坛下基层"活动依托天津图书馆"海津讲坛"的品牌资源，根据各区图书馆的需求，将选题、专家、读者三点对接到位，把最优质的文化讲座资源送到学校、社区、部队、基层单位。随着分馆密度逐渐加大，越来越多的市民就近即可领略知名专家、文化学者的风采。

2.开展系列读者活动

为充分实现文化服务的社会效益，天津市公共图书馆立足本市文化资源，开展以全民阅读为核心内容的系列读者活动，通过吸引全民参与共建公众参与，让人民群众获得更多的文化归属感。

"书香满和平"文化阅读之旅活动建立了一支有专业能力的读书会领读人团队，不断深入和平区街道分馆、社区书吧等地开展读书会活动，全年累计超过3000多人次参加。"西岸书声"品牌读书活动，依托河西区图书馆悦读之家社团，以朗读经典的形式开展分享活动，现已发展来自不同行业、不同年龄段的热爱朗诵和阅读的读者百余人。

京津冀图书馆"守望青春，我与图书馆的故事"阅读推广活动由天津图书馆联合京津冀图书馆联盟成员馆和全市各区图书馆，三地联动，通过讲述读者与图书馆的故事，开展主题征文、摄影、书画展览，悦读之星评选系列活动，推广阅读理念，拉近图书馆与读者的距离，对促进区域性公共文化服务一体化发展起到示范作用。

3.关怀服务特殊群体

特殊群体作为社会的重要组成部分，一直是公共图书馆的重点服务对象，保障其平等行使文化权利，是公共文化服务均等化的要求。

"牵手残疾人，走进图书馆"是天津图书馆与天津市残联共同举办的大型公益活动，至今已举办了九届，活动包括赠送图书、有声阅读器、助听设备，举办专场讲座和知识竞赛等，多年来为残疾人提供了大量而精准的帮扶。

河北区图书馆以老年人群体作为重点服务对象打造市民课堂，推出中老年电脑培训班和老年 E 家系列讲座，将移动数字文化引入老年人群体中。天津市少年儿童图书馆连续多年承办天津市中小学生"好书伴我成长"读书系列活动，全市公共图书馆积极动员部署引导广大中小学生在阅读好书基础上，广泛参加绘画、剪纸、故事等比赛活动。

针对外来务工子弟的"城市新子弟，走进图书馆"阅读体验活动，与戒毒所举办联合帮教活动，针对特殊群体提供多样化的服务，体现文化关怀。

五 天津市公共图书馆服务体系的经验与思考

（一）天津市公共图书馆服务体系建设成效

天津市公共图书馆服务体系建设以来，强力推进各级公共图书馆建设，不断完善服务网络的体系架构和形式内容，解决区域公共文化发展不平衡的问题，打通公共文化服务"最后一公里"，有效提升了全市公共图书馆服务均等化、标准化、便捷化水平，主要体现在：

服务设施水平优化。各级公共图书馆着力优化自身软硬件水平，除了阅读环境改造，拓展服务领域，还注重信息化、数字化建设，服务体系内基本实现 RFID 自助服务全覆盖，2018 年全市公共图书馆网站访问量达 9331681人次。服务网络的统一整合将全市公共图书馆纳入"一盘棋"规划，优化资源配置，互联互通，特别是提高了基层图书馆开展各项服务工作的能力与效率。

服务效益明显增长，吸引更多读者走进图书馆，文献资源流通量、读者文献阅读率大大提高。2018 年，全市公共图书馆总流通 12264917 人次、书刊文献外借 11366061 册次、发放有效借书证 903501 个、读者活动参与 2201909人次，与 2008 年相比分别增加了 1.2 倍、1.6 倍、1.9 倍和 3.9 倍。

服务半径不断扩大。服务体系建设工作开展以来，市、区、街乡镇、村

（社区）四级网络满足了市民在家就近享有公共图书馆便捷服务的愿望，扩大了图书馆服务的社会覆盖面，也助力各项公共文化活动的深入开展。

（二）天津市公共图书馆服务体系建设经验

1.秉持理念，政策导向

习近平总书记在京津冀考察时提出"坚持以人民为中心，促进基本公共服务共建共享"的要求，这与公益均等、文化惠民是天津市公共图书馆服务体系建设过程中始终秉持的指导理念。文化资源的共享、公益服务的推广无一不在践行着《公共图书馆宣言》中"每一个人都有平等享受公共图书馆服务的权利"，丰富着公共图书馆社会文化服务功能，打造公共文化空间。

天津市公共图书馆服务体系是在加快构建现代公共文化服务体系和贯彻落实《中华人民共和国公共图书馆法》的进程中不断完善发展的。天津市委、市政府是服务体系建设的主导者，制订发展规划与实施细则，并在专项资金上予以保障。2015 年起，"公共电子阅览室""通借通还""免押金借阅服务"和"总分馆建设"作为公共图书馆服务体系的重要环节连续 4 年被列入天津市"20 项民心工程"。

2.循序渐进，覆盖全域

天津市公共图书馆服务体系采取先搭建技术网络后建立总分馆制度，先中心试点后全域覆盖的分阶段、循序渐进的建设模式。

在实施通借通还过程中，天津市实现了全市公共图书馆统一的自动化服务管理平台以及文献资源建设、流通与物流配送机制，使得公共图书馆服务体系资源共享、功能丰富、服务便利。总分馆制建设将服务体系惠民触角进一步由市、区两级延伸到更基层的区域范围，同时将标准化纳入公共图书馆服务体系建设中，实行规范化管理，保证服务体系高质量运行。

五年来，通过选取有条件的区开展试点建设工作，分期分批扩大试点范围，公共图书馆网络不断扩大健全，预计到 2020 年，全市公共图书馆服务体系将实现 100%的全域覆盖。

3.多级联动，通力合作

天津市公共图书馆服务体系取得的建设成就是全市多级力量发挥作用的产物，体系内的各个成员紧紧围绕建设公共文化设施、搭建数字化平台、打造文化活动品牌等方面展开通力合作，将体系的社会综合效益落到实处。

各级人民政府发挥在体系建设中规划、组织和保障方面的统筹协调作用，引导社会公众参与。天津图书馆作为体系内"龙头"，积极承担起业务指导、平台搭建、资源保障、服务示范的职责。各区图书馆拥有区级总分馆体系中的总馆和全市通借通还服务体系中的成员馆双重身份，做好承上启下工作，发展适合自身区域特点的服务体系运行模式。基层分馆、服务点最为贴近市民百姓，立足群众文化需求，开展了灵活多样的优质文化服务。

4.统筹规划，形式多元

为更有力推动全市的公共图书馆服务体系建设的可持续发展，天津市制订了《天津市基本公共文化服务实施标准（2015—2020 年）》《天津市区级公共图书馆总分馆制建设与服务规范》等一系列规范性文件，统筹规划服务体系的空间布局、建设管理与服务规范。

依托服务体系，各级公共图书馆发挥能动性，利用多种途径创新文化服务形式：公益性讲座传播中华优秀传统、高品质展览提高市民文化品位、阅读推广活动提供读者展示平台、数字化服务体验科技创新成果……为服务体系注入活力的同时，也在不断扩大公共图书馆在民众范围内的影响力。

（三）天津市公共图书馆服务体系建设思考

1.全面提升公共图书馆服务体系效能

持续提升自身效能是任何一个服务体系得以长久健康发展的关键因素。天津市公共图书馆服务体系在取得一定成绩同时也暴露出城乡发展不均衡、基层专职人员短缺、公共文化资源整合力度不够等等。为此，需要在问题中不断完善现有管理体制，出台地方性公共图书馆制度条例。各级公共图书馆坚持高水准管理与服务水平，保障服务体系的高质量运行。成立天津市公共图书馆服务体系协作中心，形成常设业务交流机制，保障体系的流畅运转。

借助公共文化服务体系建设考核验收、公共图书馆评估定级等开展绩效评估工作，促进公共图书馆服务体系的科学化、标准化。

2.着力构建全民阅读服务体系

自 2014 年起，全民阅读连续 6 年被写入政府工作报告，是公共图书馆的重要职能。作为"书香天津"的主要阵地依托，天津市公共图书馆服务体系接下来要着力以此为支撑，构建天津市全民阅读服务体系，提高全市居民文化阅读水平。

首先，增加公共图书馆高水准全民阅读活动供给，使其逐步走向规范化、常态化、品牌化；其次，以公共图书馆服务体系内各级全民阅读设施为载体，利用"15 分钟图书馆服务圈"开展阅读推广活动；再次，建立公共图书馆阅读推广联盟机制，整合全域文化阅读资源；最后，重视公共数字化阅读，弥补公共图书馆延伸服务半径受限的问题。

3.拓展多元化、专业化服务内容

随着经济社会的不断发展，广大民众的文化需求也朝着多元化、专业化日益增长。天津市现有公共图书馆服务体系应尽快适应这种变化，以下几点可以成为公共图书馆积极作为的方向：

一是将现有服务对象细化，关注女性、白领、学者、未成年人等群体，深入挖掘其个性需求，以团体沙龙、真人图书馆等新颖活动吸引其到公共图书馆体验属于他们的阅读乐趣；二是建设一批特色主题分馆，围绕音乐、金融、民俗等主题规划空间布局、藏书内容与主题活动，杜绝公共图书馆服务体系内"批量生产"，做到"差异化"；三是与高校、科研等其他图书馆系统合作，扩充文献资源保障体系，增强专业化服务力量；四是培养更多不同领域的专业人才，发挥社会教育职能，提供知识信息服务。

4.引入社会力量，创新文旅融合

社会力量参与公共图书馆服务体系建设是当下全行业公共文化建设重要路径，在天津市已经有了部分实践，未来还应予以重点推广。一方面，要壮大公共图书馆志愿服务队伍力量，形成"体系共建、全民参与"的长效机制；另一方面，要引入社会资本，解决服务体系末端因场地、人员短缺无法实现服务全覆盖的弊端，咖啡店、书店、餐吧等均可以"图书馆+"的方式纳入公共图书馆服务体系，成为服务效益新的增长点。

党和国家近两年对文旅融合发展高度重视，天津市拥有丰富的文化旅游资源，公共图书馆理应抓住机遇，自主与公共文化空间定位，联合举办阅读活动，推荐旅游文献资源、在景区设立延伸服务点，推广文化创意产品，进一步展现城市魅力。

六　结　语

当前正处于全面建成小康社会决胜期，全市公共文化系统深入贯彻党的十九大报告"完善公共文化服务体系，深入实施文化惠民工程，丰富群众性文化活动"的指示精神，增强人民群众文化获得感、幸福感。未来，天津市各级公共图书馆将最大限度地发挥公共文化职能，在市委市政府的领导下，同心协力，书写公共图书馆服务体系建设的新篇章。

天津市文化馆图书馆总分馆制建设与未来路向

肖　雪[①]

摘　要： 天津市总分馆制建设是在国家和天津市一系列政策法规指引下逐步进行的，于2017年全面展开。本文采用SWOT分析法，分析了天津市文化馆图书馆总分馆制建设所面临的机遇和挑战及自身的优势和劣势，从建设机制、运行机制和协调保障机制三方面，提出了战略对策和建设方案。梳理天津市当前总分馆制建设进展，指出在取得成绩的同时也存在不足，提出了加强规范化、一体化、特色化、数字化、品牌化、多样化的未来发展路向。

关键词： 总分馆制　建设方案　建设进展　未来发展

随着市、区、街道（乡镇）和村（社区）四级公共文化设施网络基本实现全覆盖，天津市公共文化服务体系建设开始朝着上下联动、协同发展、服务均等化的深层次目标迈进，建设总分馆制是其中的重要举措之一。所谓总分馆制，是指由同一个建设主体资助、同一个主管机构管理的文化馆、图书馆群，其中一个文化馆、图书馆处于核心地位作为总馆，其他文化馆、图书馆处于从属地位作为分馆，分馆在行政上隶属于总馆，或与总馆一起隶属于同一个主管部门，在业务上接受总馆管理。根据国家总分馆制建设政策的指引，天津市在已有的实践基础上，于2017年全面开展了文化馆、图书馆总分

---

①　肖雪，南开大学商学院信息资源管理系，副教授。

馆制建设，目前已取得了显著成效。

一 天津市文化馆图书馆总分馆制建设背景

（一）政策法律环境

1.国家层面的政策法律背景

我国历来重视基层公共文化服务体系建设，并通过政策法律形式进行规范和指导（见表 1），通过分析其内容可以发现，国家对总分馆制建设在完善基层公共文化服务体系中的作用越来越重视，对总分馆制建设的要求越来越明确。可以说，总分馆制是公共文化服务体系建设的重要方式和必然要求。

在政策文件中，最具有全局性、节点性意义的政策是 2015 年由中共中央办公厅、国务院办公厅联合印发的《关于加快构建现代公共文化服务体系的意见》，明确提出了县级文化馆图书馆总分馆制的建设任务；其后于 2016 年多部委联合发布的《关于推进县级文化馆、图书馆总分馆制建设的指导意见》可以说是对这一任务确立了具体的路线图和时间线，对于各地贯彻执行总分馆制建设工作提供了有力指导和切实要求。在法律层面，《公共文化服务保障法》与《公共图书馆法》标志着我国文化立法的历史性突破，实现了从可多可少、可急可缓的随机状态到标准化、均等化、专业化发展的跨越，以法律的强制性力量为公共文化服务提升提供了有效保障。

表 1　国家层面的总分馆制建设相关政策法律内容

文件类型	发布/颁布时间	政策/法规名称	相关内容
政策文件	2002 年	《关于进一步加强基层文化建设的意见》	"加强基层文化建设的主要责任在县（市）、区级人民政府。"[1]
	2006 年	《国家"十一五"时期文化发展规划纲要》	"县（市）图书馆逐步实行分馆制，丰富藏书量，形成统一采购、统一编目的图书配送体系，充分发挥县图书馆对乡镇、村图书室的辐射作用，促进县、乡图书文献共享。"[2]

文件类型	发布/颁布时间	政策/法规名称	相关内容
法律文件	2015年	《关于加快构建现代公共文化服务体系的意见》	"以县级文化馆、图书馆为中心推进总分馆制建设，加强对农家书屋的统筹管理，实现农村、城市社区公共文化服务资源整合和互联互通。"[3]
	2016年	《关于推进县级文化馆图书馆总分馆制建设的指导意见》	对总分馆制的建设目标、建设原则、建设方式、建设要求等进行了详细规定，要求"到2020年，全国具备条件的地区因地制宜建立起上下联通、服务优质、有效覆盖的县级文化馆、图书馆总分馆制"。[4]
	2016年	《公共文化服务保障法》	"县级以上人民政府应当将公共文化服务纳入本级国民经济和社会发展规划，按照公益性、基本性、均等性、便利性的要求，加强公共文化设施建设，完善公共文化服务体系，提高公共文化服务效能。""地方各级人民政府应当加强对公共文化服务的统筹协调，推动实现共建共享。"[5]
	2017年	《公共图书馆法》	"国家建立覆盖城乡、便捷实用的公共图书馆服务网络。""县级人民政府应当因地制宜建立符合当地特点的以县级公共图书馆为总馆，乡镇（街道）综合文化站、村（社区）图书室等为分馆或者基层服务点的总分馆制，完善数字化、网络化服务体系和配送体系，实现通借通还，促进公共图书馆服务向城乡基层延伸。总馆应当加强对分馆和基层服务点的业务指导。"[6]

2.天津市的政策背景

天津市积极响应国家公共文化服务体系建设政策，依据本市情况在2015年后密集出台了一系列重要政策（见表2），从战略规划的高度订立了天津市2016—2020年的五年文化建设任务和发展目标，均明确提出了文化馆图书馆总分馆制的建设任务，并提供了规范化的具体要求，为制订更具针对性的总分馆制建设专项政策奠定了坚实基础。

表 2　天津市的总分馆制建设相关政策内容

发布/颁布时间	政策/法规名称	相关内容
2015 年	天津市《关于加快构建现代公共文化服务体系的实施意见》	"推进图书馆、文化馆总分馆制建设，在全市公共图书馆实施图书通借通还"，并附有《天津市基本公共文化服务实施标准（2015—2020 年）》提供具体指标要求。[7]
2016 年	《天津市文化改革发展"十三五"规划》	"推进图书馆总分馆建设，全面实现天津图书馆与各区图书馆通借通还服务。推进文化馆总分馆建设，实施市、区、街道（乡镇）、社区（村）文化馆站"结对帮扶"长效机制。"[8]
2016 年	《天津市文化广播影视"十三五"规划》	"推进图书馆、文化馆总分馆建设，全面实现天津图书馆与各区图书馆通借通还服务，建立市、区文化馆与基层综合文化服务中心'结对帮扶'长效机制，促进资源共享和有效利用。""到 2020 年，推进图书馆、文化馆总分馆建设，全面实现天津图书馆与各区图书馆通借通还服务。"
2017 年	《关于推进天津市区级文化馆图书馆总分馆制建设的实施意见》	
2018 年	《天津公共文化保障与促进条例》	

（二）实践背景

天津市作为国家四个直辖市之一，也是继北京、上海之后第三个没有县级行政区划的直辖市，下辖 16 个地市级行政区[9]，其下包括街道（镇）和村（社区）两级行政区划。早在 21 世纪初，天津图书馆就开始了总分馆制建设的探索，并被誉为"天津模式"，在全国产生了较大影响，为天津市总分馆制建设奠定了良好的基础。

近年来，随着天津市各级政府对公共文化服务的思想重视和投入增加，各级公共文化服务设施网络健全，为总分馆制建设奠定了坚实基础。主要表现为：（1）市、区、街道（乡镇）、村（社区）四级公共文化服务设施网络取得明显进展。在2017年年末区级文化馆图书馆总分馆制建设铺开之时，全市共有公共图书馆28个、文化馆17个、街乡镇综合文化服务中心239个[10]。（2）区馆发展水平较高，具备承担总馆职责的能力。从文化部的最新评估结果来看，天津市在参评的18个区级公共图书馆、7个区级少年儿童图书馆、16个区级文化馆中，10个区级图书馆、2个区级少年儿童图书馆、12个区级文化馆达到一级馆标准，2个区级图书馆、2个区级文化馆达到二级馆标准，二级以上公共图书馆（成人馆）、少年儿童图书馆和文化馆在参评馆中所占比例分别为66.7%、28.5%、87.5%[11][12]，说明天津市区级图书馆、文化馆具有承担总馆职能的基本条件。（3）图书馆业务系统一体化为实现通借通还提供了坚实的技术保障。2013年12月，天津市启动实施了公共图书馆通借通还工程，搭建全市公共图书馆"一张网"服务平台，截至2016年10月，天津图书馆已基本开通了与16个区图书馆的通借通还服务[13]，从系统平台上为实现图书馆总分馆制扫除了障碍。（4）总分馆制建设在部分区已有一定进展。在建设国家公共文化服务体系示范区的过程中，和平区、河西区已完成全部20个街道分馆建设，实现了分馆全覆盖。2017年借第六次公共图书馆评估之机，以评促建，切实促成各区政府在政策制定、财政投入、分馆馆舍、人员配置上为总分馆制提供了有力支持，和平、河西、北辰、滨海、西青、红桥、河东、津南、东丽等区或是在本区文化"十三五"发展规划中提出了总分馆制的建设任务，或是发布了本区总分馆制建设的专门制度，在总分馆制建设上都取得了实质进展。

天津市建设总分馆制也存在一定的劣势，主要表现为：（1）起步相对较晚，各区发展不均衡。相对于广东、上海、浙江等省市而言，天津市在区级图书馆总分馆制的建设上起步较晚，总体进展有限。除和平、河西区外，多数区的图书馆总分馆建设比率还并未达到全覆盖要求；在已经进行分馆建设的区内，一系列具体政策和措施、统筹实施方案、建设协议、标准规范、评估考核制度等还有待建立和完善。与图书馆领域相比，文化馆的总分馆制建设更为滞后，各区馆在理念认识、运行机制、服务内容、考核机制上存在明显不足,建设难度增大。(2)基层综合性文化服务中心实力仍有待进一步夯实。在街道(乡镇)和村(社区)一级,综合性文化服务中心将是分馆和基层服务点的核心力量,从其发展状况来看,虽总体状况良好,但也存在问题。根据"天津市街镇和村居综合性文化服务中心建设与服务规范"调查小组暗访发现,街镇和村居建有综合性文化服务中心的比重占3/4,但利用率较高的不足一半,还存在文化站被占用或在建装修等情况;此外,基层综合性文化服务中心的人员数量、稳定性、专业化和专职化保障存在严重不足,服务方式落后,供需对接不足等问题普遍存在。

(三)天津市总分馆制建设的战略形势分析

天津市总分馆制建设既拥有国家和天津市公共文化大发展大繁荣的良好机遇和建设优势,也面临着2020年基本建成的紧迫挑战和自身劣势(见图1),因而,要从利用机遇、发挥优势,迎接挑战、减少劣势的角度提出针对天津实际的建设方案,其对策思路(见图2)。

优势	劣势
各级基层公共文化设施基本完备 总分馆制建设制度和发展规划已有一定基础 区级图书馆总分馆制建设已有一定进展	建设起步晚,理念认识滞后 各区区馆发展不均衡 基层专业人员和人员专职化的保障不足 公共文化服务供需对接不畅
国家和天津市政策规划确立建设方向 法律法规提供了法制保障 标准提供了基层文化机构的建设规范 评估与示范区建设促进事业发展	现行分级行政管理体制 图书馆文化馆职能在基层的协同一体化需要进一步探索 总分馆制的建设时间有限定
机遇	挑战

图 1 天津市区级文化馆图书馆总分馆制建设的战略形势分析

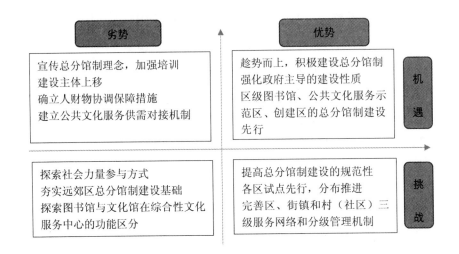

图 2 天津市区级文化馆图书馆总分馆制建设的战略对策分析

二 天津市区级公共图书馆、文化馆总分馆制建设方案

根据上述分析，天津市总分馆制建设方案的制订思路逐渐清晰，在与现有政策、法律、标准保持一致的前提下，立足天津实际，于 2017 年末出台了《关于推进天津市区级文化馆图书馆总分馆制建设的实施意见》（以下简称"天津市实施意见"）及《天津市区级文化馆总分馆制建设和服务规范》《天津市区级公共图书馆总分馆制建设和服务规范》两个附带文件，从建设机制、运行机制和协调保障机制三个方面入手，构建了具体的总分馆制建设方案。

（一）建设机制构建

1.建设单元

天津市作为直辖市，其行政单元主要有市、区和街镇三级，对应着省、地市和县三级行政级别，与其他省级行政单元相比，天津市公共图书馆、文化馆服务地域相对较小，区的地域覆盖范围较为合适，有利于达成降低运行成本和提高服务效率的均衡。从"合适的地域单元"与"合适的管理层级"

两个角度考虑，区是我市的合适选择。因而，在建设方案中，明确天津市的总分馆制建设是"以区为单位，以乡镇（街道）为重点"。

2.建设主体

天津市与我国大多数地区一样，也是采取分级行政和财政制度；为调动多级政府、多个建设主体的积极性和财政、物资投入，多元建设主体更适合当前情况。从行政纵向层级来说，区政府、街镇政府是总分馆制建设的主体。如果从分级管理的角度来看，街镇一级政府要同时担负建设本级公共图书馆、文化馆分馆和下辖的村（社区）级基层服务点的职责，但从建设能力来看，它的能力有限，自身公共文化服务基础薄弱，因而在总分馆制建设中，我们将建设主体责任部分上移至区政府，由其提供更多的建设投入。从横向范围来说，总分馆制建设应广泛吸纳各种社会力量共同参与，因而建设方案明确鼓励多元建设主体参与，规定社会力量办馆可成为基层服务点，在达到分馆条件时可升级为分馆。

3.建设模式

在多元建设主体的支持下，形成以区图书馆、文化馆为总馆，街镇综合性文化服务中心为分馆，村（社区）综合性文化服务中心及由政府或社会力量创办的公共文化服务单位为基层服务点的三级总分馆体系，进行一体化管理（见图3）。

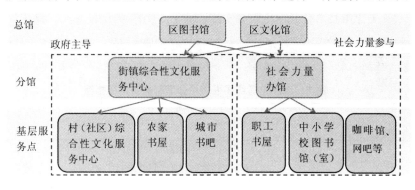

图 3 天津市区级文化馆图书馆总分馆制建设模式

4.建设目标

从建设内容来看，所要达成的目标主要体现为统一和整合，通过区级图书馆总分馆制，整合区域内的公共阅读资源，实行总馆主导下的文献资源统一采购、统一编目、统一配送、通借通还和人员的统一培训；通过区级文化馆总分馆制，整合区域内群众文化艺术资源，加强对区域内文化活动、文艺创作、文艺辅导、送戏下乡、队伍培训以及演出器材设备调配等方面的统筹。从建设进度来看，所要达成的时间目标是以 2017 年出台地方政策为主，2018—2020年为具体建设周期，立足实际，进行试点先行、分步推进，在三年时间内分别达成 30%、60% 和 100% 的建成目标。

（二）运行机制构建

运行机制主要针对三级建设模式中总馆与分馆、基层服务点的具体管理和业务环节。首先，规定以分级签署协议的方式落实三级总分馆制建设模式，也暗示指出总馆对分馆、分馆对基层服务点分别进行业务指导和管理的责任方式；其次，提出分馆和基层服务点应进行设施设备、文献资源、信息与服务共享平台的配置或搭建，在总馆中设置总分馆制建设和管理部门，配备必要人员力量；总馆为每个分馆指派 1 名业务人员兼任分馆副馆长，负责业务指导工作；乡镇政府、街道办事处在街镇综合性文化服务中心原有人员之外，配备专职图书馆分馆管理员；第三，明确了总分馆制不同层级的运行内容及定量指标（见表 3、表 4），特别注意与《天津市基本公共文化服务实施标准》（2015—2020 年）、《天津市街镇和村居综合性文化服务中心建设与服务规范》协调一致，以利于具体工作实施。

表 3 天津市区级图书馆总分馆制服务运行指标

总分馆制层级	总分馆制运行内容	总分馆制运行指标
总馆	对下一层级的职责	组织分馆开展阅读推广活动，每年不少于 2 次；举办面向分馆和基层服务点的业务培训，每年不少于 2 次。
分馆	免费开放	全年（含节假日）向公众免费开放；每周累计开放时间不少于 42 小时，错时开放时间不低于开放时间的三分之一；鼓励增加开放时间。
	自身日常服务	组织本乡镇（街道）阅读推广活动，每年不少于 6 次；举办公益性讲座、培训不少于 10 次。
	对下一层级的职责	对基层服务点进行业务指导。

续表

总分馆制层级	总分馆制运行内容	总分馆制运行指标
基层服务点	免费开放	全年（含节假日）向公众免费开放； 每周累计开放时间不少于 35 小时，错时开放时间不低于开放时间的三分之一； 鼓励增加开放时间。
	自身日常服务	组织本村（社区）读书活动，每年不少于 2 次。

表 4　天津市区级文化馆总分馆制服务运行指标

总分馆制层级	总分馆制运行内容	总分馆制运行指标
总馆	对下一层级的职责	组织分馆和基层服务点开展区级群众文化活动,每年不少于 2 次。
		举办面向分馆和基层服务点的业务培训，每年不少于 2 次。
		指导街镇分馆培育"五个一"文化特色，即建成 1 个特色展馆、培育 1 个活动品牌、扶持 1 个群众文艺团体、组织 1 次街镇文艺汇演、编排 1 个特色节目。
分馆	免费开放	全年（含节假日）向公众免费开放。
		每周累计开放时间不少于 42 小时，错时开放时间不低于开放时间的三分之一。
		鼓励增加开放时间。
	自身日常服务	组织群众文化活动，每年不少于 52 次。
		开展公益性培训，每年不少于 30 次。
	对下一层级的职责	指导基层服务点培育"三个一"文化特色，即培育 1 个活动品牌、扶持 1 个群众文艺团体、组织 1 次基层文艺汇演。
基层服务点	免费开放	全年（含节假日）向公众免费开放。
		每周累计开放时间不少于 35 小时，错时开放时间不低于开放时间的三分之一。
		鼓励增加开放时间。
	自身日常服务	组织群众文化活动，每年不少于 12 次。

（三）协调保障机制构建

总分馆制建设中涉及多个层级、多个部门、多项工作任务，建立统筹协调机制主要为了明确各责任主体的职责范围，确立规范、有效的协商平台和协商方式；保障机制主要对应总分馆制建设的人财物投入保障，以指标方式和考核评估方式进行约束。

1.协调机制构建

通过三级政府的政策规划和行政管理规定（见表 5），突出了责任主体的不同定位和具体责任，确定了统筹单位，以应对方案实施过程中可能出现的责任推诿、权责冲突等问题，确保总分馆制建设方案的切实贯彻。

表 5 天津市区级图书馆文化馆总分馆制建设的统筹协调机制

层级	责任主体	政策规划	行政管理		业务指导
			指导部门	参与部门	
市级	市政府	纳入天津市文化设施专项规划	市文化行政主管部门：制订规范、指导建设、组织培训、监督评估建设进展	新闻出版、体育、发改、财政等相关部门	市图书馆、文化馆
区级	区政府	纳入区公共文化服务体系建设总体规划	区文化行政主管部门：在本区内制订实施方案、指导建设、督促进度、上报进展、总结经验	区新闻出版、体育、发改、财政等相关部门	区图书馆、文化馆
街镇级	乡镇政府、街道办事处	纳入本地公共文化服务发展总体规划			街镇综合性文化服务中心

2.保障机制构建

保障机制主要通过绩效管理方式，进行各个层次的考核评估，以保障总分馆制的投入与运行到位。具体来说，就是与分级建设模式和协调保障机制相一致，采取逐级绩效考核机制，在行政管理上，总分馆制建设情况纳入上级政府对下级政府的考评范围；在业务管理上，总馆对分馆、分馆对基层服务点分别进行考核和监督检查（见图 4），根据考核结果给予一定的奖惩。

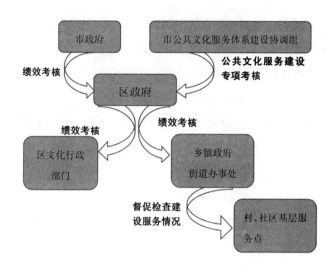

图 4　天津市区级文化馆图书馆总分馆制建设绩效保障机制

三　建设成就

（一）总分馆制上升为法规要求，政策进一步完善

在 2017 年"天津市实施意见"发布之后，2018 年《天津市公共文化服务保障与促进条例》颁布，以地方法规的形式，明确规定："区人民政府应当建立以区文化馆、公共图书馆为总馆、乡镇（街道）基层综合性文化服务中心为分馆、村（社区）基层综合性文化服务中心为服务点的总分馆制，完善数字化、网络化服务体系和资源调配体系，促进公共文化服务向城乡基层延伸。"各区在原有总分馆制政策规划基础上，也承接"天津市实施意见"出台了建设方案，如 2018 年北辰区文化广播电视局制订出台了《北辰区图书馆总分馆制建设方案》，河西区文化局发布了《河西区图书馆总分馆制建设实施方案》。

（二）总分馆制建设纳入市区两级政府工作规划

从工作规划来看，天津市委、市政府将"在街道、社区综合性文化服务中心建设区级公共图书馆分馆 100 个、基层服务点 900 个"纳入天津市 2018

年 20 项民心工程，点位分布初步计划见表 6；建立公共图书馆总分馆建设情况统计上报制度，每月初向市民心办上报上月全市公共图书馆总分馆建设进展情况。天津市文化广播影视局（现为文化和旅游局）在"2018 年文化广播影视工作要点"中指出要实施公共图书馆分馆建设工程，开展达标街镇和村居综合性文化服务中心创建工作，将街镇和村居综合性文化服务中心达标率纳入对各级政府绩效考核，开展街镇、村居综合性文化服务中心管理员培训，力争实现全覆盖；指导各区制定本区图书馆总分馆建设计划，未纳入民心工程上报计划的 6 个区也要制定计划。

各区也订立了 2018 年总分馆制建设目标（见表 7），在 2018 年工作计划中明确了总分馆制的建设任务，如泰达图书馆 2018 年的重要任务之一就是："加大分馆与基层服务点建设力度。加强对西区、南区和北区的分馆及服务点建设，重点建设开发区百强企业基层文化服务点，增加电子资源配置比例，提升分馆资源流通频次，推进实施馆藏图书无线射频识别系统（RFID）管理，配备自助借还图书设备（图书 ATM），实现总分馆间通借通还，优化区域公共文化资源配置，促进优质资源向基层延伸和倾斜，提高公共文化服务效能。"[14]

表 6　天津市 2018 年各区图书馆总分馆与基层服务点建设计划

区域	图书馆	图书馆分馆	基层服务点
滨海新区	3	18	300
和平区	2	6	60
河西区	2	14	110
北辰区	1	15	30
河东区	2	10	20
红桥区	2	4	—
武清区	1	10	100
东丽区	1	5	25
津南区	1	9	60
西青区	2	10	200

表 7　天津市各区 2018 年图书馆总分馆制建设情况

	图书馆	文化馆	乡镇综合性文化服务中心	街道综合性文化服务中心	计划建成图书馆分馆	计划建成基层服务点	村综合性文化服务中心	社区综合性文化服务中心
滨海新区	3	3	5	13	18	396	136	260
和平区	2	1	0	6	6	63	0	63
河西区	2	1	0	13	14	144	0	144
北辰区	1	1	9	6	15	115	126	115
河东区	2	1	0	12	5		0	152
红桥区	2	1	0	10	4		0	129
武清区	1	1	24	5			685	54
东丽区	1	1	0	11			42	121
津南区	1	1	8	1	9	121	48	73
西青区	2	1	7	3	10	210	149	61
南开区	2	1	0	12			0	171
河北区	2	1	0	10			0	115
宝坻区	1	1	16	8			755	48
静海区	2	1	18	0			383	41
蓟州区	1	1	26	1			949	30
宁河区	1	1	14	0			270	33
合　计	26	18	127	111	81	1049	3543	1610
			乡镇（街道）综合性文化服务中心合计：238 个				村（社区）综合性文化服务中心合计：5153 个	

（三）广泛开展专题培训，推广总分馆制理念

市、区文化主管部门和各馆组织开展了多次总分馆制建设培训，宣传普及总分馆制概念、基本思路和建设方式。市文化主管部门开展了全市范围内、面向不同群体的培训。一是面向各区文化主管领导、社文科长和馆长开展培训，旨在树立前瞻理念、创新工作思维、延展建设途径、深化服务效能。其中包括：2018 年 3 月 8 日，天津市图书馆学会、天津图书馆承办 2018 年社文非遗工作会议暨区级图书馆学问馆总分馆制建设培训[15]；2018 年 3 月 30 日

至 4 月 3 日，市文化和旅游局（原市文化广播影视局）主办"天津市区级文化馆图书馆总分馆制建设专题培训班"，邀请公共文化领域知名专家和上海市文广局、文化馆、图书馆领导以总分馆制建设为重点内容，解读相关政策要点，传授上海市分馆建设先进实践经验；深入国家公共文化服务体系建设示范区嘉定区图书馆，及菊园新区社区文化活动中心和我嘉书房等社区文化中心分馆，开展案例教学、现场教学[16]。二是面向各区馆和街镇综合性文化服务中心骨干人员开展培训，旨在解读国家和天津市总分馆制政策，宣传建设理念，介绍建设内容和要求。主要包括：2017 年 6 月 25—27 日，由天津市文化广播影视局（现为文化和旅游局）组织，开展了街镇文化站培训，并与各区街镇文化站站长和骨干进行座谈调研；2018 年 4 月 18 日开展天津市通借通还细化工作流程培训；2018 年 4 月 27 日，天津市图书馆学会、天津图书馆、推广工程天津分中心举办了"天津市区级图书馆总分馆制建设专题培训班"，各区图书馆负责人、各区乡镇（街道）综合性文化服务中心负责人及相关工作人员 300 余人参加[17]。

在各区范围内，由区文化主管部门和区图书馆、文化馆也开展了总分馆制建设研讨和培训，并在部分馆如和平区图书馆、和平区少儿馆、空港区文化中心逐步建立了面向分馆人员的长期培训机制。如和平区图书馆举办天津市"公共图书馆的创新之路"研讨会，各区县文化局领导及公共图书馆馆长和骨干参加，对天津市区级图书馆总分馆制建设路径进行学习和讨论[18]；河西区图书馆持续举办多期基层管理员培训班，2018 年的培训内容包括文献编目分类、图书管理信息系统、台账建立、档案管理、读者服务在内的系统的业务指导[19][20]；空港文化中心图书馆持续对分馆和基层服务点工作人员进行总分馆制培训，2017 年 12 月 1 日图书馆分馆全面启动之机，对分馆人员进行了"十九大之后公共图书馆总分馆制的建设思路与发展展望"培训；武清区举办 2017 年度文化站长和文化管理员集中业务培训，来自全区 29 个镇（街）文化站长及村图书管理员共 740 余人参加[21]；津南区图书馆举办了基层图书管理员培训班，全区 8 个镇及双林、双新街道办事处文化站站长、工作人员、社区图书室管理员及区图书馆全体馆员 100 余人参加[22]，2018 年 10 月 23—

25 日举行公共文化服务体系建设专题培训会，面向全区各街镇文体中心负责人和相关工作人员、社区书吧、区图书馆分馆、基层服务点、图书流动服务点图书管理人员和区馆馆员开展培训[23]；2018 年 12 月 10 日，滨海新区文广局举行第四期基层文化管理人员培训班；2018 年 12 月 18—21 日，中新友好图书馆举办总分馆制建设业务培训班等[24]。

（四）开展实地摸查，部署总分馆制建设工作

天津文化广播影视局（现为文化和旅游局）于 2018 年 3 月组织各区公共图书馆馆长进行图书馆总分馆制调研工作部署，确定由天津图书馆总分馆制建设项目组进行实地调研，明确调研方式、内容、填报要求和时间节点。通过深入调研，力图制定出具有实操指导意义的天津市总分馆制建设指南，提供切实可行的总分馆建设路径，保障建设工作的平稳有序开展。各区馆也开展了一些本区内的调研，如和平区图书馆对区政协、区武装部、区国税局、民生银行分馆、利顺德、创新大厦等"共享书吧"服务点建设进行了调研。

在摸查清楚情况后，全市各区按照"试点先行、分步推进"的原则开展总分馆制建设，在滨海新区、和平区、河西区、北辰区、津南区、西青区、东丽区、武清区等启动图书馆总分馆制建设试点工作。和平区图书馆于 2018 年 2 月 24 日召开民心工程推动会，研究了和平区图书馆总分馆制建设实施方案[25]，3 月 22 日召开总分馆建设部署会，指派 6 名图书馆骨干对 60 个基层服务点进行摸底检查，对基层服务点的面积、图书、电子设备进行详细统计并拍照，为总分馆建设三级联动做好前期调研工作[26]；和平区文化和旅游局于 2018 年 8 月 9 日召开和平总分馆建设部署会，调动区图书馆和街道文卫力量，在 2018 年底实现以区图书馆为总馆，街道综合性文化服务中心为分馆，社区综合性文化服务中心为基层服务点的三级总分馆制服务体系[27]。

（五）深化总分馆制统一化和特色化建设

在分馆建设上，各区结合所服务区域特点，开拓建设思路，在特色化方面卓有成效。和平区图书馆在已实现街道全覆盖的情况下，通过专业分馆建

设强化特色服务，2017 年 6 月之后在天河城购物中心、天津音乐厅、和平区武装部建立了"共享书吧"服务点[28][29]，在耀华中学设立了分馆[30]；武清区图书馆汉沽港镇分馆建成投入使用[31]，新增东蒲洼街养老院、武清区行政审批局、天津科技谷产业园有限公司、黄花店镇渔市庄、武清区巡查办公室 5 个馆外送书服务点[32]；空港经济区文化中心图书馆的天保青年公寓、福光公寓、海港保税区职工生活服务中心三个分馆挂牌[33]。

总分馆统一化建设采取了创新形式，也取得了显著成绩。2018 年，在天津市文化广播影视局（现为文化和旅游局）的指导下，天津市图书馆学会、天津图书馆、天津市高等学校图书情报工作委员会联合组织"天津市区级公共图书馆总分馆制建设 LOGO 设计"活动，于 6 月发布征集公告，经过初评、网络公投和终审环节，于 8 月底结束。活动共收到 108 件参赛作品，最终评选出一等奖 1 名，二等奖 2 名，三等奖 3 名，优秀奖 20 名[34]。通过统一的 Logo 设计，并将其广泛应用于展品展项、办公用品、环境标识、制服礼仪、网络等多个系列产品[35]，赋予了总分馆鲜明而统一的良好形象，既体现了总分馆制统一标识的要求，又增加了识别度，有助于提升总分馆制建设的品牌影响力和识别度，更好地服务大众。

四 天津市文化馆、图书馆总分馆制建设未来路向

天津市总分馆制建设在经历前些年的酝酿积累，在国家和地方政策法规的指引下，自 2017 年进入全市布局、集中建设的快车道，取得了显著进展。面向未来，还存在很大的进步空间，需要以各区全面建成总分馆制为目标，根据不同的建设进度夯实建设基础，贯彻建设方案，推进亮点工作，深化机制建设，提升服务成效。

（一）切实贯彻建设方案，规范总分馆制建设要求

按照国家和天津市的建设进度规划，2020 年我市各区就应当基本完成建立总分馆制，目前还仅有一年多的时间，可谓是时间紧、任务重，因而，接

下来的重要任务仍是贯彻执行建设方案，各区各级政府和相关主管部门要在思想上予以重视，在理念上予以了解，在政策跟进、财政投入、人员配置等方面按照建设意见的要求进行落实；对区两馆和街镇综合性文化服务中心要加强宣传培训，将总分馆制理念及其建设思路、建设要求、建设目标传达下去，切实领会和渗透到工作中，确保总分馆制建设落到实处。总分馆制建设层级中，区馆是核心，应成立专门部门和配置相关人员，将市区总分馆制建设方案分解执行，确立好工作任务，明确对分馆的具体协调、联通的工作内容，建立各项相关工作制度；街镇是重点，作为分馆层级承担着上传下达的中心节点角色，在业务工作上需要着重考虑如何建立实际可行的，与总馆和基层服务点之间的业务联系，在人员上要切实保障专人负责及其稳定性；村社区是难点，要保障开放和活动开展。

目前各区已经进行了一些总分馆建设，但各区情况不同，两馆工作发展状况不均衡，总分馆制建设进展各异，因而夯实建设基础依然必要，尤其对于宁河、静海、蓟州等近年来撤县设区的区馆来说，作为总馆在硬件设施设备、业务规范和人员素质方面还存在差距，还需要区政府加大投入，市区文化主管部门强化指导和评估监管。各区在具体建设过程中的规范化也是一个值得关注的问题，需要研究建设的规范框架和建设指南，明确总分馆制建设需要的制度层次和制度类别，对分馆建设布局、基础条件、资源与服务要求、考核评估等根据相关建设标准、评估标准和各区实际来研究确立适当的指标和要求；目前图书馆有通借通还的硬性指标，而文化馆的目标要求相对弹性较大，容易导致具体工作中无法落实到位，因而需要有更为规范、相对硬性的标准，实行全过程监督；研究总分馆各单位的服务年报、信息公开等的规范制度和实施方式及要求，从而保障总分馆制建设切实实行和可持续发展。

（二）深化总分馆一体化管理，优化服务体系协同机制

总分馆制从根本上来说旨在形成一体化管理机制，实现资源、人员、服务能力的上下联通和共建共享，因而总分馆制建设绝不是一次性的挂牌了事，而要在深化总馆与分馆的一体化管理上下功夫，保障这一机制的长期可持续

发展。一体化管理中资源配置相对容易实现，但要让资源"活"起来离不开人员和活动，这也成为总分馆制切实发挥作用的关键，但也是实现的难点，因而要保障总分馆制建设不走形不变样，需要深入探讨人员和服务的统一管理问题。目前国内和我市的实践反映了人员管理普遍存在的问题包括：人员的招聘和管理较少有总馆参与，在一定程度上影响了总馆对分馆的控制力；分馆人员的薪酬水平偏低，人员流动性大，给总馆培训工作造成过重的负担。要彻底解决分馆运行中总馆对分馆控制不力的问题，必须在体制机制上有所突破，给总馆赋予更大的人事权，在分馆人员聘用、考核及薪酬发放等方面拥有更多的话语权[36]。就服务的统一管理而言，既包括日常服务中统一免费开放时间、免费开放项目，又包括活动的统一策划和统筹实施，后者更有难度但也更有意义。图书馆的文献资源要"活"起来而不是在书架上束之高阁，就必须通过各种阅读推广活动来进行推荐和融入；文化馆的演出器材、服装道具等要用起来同样需要通过群众文化活动来激活，而这些恰恰是分馆和基层服务点所亟须却又欠缺的，因此总馆要加强对下级分馆的活动能力培训和协同组织活动，以补齐短板，促进资源发挥效益。

协同机制建设首先涉及的是图书馆与文化馆的总分馆协同，两馆分馆和基层服务点均主要在综合性文化服务中心，服务内容又有一定程度的重合，但两馆动静性质殊异，同在一个空间容易相互干扰，因而在总分馆体系中，两馆在分馆层面的协同机制、协同方式及由此带来的考核评估方式、指标等问题值得深入研究。其次，总分馆的协同是为了更好地满足公众需求，因而建立供需平台是协同服务的重要载体，未来将搭建在线云平台，总分馆体系中的各单位可上传资源、服务与活动安排，也可发出具体需求，供平台成员查阅和使用，促进供需对接。再次，随着各区总分馆制建设的建立与完善，值得研究中心馆与区级总分馆的两层级体系构建，研究总分馆体系与区域服务网络的建设与服务协同机制，在本市区域范围内要研究天津市馆与各区总分馆体系之间的关系，要研究在各区分别建设总分馆制后的各区间的资源共享与服务协同机制，从而在更整体、更宏观的范围内提升区域图书馆体系的服务效益。

（三）促进特色化、数字化、品牌化建设

总分馆作为一个服务整体，其中的每一层级机构作为组成部分，如果都具有自己的独特风格，就既有助于开展大范围的协同协作，实现资源共享，也有助于结合本地情形和本馆优势满足日益复杂多样的用户需求，因而特色化是总分馆制建设的应有之义。分馆要深入了解所服务区域的历史、民生、名人、文化特点，在总馆指导下挖掘建设本地特色资源体系和特色文化活动数据库，形成若干个特色分馆。

在信息技术蓬勃发展的时代，数字化技术的运用也是非常重要的，目前各区已普遍达成联网和 WiFi 全覆盖，图书馆分馆已基本实现业务系统统一化管理，应充分利用有利条件，建立总分馆体系的网络门户，整合各馆特色资源上传和展示功能、重要通告发布功能、供需对接功能、反馈交流功能于一体，开通总分馆体系的社交媒体平台，通过公众号、服务号为用户提供覆盖广泛的统一服务入口；通过远程同步指导的方式，促进总馆与分馆之间的业务沟通和日常培训；通过实时监控和大数据技术，实现总馆对分馆服务情况的动态把握和分馆数据的实时播报。

天津的总分馆建设中已有一些亮点工作和做法，如城市书吧、总分馆 logo设计，形成了一些文化品牌，如河西区的"西岸文化"，但今后还需要强化品牌意识，将总分馆统一标识要求提升到统一视觉识别（VI）乃至总分馆形象识别（CI）的高度，强化总分馆一体化的视觉、行为和理念体系，在标识标语、建筑装饰、办公和文创用品、仪态仪容上形成鲜明的特色元素，提高公众对总分馆的识别，构建总分馆的品牌形象；品牌化还要求总馆指导和协同分馆提炼特色，形成图书馆总分馆联动和分馆特色阅读活动品牌，实现文化馆"一街一品"目标。

（四）提升总分馆制建设成效，实现多形态建设模式

总分馆制建设的落脚点在成效，不仅关系着提高资源共享程度、提升群众满意度，也决定着未来政府对总分馆体系的投入和人民群众对总分馆体系

建设的支持意向。要提升成效，就要让群众从总分馆的服务中有获得感，因而要经常性调研用户需求，建立需求反馈机制；要合理化布局总分馆，实现"15分钟图书馆圈""15分钟文化馆圈"；引入第三方进行满意度测评和规范化评定，以便文化主管部门进行督导；将绩效评估与成效评估结合，科学评价总分馆建设成果。

当前总分馆建设的主体仍然是政府，社会化力量还未能充分调动起来，因而未来可采取政府购买服务、引入社会力量参与分馆和基层服务点建设方式，建立社会力量运营的分馆，建立多样化的基层服务点，包括文旅融合的文化驿站，与企业合作建立的职工书屋，与商场、咖啡店、书店等融合的"图书馆+""文化馆+"等，实现基层服务点的星罗棋布。在总分馆制建成并实现全覆盖的区将朝着提档升级方向迈进，在基于属地关系建设分馆的基础上还可以强化统一管理，建立直属分馆，由总馆全权进行运营。总的来说，总分馆建设模式没有一定之规，要因地制宜，发展街镇分馆、特色分馆、直属分馆、社会化分馆等多形态分馆模式，以成效为先，促进总分馆制建设的更多进展。

参考文献

[1]《国务院办公厅转发文化部国家计委财政部关于进一步加强基层文化建设指导意见的通知》。中华人民共和国中央人民政府：http：//www.gov.cn/zhengce/content/2016–10/11/content_5117483.htm。

[2]《国家"十一五"时期文化发展规划纲要》。中华人民共和国中央人民政府：http：//www.gov.cn/jrzg/2006–09/13/content_388046.htm。

[3]《中共中央办公厅、国务院办公厅印发〈关于加快构建现代公共文化服务体系的意见〉（全文）》。据中国政府网：http：//www.gov.cn/xinwen/2015–01/14/content_2804250.htm。

[4]《文化部 新闻出版广电总局 体育总局 发展改革委 财政部关于印发〈关于

推进县级文化馆图书馆总分馆制建设的指导意见〉的通知》。据中华人民共和国中央人民政府网站：http：//www.gov.cn/gongbao/content/2017/content_5216448.htm.

[5]《中华人民共和国公共文化服务保障法》。据中华人民共和国中央人民政府网站：http：//www.gov.cn/xinwen/2016-12/26/content_5152772.htm.

[6] 新华网：《（受权发布）中华人民共和国公共图书馆法》。据新华网：http：//www.xinhuanet.com/2017-11/04/c_1121906584.htm。

[7] 天津市公共文化服务体系建设协调组办公室编：《天津市公共文化服务体系建设资料汇编2017》，第39-62页。

[8] 天津市发展和改革委员会：《市发展改革委 关于印发〈天津市工业经济发展"十三五"规划〉等 23 个市重点专项规划的通知》。据天津市人民政府网站：http：//gk.tj.gov.cn/gkml/000125209/201611/t20161115_67929.shtml。

[9] 天津市统计局：《天津统计年鉴 2017》。据天津市统计局网站：http：//61.181.81.253/nianjian/2017nj/zk/indexch.htm。

[10] 天津市统计局：《2017 年天津市国民经济和社会发展统计公报》。据天津市人民政府网站：http：//www.tj.gov.cn/tj/tjgb/201803/t20180312_3622447.html。

[11] 公共文化厅：《文化和旅游部办公厅关于公示第六次全国县级以上公共图书馆评估定级结果的公告》。据中华人民共和国文化和旅游部：http：//zwgk.mct.gov.cn/auto255/201805/t20180522_832893.html。

[12] 中华人民共和国文化部：《文化部办公厅关于公示第四次全国文化馆评估定级结果的公告》。据中国文化馆协会：http://www.cpcca.org.cn/pinggu/ 201610/t20161026_1267899.htm。

[13] 天津市文化广播影视局：《天津着力破解公共文化服务均等化难题》。据中华人民共和国文化和旅游部：https：//www.mct.gov.cn/whzx/qgwhxxlb/tj/201610/t20161018_778821.htm。

[14] 吴营：《泰达图书馆档案馆 2018 年工作报告》。据泰达图书馆档案馆网站：www.tedala.teda. gov.cn/gywm/ndbg/2017/zywx-1.html。

[15] 天津市图书馆学会：《天津市区级图书馆文化馆总分馆制建设培训工作圆满结束》。据中国图书馆学会网站：http：//www.lsc.org.cn/contents/1131/11635.html。

[16] 天津图书馆：《天津图书馆总分馆制建设项目组参加上海专题培训班学习》。据天津图书馆网站：http：//www.tjl.tj.cn/ArticleContent.aspx？ChannelId=241&ID=18568。

[17] 天津市图书馆学会：《天津市区级图书馆总分馆制建设专题培训班成功举办》。据中国图书馆学会网站：http：//www.lsc.org.cn/contents/1132/12001.html。

[18] 和平区图书馆：《聚焦十九大 共筑创新路——热烈庆祝天津市"公共图书馆的创新之路"研讨会取得圆满成功》。据和平数字图书馆网站：http：//www.tjhpe.com/www/Library/html/2017/15407.html。

[19] 河西区图书馆：《提升基层服务能力，培养新时代管理员队伍——河西区图书馆2018年第一期基层管理员培训》。据河西区图书馆网站：http：//www.tjhxl.com.cn/info/846.html。

[20] 河西区图书馆：《落实天津市民心工程 推进河西区公共图书馆总分馆制建设——河西区图书馆举办基层图书馆管理员培训班》。据河西区图书馆网站：http：//tjhxl.com.cn/info/985.html。

[21] 武清区图书馆：《武清区图书馆积极主动深入基层开展服务》。据武清区图书馆网站：http：//www.tjwqlib.cn/NewsView.Asp？ID=4238。

[22] 津南区图书馆：《2017年津南区基层图书管理员培训班成功举办》。据天津市津南区图书馆网站：http：//www.tjjnlib.cn/readeractive_details/647。

[23] 王敏：《2018年天津津南区公共文化服务体系建设专题培训会成功举办》。据中国发展网：http：//mini.eastday.com/a/181026103019978.html.

[24] 泰达图书馆档案馆：《泰达图书馆档案馆培训情况统计》。据泰达图书档案馆网站：http：//www.tedala.teda.gov.cn/gywm/ndbg/2018/pxqktj.html。

[25] 和平区图书馆：《和平区图书馆召开民心工程推动会》。据和平数字图书馆网站：http：//www.tjhpe.com/www/Library/html/2018/16067.html。

[26] 和平区图书馆：《和平区图书馆召开总分馆建设部署会》。据和平数字图书馆网站：http：//www.tjhpe.com/www/Library/html/2018/16248.html。

[27] 和平区图书馆：《及早动员、细化工作、抓准关键——区文化和旅游局召开和平区总分馆建设部署会》。据和平数字图书馆网站：http：//www.tjhpe.com/www/Library/html/2018/17426.html。

[28] 和平区图书馆：《"和平共享书吧"旗舰店正式进驻天河城购物中心》。据和平数字图书馆网站：http：//www.tjhpe.com/www/Library/html/2017/15406.html。

[29] 和平区图书馆：《天津音乐厅、和平区武装部"共享书吧"落成》。据和平数字图书馆网站：http：//www.tjhpe.com/www/Library/html/2018/16904.html。

[30] 和平区图书馆：《和平区图书馆耀华分馆开馆》。据和平数字图书馆网站：http：//www.tjhpe.com/www/Library/html/2018/15733.html。

[31] 武清区图书馆：《武清区图书馆汊沽港镇分馆建成投入使用》。据武清区图书馆网站：http：//www.tjwqlib.cn/NewsView.Asp？ID=4687。

[32] 武清区图书馆：《武清区图书馆积极主动深入基层开展服务》。据武清区图书馆网站：http：//www.tjwqlib.cn/NewsView.Asp？ID=4238。

[33] 《天津空港经济区文化中心举办图书馆分馆全面启动仪式暨"书香空港"全民阅读研讨会》。据天津港保税区、天津空港经济区社会发展局网站：http：//sfj.tjftz.gov.cn/system/2017/12/11/010083544.shtml。

[34] 《天津市区级公共图书馆总分馆服务体系 LOGO 设计征集揭晓》。据征集网：http：//www.zhengjicn.com/chengshibiaozhi/120468.html。

[35] 天津图书馆：《关于"天津市区级公共图书馆总分馆制建设 LOGO 设计"征集的公告》。据中国图书馆网：http：//www.chnlib.com/News/2018-06/641077.html。

[36] 李超平：《嘉兴模式的延伸与深化：从总分馆体系到图书馆服务体系》，《中国图书馆学报》2012 年第 5 期。

天津传统文化产品（服务）转化为公共文化产品（服务）的政府激励分析

——基于外部性的视角

曹明福[①]

摘　要： 天津的传统文化资源既包括为数不少的有形文化遗产，又包括众多的无形文化遗产。传统文化资源具有公共性、地域性、群众性、传承性和多样性的特征，具有公共文化的基本属性，是一种准公共产品。从外部性的视角可将传统文化产品（服务）分为基础性价值和公共性价值，公共性价值主要包括历史价值、艺术价值、精神价值、技术价值和教育价值。在将传统文化产品（服务）转化为公共文化产品（服务）的过程中，政府激励不是越多越好，而是要区分三类不同的传统文化资源，在成本效益考量的基础上实现政府激励的最优供给量。

关键词： 传统文化资源　外部性　公共性价值　政府激励

一　天津的传统文化资源

传统文化是指各民族文明演化而成的一种反映民族特质和地域风貌的文化，包括物质文化、制度文化和精神文化。公共文化是指由政府主导、社会参与形成的，为满足社会共同需要而形成的文化形态，是各种公益性文化机

---

① 曹明福，天津工业大学经济与管理学院，教授。

构和服务的总和。

传统文化是公共文化建设的重要源泉和特色保障，而公共文化建设也为传统文化提供了展示和创新的平台。推动中华优秀传统文化创造性转化、创新性发展是构建现代公共文化服务体系的重要内容。

天津的传统文化资源十分丰富，从存在形式上看，既包括为数不少的有形文化遗产，又包括众多的无形文化遗产。其中，有形的文化遗产包括古遗址、古墓葬、古建筑、石刻、壁画、近代现代重要史迹及代表性建筑等不可移动文物，历史上各时代的重要实物、艺术品、文献、手稿、图书资料等可移动文物；以及在建筑式样、分布均匀或与环境景色结合方面具有突出普遍价值的历史文化名城。从保护层次上看，形成了世界级、国家级、市级和区级的四级保护体系，既有列入联合国世界文化遗产的长城、大运河，也有国家级、市级和区级的众多项目。仅历史文化街区，天津就有一宫花园、泰安道、劝业场、老城厢、解放北路、古文化街、估衣街、承德道、赤峰道、鞍山道等。无形的文化遗产，也就是非物质文化遗产。天津的非物质文化遗产有以杨七郎墓传说为代表的民间文学，以津门法鼓为代表的传统音乐，以京剧、评剧为代表的传统戏剧，以京东大鼓、天津时调、相声为代表的曲艺，以回族重刀武术、拦手门为代表的传统体育、游艺与杂技，以杨柳青木版年画、泥人张为代表的传统美术，以老美华制鞋技艺、狗不理包子制作技艺、桂发祥十八街麻花制作技艺为代表的传统技艺，以达仁堂清宫寿桃丸传统制作技艺、益德成闻药制作技艺为代表的传统医药，以天津皇会、葛沽宝辇会妈祖祭典为代表的民俗，共 10 大类别。

将天津传统文化资源转化为公共文化，并借助公共文化服务平台进行有效的开发和科学利用，具有重要的理论和现实意义。

二 传统文化资源的公共文化属性

（一）传统文化资源的基本属性

传统文化资源具有以下基本属性：

1.公共性

公共性是指传统文化在一定的历史条件下形成的社会价值属性。传统文化是人们在长期实践活动中逐渐形成的一种共同价值观念，体现了一定范围内、一定历史时期的人们认可的社会价值。传统文化之所以能在较长的历史时期为人们所接受，是由于它超越了人们的利己性而产生了人们生存、生活的共在性。如津门系列法鼓，无不是人们在长期的共同生活中逐渐形成的一种大家认可的、带有宗教信仰色彩的节日庆典。

2.地域性

地域性是指传统文化由一定区域的人们长期创造形成的文化表达特点。传统文化具有鲜明的地域特征，如天津以"海河""海洋"为脉络贯穿的津味文化，山西以"和气生财""官商相维"为特色的晋商文化，山东以儒家文化为核心的齐鲁文化等。同一类型传统文化因地域的不同而呈现出不同的特征，如同属于中国曲艺韵诵类的快板和快书，尽管快书是在快板的基础上发展起来的一种曲艺形式，二者都似说似唱、节奏感极强，但二者在故事情节、表演工具，尤其是方言上，带有明显的地域特色差异。

3.群众性

群众性是指传统文化根植于民间，集合了最基层的广大人民的文化基因和情感表达，是当地群众共同创造的文化。传统文化的群众性表现为两个方面：一是根植于基层。民间的文化流变蕴含着深层次的人文价值，是最富有活力的文化传延。二是文化的主体是群体。传统文化反映了民众的群体生活，凝聚和积淀着人性的本质，群体性的文化辐射范围广、影响力大，才能够世代流传。如传统戏剧、传统舞蹈、民俗项目、民间文学等，都有着广泛的群众基础。

4.传承性

传承性是指传统文化在人们的实践生活中不断传递和发展，在不同的历史条件下的再生产。传统文化的传承性体现在两个方面：一是传统文化内容的传承，在传承中内容不断丰富；二是传统文化形式的传承，在传承中不断衍生出新的文化形式。如当下的传统文化与旅游产业的融合，无论在内容上还是形式上都体现了传统文化的发展和创新。

5.多样性

多样性是指传统文化渗透在人们生产、生活的方方面面，表现形式多种多样。传统文化包括传统习俗、传统建筑、传统文艺、传统思想等多个方面，表现形式各具特色。联合国教科文组织在《世界文化多样性宣言》的第一条中指出："文化多样性是交流、革新和创作的源泉，对人类来讲就像生物多样性对维持生物平衡那样必不可少。从这个意义上讲，文化多样性是人类的共同遗产，应当从当代人和子孙后代的利益考虑予以承认和肯定。"

（二）传统文化资源属于准公共产品

公共文化最根本的属性是公益性。传统文化的公共性具有公共文化的根本属性，传统文化的地域性能够赋予公共文化地方特色，传统文化的群众性和公共文化面向广大群众是一致的，传统文化的传承性为公共文化的实践不断注入新的活力，传统文化的多样性满足了公共文化的多样化需求。可见，传统文化资源具有明显的公共文化属性，将传统文化资源转化为公共文化是可行的。

无论具体的传统文化资源是掌握在事业单位、国企，还是私人手中，要想转化为公共文化产品（服务），需要以产品或者服务的形式提供出来。

社会产品共分为四种：纯公共物品、纯私人产品、公共资源和准公共物品。纯公共产品是指同时具有非排他性和非竞争性的产品。非排他性是指人们不能被排除在消费某一种物品之外，也就是你的消费并不影响我的消费；非竞争性是指在任意给定的公共产品产出水平下，向一个额外的消费者提供该产品，不会引起产品成本的任何增加，即消费者人数的增加所引起的边际成本为零。如国防就是纯公共物品，既具有非排他性又具有非竞争性。纯私人物品是指同时具有排他性和竞争性的产品。经由市场交易的产品一般是私人物品。公共资源是指具有非排他性与竞争性的公共资源。如公共牧场，不具有排他性，无论谁的羊群牛群都可以进入，但牧场容量有限，达到资源容量的边界就会拥挤，具有一定的竞争性。准公共物品是指具有排他性与非竞争性的产品。一般来说，传统文化资源，作为最基本使用功能的个人产品具有明显的排他性，拥有者消费的同时影响别人消费；但是，传统文化资源又承载着历史信息、民族信仰、审美、情感寄托、技术含量等社会价值，这种社会价值大于传统文化资源本身的价值，基本上没有竞争性，人们在欣赏、研究这类价值的同时并不能排斥别人，消费这类价值人数的多寡基本上不影响成本。因而，传统文化资源可归入准公共物品一类，具有一定的排他性和较大的非竞争性。

公共文化产品（服务）是一种纯公共物品，要想让传统文化这种准公共产品承担起纯公共物品的职能，必须发掘准公共产品中的公共文化价值。

三　基于外部性视角的传统文化产品（服务）的公共文化价值

（一）传统文化产品（服务）的公共性价值

外部性又称为溢出效应、外部效应、外部经济，是指某个行为主体（个体或群体）的行为使另一个人或者另一群人受损或者受益的情况。外部性可分为正外部性和负外部性两种情况。正外部性是某个行为主体的活动使他人或者社会受益，而受益者无须花费代价；负外部性是某个行为主体的活动使他人或者社会受损，而造成负外部性的主体却没有为此承担成本。

传统文化产品（服务）一般掌握在个人、群体或者单位也就是行为主体手中，除了能够给个人、群体或者单位带来效益之外，还具有历史、技术、艺术、精神等价值。这些价值共同构成了传统文化资源的社会价值。传承者在提供传统文化资源产品（服务）时，对社会产生了明显的正外部性。

作为准公共产品，传统文化产品（服务）的价值可以分为两部分：带给行为主体自身的这部分价值可以称之为基础性价值；产生正外部性效应的那部分价值可以称之为公共性价值。传统文化产品（服务）的基础性价值和公共性价值如图 1 所示。

图中，MR 是传承者的边际收益曲线，MC 是边际成本曲线，需求曲线 D 表示行为主体的传统文化产品（服务）的基础性价值，MSR 是社会边际收益曲线，表示传统文化产品（服务）产生的整体社会价值。尽管传统文化产品（服务）的非排他性和非竞争性较弱，但具有一定的准公共产品属性，所以 MC 曲线的形状和一般公共物品的边际成本不变不同，是一条递增的曲线。

社会价值 MSR 与 D 之间的差额就是传统文化资源的公共性价值。作为基础性价值需求的 D 具有排他性，但 MSR 与 D 之间的差额——公共性价值具有较大的非竞争性。也就是说，传统文化产品（服务）的公共性价值具有公共文化的属性。

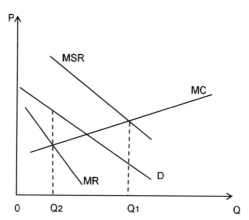

图 1 传统文化产品（服务）的基础性价值和公共性价值

MC 表示行为主体提供传统文化产品（服务）产生的边际成本，MR 表示行为主体提供传统文化产品（服务）给自身带来的边际收益。在把传统文化产品（服务）转化为公共文化产品（服务）时，如果只按照行为主体的意愿，只提供边际成本和边际收益相等即 MC=MR 时的 Q_2 数量；但由于传统文化产品（服务）具有公共性价值，能够产生正的外部效应，对社会、政府来说，Q_2 并不是最佳数量，只有在边际成本等于社会边际收益即 MC=MSR 时的 Q_1 才是最佳供给量。也就是说，行为主体只有在提供 Q_1 的供给量时，传统文化产品（服务）才能发挥出最大的公共文化价值。

（二）传统文化产品（服务）公共性价值的内涵

MSR 与 D 之间的差额——传统文化产品（服务）的公共性价值，是一个综合性的价值系统。从社会组织环境来看，传统文化产品（服务）承载了民族过去和现在的信息，具有历史价值；从表现形式来看，传统文化产品（服务）的款式、构图、色彩具有审美功能，体现了艺术价值；从情感表现来看，传统文化产品（服务）在一定区域内的人群中起到等级尊卑、群体和谐、甚至身份识别的作用，具有精神价值；从制作过程来看，传统文化产品（服务）需要较高的技能才能完成，具有技术价值；从当前对青少年的影响来看，传统文化产品（服务）能够传递知识、弘扬爱国主义精神，具有教育价值。传统文化产品（服务）的公共性价值主要包括历史价值、科技价值、艺术价值、精神价值和教育价值五个方面。

1.历史价值

天津的传统文化积蓄了不同时代的精粹，保留了最浓缩的特色，承载了天津地区独特的历史，是历经长久历史时期流传下来的宝贵财富。一些传统文化产品（服务）的表现形式、工艺、原料等体现出其产生的特定历史条件和特定历史特点，通过这些文化遗产，人们可以了解天津特定历史时期的生产发展水平、社会组织结构和生活方式、道德习俗、审美及思想禁忌。尤其是一些非物质文化遗产，以其民间的、口传的、质朴的、活态的存在形式，可以弥补官方正史之类史志典籍的不足和遗漏，有助于人们更真实、更全面、更接近本原地去认识历史。如妈祖祭典，妈祖信仰在元代传入天津后，与天津民俗文化不断融合，逐渐形成了以"皇会"为组织的天津妈祖文化，成为中国北方独有的一种社会文化现象。天津的妈祖祭典，带有浓郁的地方色彩，表演内容包括净街、门幡、太狮、捷兽、中幡、跨鼓、扛箱、重落、拾不闲、法鼓、旱船、秧歌、花鼓、绣球、宝鼎、宝辇、銮驾、接香、灯停、接驾、华盖宝伞、顶马、报事灵童、日罩、灯扇、大乐、高跷等几十种，基本上凝聚了天津民间技艺的精华。每一种艺术表演都有各具特色的"会"担任。妈祖祭典为研究天津的习俗、民间技艺、"会"的发展提供了丰富的历史信息。

2.艺术价值

传统文化产品（服务）蕴含着一定历史时期的艺术精神，通过这些艺术作品，可以形象地看到当时的艺术创作方式、艺术特点。尤其是少数民族的传统文化，以其活泼、生动的艺术形式丰富了中华传统文化的多样性。如自成独立绘画体系的杨柳青木版年画，在构图、造型、色彩、线条、制作工艺、题材内容、近代史在其中的反映上具有珍贵的艺术价值。在杨柳青木版年画中常见的题材"娃娃""美人"中，"娃娃"形象活泼可爱、色彩造型理想完美；"美人"构图对称均衡、人物安详悠闲，画师们的口诀"鼻如胆、瓜子脸、樱桃小口蚂蚱眼、慢步走、勿乍手，要笑千万莫开口"，充分反映了杨柳青木版年画人物形象的艺术价值。

3.精神价值

传统文化产品（服务）深深蕴藏着一定地域内人们的发展基因和精神特质，这些在长期的生产劳动、社会实践中积淀下来的民族精神，包含了人们的价值观念、心理结构、气质情感等在内的群体意识，具有一种天然、内在的凝聚力量。如天津静海台头镇的大六分村登杆圣会，会员是全村村民，出会的时候家家户户都要参与，"药王节"登杆圣会成为全村共同的盛大节日。登杆圣会在出会前会员要祭拜药王孙思邈，以此保佑村民和练功人的安全。再如挂甲寺庆音法鼓、杨家庄永音法鼓、香塔音乐法鼓、刘园祥音法鼓、善音法鼓，等等，都是带有共同信仰崇拜的村民的群体性文艺活动。

4.技术价值

传统文化产品（服务）尤其是传统手工技艺，在原料的选取、工具的使用、工艺流程等方面具有独特的、令人叹为观止的技艺水平。虽然在传承、保护的过程中，有些技术环节已经由现代技术所取代，但大多数传统文化产品（服务）的一些核心环节仍然由手工来完成。这些手工技艺在传承中弥足珍贵，有着独特的技术价值。如天津盛锡福毡礼帽制作技艺，仅帽坯制作流程就有除杂、梳纺、织坯、压坯、卷洗、整缩、染色、押顶、浸胶、定型、磨光、模压等72道工序，有些工序的技术含量很高，如浸胶，需将天然虫胶片经过溶解制成液体，根据火候来决定纯碱、硼砂、硫酸、漂液的投入时间和数量；时刻把握每一批帽坯的制作情况，决定浸胶度数的微小差别，这样才能使浸胶后的毡帽完美定型。再如天津风筝魏的制作包括创意、设计、选料、扎架、彩绘、糊面、试飞、总装8大工艺流程，风筝造型多变、彩绘逼真、飞行平稳、特技精湛、便于携带，有的还附带有变形、鸣响等特技。

5.教育价值

教育价值主要体现在以下几个方面：首先，传统文化产品（服务）中除了包含丰富的历史文化知识、大量的科学知识，还有许多极富审美价值的艺术精品，可以用这些重要的、科学的知识和内容去进行个体教育、学校教育和社会教育；其次，可以让青少年了解传统文化的深厚内涵，了解中华文明的源远流长，认识传统文化的博大精深，增强民族认同感、亲近感，激发强烈的爱国情怀；再次，传统文化产品（服务）展现了祖先的勤劳和智慧，能激发青少年积极进取的热情，树立正确的人生观、价值观、荣辱观，积极传承中华美德。

传统文化产品（服务）的公共性价值是所有价值的综合反应。将传统文化产品（服务）转化为公共文化产品（服务），就是要发掘传统文化产品（服务）的历史价值、艺术价值、精神价值、技术价值和教育价值。

四 传统文化产品（服务）不同的公共性价值及其政府激励分析

（一）三类不同的传统文化产品（服务）的公共性价值

天津的传统文化产品（服务），从价值上看，虽然同为国家级保护名录，但彼此的公共性价值差别极大，从效益上看，如狗不理包子的基础性价值十分突出，公共性价值并不明显；天津皇会妈祖祭典的公共性价值十分突出，基础性价值很小；从发展现状看，有的濒临灭绝，有的惨淡经营，有的勉力支撑，有的销路畅达。按照基础性价值与公共性价值的差距可以将传统文化产品（服务）分为三种类型：基础性价值和公共性价值差距较大、差距较小以及介于二者之间。这三种不同类型的传统文化产品（服务），在行为主体提供的最优产量和社会最大效益产量方面也呈现出明显的区别。

第一类传统文化产品（服务），基础性价值和公共性价值差距较大，如妈祖祭典、杨柳青人赶大营、挂甲寺庆音法鼓、杨家庄永音法鼓、瑞云图龙灯会、宝坻皮影戏等。这类传统文化产品（服务）的基础性价值有限，但它的公共性价值很大。在图 2 中，图中的 MR 与 MSR 距离较远，说明基础性价值和公共性价值差距较大。传统文化产品（服务）行为主体的最优产量点是边际收益等于边际成本时的 Q_A 点，而社会最大效益产量点是 MSR 与 MC 交点决定的 Q_1。这类传统文化产品（服务）的提供量较小，有些甚至处于濒危状态。

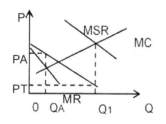

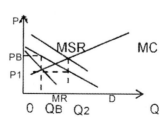

图 2　基础性价值和公共性价值差距较大的　图 3　基础性价值和公共性价值差距较小的
　　　传统文化产品（服务）　　　　　　　　　　　传统文化产品（服务）

第二类传统文化产品（服务），基础性价值和公共性价值的差距较小，如狗不理包子、耳朵眼炸糕、桂发祥麻花、老美华制鞋技艺等。这类传统文化产品（服务）的市场认可度较高，但公共性价值并不大。在图 3 中，最优产量点是边际收益等于边际成本时的 Q_B 点，离社会最大效益产量点 Q_2 较近。这类传统文化产品（服务）的基础性价值十分明显。

第三类传统文化产品（服务），介于二者之间，如天津相声、天津时调等。这类传统文化产品（服务）有一定规模的数量，但离社会最大效益产量点还有一段距离。

（二）政府激励传统文化产品（服务）转化为公共文化产品（服务）的最大边界

第一类传统文化产品（服务）如果按照社会最大效益产量进行提供，其成本将会很大，行为主体没有动力将传统文化产品（服务）转化为公共文化产品（服务）。如果政府按照社会最大效益产量进行补贴，那么这种补贴将是巨额补贴。第二类传统文化产品（服务）的行为主体的最优产量点接近社会最大效益产量点。这类产品（服务），政府只需提供较小的财政补贴额度就可以将传统文化产品（服务）转化为公共文化产品（服务），达到社会最大效益产量；即使没有政府的财政支持，行为主体的传统文化产品（服务）数量也不算少。介于二者之间的第三类传统文化产品（服务），行为主体的最优产量点与社会最大效益产量点的差距说大不大，说小不小，既不像第二类销路畅达，也不像第一类处于濒危状态。

为满足公共文化建设的需要，应该充分发掘传统文化资源的公共性价值。政府要做的工作是进行财政激励，调节基础性价值与公共性价值之间的差距。从理论上讲，对三类不同的传统文化产品（服务）应实行不同的激励措施。第一类应该按照保护要求的最低产量给予一定数额的专项补贴。第二类，没必要进行专项补贴，事实上，生活中也不是所有具有正外部性的事情都需要补贴。只要按照政策规定给予适当的补助就可以发挥出它的公共性价值。至于第三类，不需要专项补贴，也不能像第二类只提供补助。

对于第三类传统文化产品（服务），首先必须知道，公共性价值的最优产量是多少？全部实现公共性价值未必是最有效率的，因为没有进行政府激励的成本—收益分析。公共文化建设提供的是公益性的产品或服务，政府的投入是公共文化建设的成本，而社会效益是公共文化建设的收益。政府介入干预对象的深度应取决于政府干预收益成本与市场自治收益成本的比较，政府干预的成本不能等于甚至大于市场缺陷所造成的社会成本。诺斯认为，如果预期的净收益超过预期的成本，制度安排就会被创新。传统文化产品（服务）向公共文化产品（服务）的转化，如果只考虑收益而不分析成本，那么政府的投入就很难持续下去。政府激励的最优数量不应等于公共性价值的最大供给量。公共性价值的最大供给量是行为主体的边际成本与边际社会收益相等时的数量，这种数量没有考虑政府投入成本只考虑社会最大收益；而政府激励的最优数量是将政府投入纳入边际社会成本分析的最优供给量，即边际社会成本等于边际社会收益时的数量，如图 4 所示。

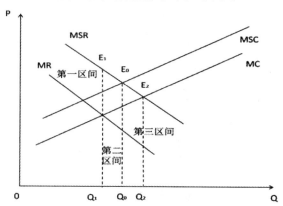

图 4　某种传统文化产品（服务）的经济外部性

在图 4 中，MSC 是边际社会成本曲线，也就是行为主体的 MC 曲线与政府激励的投入之和。根据传统文化产品（服务）的生产动力，图形可以分成三个区间。Q_1E_1 左面的区域为第一区间，这一区间内行为主体所有供给量的边际收益都大于边际成本，Q_1 点是行为主体的最优数量点；Q_1E_1 与 Q_0E_0 之间的区域为第二区间，这一区间所有数量的边际收益都小于边际成本，但是边际社会收益却大于边际社会成本，Q_0 点是政府激励的最优数量点；Q_0 之右的区域为第三区间，这一区间的边际社会收益小于边际社会成本，其中 E_2 所对应的 Q_2 点是公共性价值最大的数量点。在第一区间，行为主体在个人的边际收益大于边际成本的情况下有动力增加供给数量，会一直持续到 Q_1；在第二区间，由于行为主体的边际收益小于边际成本，行为主体不会主动增加供给量，但由于边际社会收益大于边际社会成本，政府应该提供财政激励，将传统文化产品（服务）增加到 Q_0；在第三区间，行为主体没有动力增加供给量，政府如果持续投入，增加到公共性价值最大数量点 Q_2，就会出现边际社会成本大于边际社会收益的情形。

由此可见，从理论上讲，对于有一定市场空间的传统文化产品（服务），在其转化为公共文化产品（服务）的过程中，政府并不需要从提供供给的一开始就实行财政激励；政府的财政激励也不是对所有产品（服务）无限度地提供。如果处在第一区间，政府没有必要进行财政激励。处在第二区间，政府必须投入才能将传统文化产品（服务）供给量从行为主体最优产量点扩大到政府激励最优产量点。处在第三区间，在 Q_2 之前，尽管社会收益仍然大于行为主体的边际成本，政府如果继续财政激励，就不符合资源的最优配置；如果超过 Q_2 点，政府的投入不仅过大，也会造成过度开发。

五 小 结

传统文化资源的公共性、地域性、群众性、传承性、多样性，具有公共文化的基本属性，是一种准公共产品，能够转化为公共文化产品（服务）；在传统文化产品（服务）转化为公共文化产品（服务）时，需要从外部性的视角，根据基础性价值和公共性价值的差距，区分三类不同的传统文化产品（服务）；政府在提供财政激励措施时，没有必要达到传统文化产品（服务）公共性价值的最大产量，而应考虑到投入成本，同时避免对传统文化的过度开发。政府有关部门需要进行田野调查，按照基础性价值与公共性价值之间的差距将天津市的传统文化资源分为三大类别，根据不同的类别分别施策。

参考文献

[1] 多杰吉.西部地区传统文化与公共文化建设互动研究[J].攀登 2018 年第 3 期。

[2] 陈耿锋.福州市非遗文化资源与公共文化服务融合发展浅析[J].艺术科技　2017 年第 11 期。

[3] 赵海存.传统文化融入公共文化服务体系的实践探索[J].人文天下 2018 年第 14 期。

[4] 姜弘,曹明福.我国纺织类非物质文化遗产生产性保护补贴方式研究——基于外部性、信息不对称的考量[J].中南民族大学学报（人文社科版）2018 年第 6 期。

[5] 崔国伶.浅谈杨柳青木版年画的艺术价值及文化意蕴[D].四川师范大学 2008 年 6 月。

[6] 史静.复兴中的继承与重塑——对天津妈祖祭典仪式的考察[J].民间文化论坛 2013 年第 2 期。

[7] 程晶晶.文化遗产外部性与产业集聚研究[D].南京大学 2012 年 5 月。

[8] 马玉丁.纺织"非遗"传承需要市场力量[N].中国纺织报 2014 年 5 月 5 日第 1 版。

[9] 曲宁.城市文化视角下的天津地域文化与传统文化[C].天津市社会科学界第十届学术年会优秀论文集（上）2014 年。

[10] 李少惠.民族传统文化与公共文化建设的互动机理[J].西南民族大学学报(人文社科版），2013 年第 9 期。

[11] Mary N.Taylor.Intangible Heritage Protection and the Cultivation of a Universal Chain of Equivalency[J]，Nationalism and Ethnic Politics，2016，22（1）：27–49.

[12] Gregory Hansen.Intangible cultural heritage and the better angels of folklore's nature[J]，International Journal of Heritage Studies，2016，22（8）：622–634.

公共文化服务保障地方立法的天津实践①

严　静　王瑞文　王雪丽　廖青虎②

摘　要： 文化权利是公民的一项基本权利。保障公民的基本文化权利，让人民群众享有健康丰富的精神文化生活，是全面建成小康社会的重要内容。天津市认真贯彻落实中央决策部署，高度重视公共文化服务体系建设工作，逐年加大公共文化服务投入力度，加强公共文化设施建设，公共文化服务效能明显提高。为了落实天津功能定位、推动美丽天津建设，促进公共文化事业规范、有序、健康发展，保障公民基本文化权益，丰富群众文化生活，提高市民文化素质，实现建设文化强市的奋斗目标，2018 年 9 月，天津市人民代表大会审议通过《天津市公共文化服务保障与促进条例》，通过立法建立公共文化服务的保障与促进机制，将公共文化服务保障与促进工作纳入法制化轨道。本文主要介绍《天津市公共文化服务保障与促进条例》的立法背景，梳理立法过程，总结立法经验，开展立法后的反思，展现天津公共文化服保障立法实践的情况。

关键词： 立法背景　立法过程　立法经验

---

① 本文系天津市艺术科学规划项目"京津冀文化市场执法一体化进程中协作执法创新机制研究"（课题编号：C14028）的研究成果。
② 严静，天津商业大学法学院；王瑞文，天津商业大学公共管理学院；王雪丽，天津商业大学公共管理学院；廖青虎，天津商业大学公共管理学院。

一　立法的背景

构建公共文化服务体系是一项长期的系统工程。当前，天津市公共文化服务体系建设已经进入整体推进、科学发展、全面提升的新阶段，建立健全稳定、有序、惠及全民的公共文化服务网络体系，客观上必然要求进一步提升公共文化服务的规范化、制度化和法制化水平。其中，规范化要以制度化为载体，而制度化的实践需要法制化进行"保驾护航"，法制化的进程又会进一步提升规范化运作水平。因此，法制化是关键节点，切实解决好公共文化服务的法制化问题，事关公共文化服务体系建设的成败。天津市十七届人大常委会第五次会议审议通过《天津市公共文化服务保障与促进条例》（以下简称《保障与促进条例》），并于2018年11月1日起施行。制定《保障与促进条例》是政府公共文化服务职能法定化的客观要求；是保障公民基本公共文化权益的重要手段；是巩固既有改革成果，加快推动公共文化服务体系建设的必要保障；是合理配置公共文化资源的重要依据。

在《保障与促进条例》颁布前，天津市主要依据国家、部委办和地方的相关政策开展各项工作，比如《关于加快构建现代公共文化服务体系的意见》（中共中央办公厅〔2015〕2号）、《国务院办公厅关于推进基层综合性文化服务中心建设的指导意见》（国办发〔2015〕74号）、《国务院办公厅转发文化部等部门关于做好政府向社会力量购买公共文化服务工作意见的通知（国办发〔2015〕37号）、《文化部"十二五"时期公共文化服务体系建设实施纲要》（文公共发〔2013〕3号）、《天津市关于加快构建现代公共文化服务体系的实施意见》（津党厅〔2015〕35号）等。上述政策在保障公民基本公共文化权益方面，发挥了重要作用，但政策毕竟不同于法律，无论在效力等级，还是在权威性和强制力等方面都远远低于法律。实践中也确实存在由于缺乏法律保障，而侵害公民基本公共文化权利的情况。比如，根据相关政策，社区居民可以到街镇综合文化服务中心享受免费的公共文化服务，但由于保障法缺位，使得社区居民在申请免费公共文化服务遭拒时，无法通过法律途径进行维权，最终使公民基本公共文化权利流于形式，无法得到切实保障。

就天津市的具体情况来看，与北京、上海等国内一线城市相比，天津市文化事业费总体投入偏少，占财政支出比重小，特别是在"文化事业费占财政支出"一项的对比中，天津市在 2012 年、2013 年，连续两年在全国排名第 19 位，低于或等于当年全国平均水平，这与天津作为四个直辖市之一、北方金融中心的城市地位是不相符的。具体情况详见表 1、表 2[①]。为此，亟须通过立法，尽快建立公共文化服务预算经费投入保障机制，同时积极鼓励社会捐赠，多元化拓展公共文化服务经费的来源渠道。

表 1　按年份各地区文化事业费（单位：万元）

年度	北京	上海	广东	天津
2011	179115	241757	337369	74595
2012	228738	287144	384588	79282
2013	244620	294524	419594	95616

表 2　按年份各地区文化事业费占财政支出比重/位次（单位：万元）

年度	北京	上海	广东	浙江	海南	天津	全国平均水平
2012	0.62/4	0.69/2	0.52/5	0.86/1	0.63/3	0.37/19	0.38
2013	0.59/4	0.65/2	0.5/6	0.76/1	0.62/3	0.38/19	0.38

注：各地财政支出不包含中央转移支付部分。

天津市成熟的工作实践和经验为制定更具针对性与可操作性的公共文化服务保障条例创造了有利条件。近年来，天津市充分发挥政府主导作用，着力营造公共文化服务体系发展良好环境；天津市结合城乡发展实际情况，科学规划公共文化设施网络布局；以人民群众文化需求为导向，持续提升公共文化服务品质；紧扣时代发展变革脉搏，积极创新公共文化服务方式；以高品质文化活动为抓手，不断丰富公共文化服务内容；以队伍建设和制度建设为依托，保持公共文化服务体系内在活力；在机制体制方面，率先出台地方实施意见，实现科学引领有序推进，建立了天津市公共文化服务工作协调机

① 中华人民共和国文化部编：《中国文化文物统计年鉴》，国家图书馆出版社 2014 年版，第 18—20 页。

制，积极深化文化体制改革，高效实施文化惠民工程，强化服务加强督导，通过一系列的政策措施，有效推进了天津市公共文化服务的发展，并形成了具有天津特色的经验。已经出台的公共文化服务相关政策主要包括：2015年中共天津市委办公厅印发的《天津市关于加快构建现代公共文化服务体系的实施意见》及其附件《天津市基本公共文化服务实施标准（2015—2020年）》；2015年天津市文广局、文物局、新闻出版局、体育局联合印发的《天津市基层公共文化服务体系建设项目暂行管理办法》；2014年《天津市人民政府办公厅转发市财政局关于政府向社会力量购买服务管理办法的通知》；2016年天津市文广局、财政局、新闻出版局、体育局联合印发的《关于做好政府向社会力量购买公共文化服务工作的实施意见》及其附录《天津市政府向社会力量购买公共文化服务指导性目录》；2015年天津市财政局、文广局、文物局、新闻出版局、体育局联合印发的《天津市基层公共文化服务体系建设专项资金管理暂行办法》等，上述政策和促进公共文化服务的实践经验不仅可以为制定《保障与促进条例》提供客观的素材，而且有助于提炼天津市公共文化服务保障立法的亮点与特色，为制定《保障与促进条例》奠定了良好的政策基础。

因此，天津市有必要根据经济社会和文化发展的基本特点，紧紧围绕公共文化服务的立法原则、体系构建、管理制度、保障机制等主要问题，加强顶层设计，将现有的公共文化政策上升到法律层面，制定《保障与促进条例》，专门用以保障市民基本公共文化权益，调和社会各群体在公共文化资源配置中的矛盾冲突，规范公共资源配置主体、程序、范围、条件、方式，保障公共资源配置秩序，提高配置效益。天津进行公共文化服务保障地方立法的相关实践，既符合我国社会主义法制建设的需要，也符合天津市文化发展的长远利益。

二 立法的过程

（一）《保障与促进条例》立法前调研

立法前的调研工作是《保障与促进条例》制定的现实基础，《保障与促进条例》立法调研的目的包括两个方面：一是对公共文化服务领域已有法律法规规制以及政策在天津市执行情况，公共文化服务体系建设实际工作中取得的工作成绩和存在的问题；二是在征集公共文化服务体系建设单位对制定《保障与促进条例》的立法建议。立法调研工作自 2016 年 7 月初至 2017 年 3 月结束，分别走访天津市各区县基层综合文化服务中心（街镇文化站及社区村居文化室）、天津市图书馆博物馆群艺馆、天津市区级图书馆文化馆、天津市公共文化服务管理部门（市文广局职能处室、区县文化局）、兄弟省市文化管理部门。

1.天津市街镇文化站调研工作开展情况

由乡（镇）人民政府、城市街道办事处设立的文化馆，称为乡镇综合文化站（或基层综合文化服务中心），是提供公共文化服务的基层主体。文化馆是各级人民政府为保障公民基本公共文化权益设立的公益性文化事业机构，是公共文化设施体系的组成部分，是我国特有的公共文化艺术活动场所。2009 年，文化部制定并颁布了《乡镇综合文化站管理办法》（中华人民共和国文化部令第 48 号），对乡镇综合文化站的性质、职能、规划、建设和服务做了详细的规定，并对建立乡镇综合文化站的评估制度、人员和经费保障制度提出了明确的要求。2012 年，《乡镇综合文化站建设标准（建标 160—2012）》开始实施。2015 年，国务院办公厅印发了《关于推进基层综合性文化服务中心建设的指导意见》。从相关法律法规的执行情况来看，目前天津市没有专门针对街镇文化站的部门规章或政策性文件，但是依照国家以上的几个文件，天津市街镇文化站的管理和运行逐步走上了规范化、标准化以及制度化的道路。在《保障与促进条例》立法前的调研中，天津市街镇文化站普遍反映街镇文化站建设存在用地困难、文化站建设与服务提供缺乏公众需求征询机制、街镇文化站工作人员编制与岗位不稳定、公共文化经费投入与使用机制不清晰等问题。在调研过程中，调研人员发现天津各区在街镇文化站建设上呈现不均衡的现状，各区经济发展水平导致文化站从业人员配备机制区别大的问题，从而导致各街镇文化站服务供给效能高低差距大。

我国公共文化服务体系一直强调以政府为主导、加强统筹，将基层人民群众的积极性和创造性纳入"政府主导"框架，以统筹、协调、共享的方式发挥人民群众"自我管理、自我发展"的功能。街镇文化站与基层群众有天然联系，是基层文化生态不可分割的组成部分。从天津市街镇文化站的基层走访情况来看，各个区基层文化队伍数量庞大、创造力及其文化产品、文化活动总量可观，例如，北辰区天穆镇的"百姓大舞台""周末大家唱"等已经形成了品牌和规模，东丽区有一定规模的基层文化队伍多达三百多个，宁河区基层文化队伍甚至担负起了非物质文化遗产保护、传承的职责。从某种意义上来看，天津市基层文化队伍已经成为公共文化服务的天然资源库。

2.天津市图书馆博物馆群艺馆调研工作开展情况

天津市公共图书馆总分馆制建设取得成效，全市已经基本完成以区级公共图书馆为总馆、街镇文化站为分馆的总分馆制建设目标。依托于总分馆制建设，市区两级公共图书馆以及区级公共图书馆相互之间的通借通还起到了很好的效果，受到了市民的广泛欢迎。为提高公共图书馆的服务效能，天津市区两级公共图书馆通过讲座、下社区、下事业单位等措施提高图书馆业务的覆盖面，这些措施收到了很好的效果。在调研过程中，图书馆从业人员提出数字文化与流动图书服务存在不足，推动"流动图书馆""城市书吧"以及"云图书馆"等图书馆业务的激励机制不完善，公共数字文化方面的人才比较缺乏。在调研过程中，调研人员发现，其一，约束读者在公共图书馆内与接受公共文化服务无关行为的规范缺乏，尤其是缺乏有关图书馆运行管理安全、卫生、节能等方面的政策法规。其二，天津市公共图书馆在评估定级、免费开放绩效评价时，已经设计了市民满意度调研问卷，调查群众对公共图书馆业务的满意度，但是，调查问卷一般多用于处理所反映的问题，缺乏通过大数据对图书馆服务的满意度进行测评的机制，同时群众满意度调查结果是否作为图书馆工作绩效考评的依据，仍不明晰。其三，推动天津市公共图书馆群众订单式阅读发展的激励机制缺乏，在与群众的近距离沟通中了解群众感兴趣的书目，从而在藏书更新时，按照群众的需求购书等方面，仍有不足。

在调研过程中，天津博物馆反映，首先，博物馆在绩效考评中采取了观众满意度测评的方法，并将其作为博物馆绩效考评的依据，但是由于博物馆馆藏种类众多，其举办的展览所涉及的行业不同，各类展览和各类博物馆的服务标准与重点不同，对观众的绩效评价满意度很难采用统一标准，立法应慎重对待观众的满意度测评的法定地位。其次，天津博物馆志愿者队伍建设卓有成效，有志愿者队伍151人，年龄在18—60岁之间，以30—50岁之间的中坚力量为主，工作以宣传、日常讲解为主，在日常工作中发挥了重要的作用，立法时应考虑志愿者建设的激励机制。第三，博物馆公共文化服务供给与教育、宣传相结合的协调机制缺乏，博物馆通过中小学生提高市民文化素养的作用有限，立法时应建立公共文化设施单位与其他部门之间的资源共建共享机制，以扩大公共文化服务的覆盖范围。

在天津市群艺馆调研时，群艺馆反映，其一，群艺馆与其他公共文化设施管理单位的合作与资源共享机制缺乏，例如：青年宫、天津市第二工人文化宫以及大型国有企业的工会也都开展公共文化服务工作，但是这些单位与群艺馆没有横向合作和联系，浪费了许多公共文化资源。其二，培育社会力量参与公共文化服务的机制欠缺，目前天津市通过文化惠民卡购买公共文化服务取得了不错的效果，在提高公共文化服务效能方面起到了重要的作用，但是就现有文化惠民卡的支付机制，主要是与国有文化企业对接的，还不能与社会力量对接，阻碍了社会力量参与公共文化服务供给。其三，通过新媒体精准对接市民文化需求的机制缺乏，因为群艺馆的文化服务项目繁多，有能力开展"精准化宣传"，针对不同活动的受众不同，应该采取不同的宣传途径，但是公众文化需求征询机制缺乏，导致群艺馆公共文化服务的针对性不足。

3.天津市市区两级文化主管部门的调研

地方立法应该以问题为导向，天津市市区两级文化主管部门，是天津市公共文化体系建设的中坚力量，是立法前调研的重点。通过与市区两级文化主管部门的座谈、问卷等，涉及政府主体责任、社会力量参与公共文化服务供给、共建共享以及协调机制等问题。首先，明确公共文化服务体系建设中政府的主体责任，天津市区两级政府通过各种公共文化服务机构提供各类行政服务，或直接安排公共文化产品生产和服务供给，从而直接参与公共文化资源的供给；政府运用政策、规划、布局等体制性手段对公共文化资源的生产供给履行宏观指导功能；政府发挥统筹协调功能，促进公共文化资源供给的均衡性，提高公共文化资源供给的效率；政府履行运行管理职能，采取资质认定、政府采购、订单管理等必要的组织运行机制，推动公共文化资源生产供给各项具体工作有条不紊的展开。其次，在社会力量参与公共文化服务供给上，方式仍以政府购买为主，且多与国有文化企业对接的，与社会力量的对接不够，原因主要是天津市公共文化领域的社会力量实力还不够，以及对社会力量也缺乏信心，具有抵触心理。第三，对于天津公共文化体系建设共建共享问题，在实践中，天津作为一个城镇化程度较高的直辖市，是有先发优势的，在天津，城乡差别不明显，差别主要体现在区域方面，具体体现为市区、环城区、远郊区以及滨海新区这四个区域，即使是市区，仍存在公共文化体系建设呈现出较优状态的和平、河西、南开与河东、河北、红桥之间的差距。具体的差距体现在公共文化服务设施存量差异比较大，经费保障力度不一，人员队伍建设参差不齐。另外，天津公共文化资源的共享机制不畅通，目前博物馆、图书馆、群艺馆、文化馆等公益性文化机构等成为公共文化服务的供给主体，但是天津市内的工人文化宫、青少年宫、妇女儿童活动中心等虽然隶属于其他部门，但其提供的活动与公共文化服务活动有密不可分的关系，不同部门之间公共文化资源的共建共享意义重大，但是现阶段推动起来难度会比较大。第四，天津市虽然已经建立了天津市公共文化服务体系建设协调组，并出台了协调议事规则，但是能够落地到具体提供文化服务层面的措施还不多，基层的协调工作还有一定难度。构建公共文化服务体系建设协调机制，是构建现代公共文化服务体系的必然要求，是加快政府机构改革和职能转变的必然要求，是加强改革的协同性、提升公共文化服务效能的必然要求。协同是整个社会各股力量的整合、协调起来发挥整体效应的过程。因此应特别强调推动不同部门之间公共文化资源的共建共享的协调机制下沉落地。

4.其他省份的调研

在国家公共文化服务体系示范区创建验收过程中，天津作为东部地区中的一员，与其他东部地区存在不小的差距，较早就已经开始进行公共文化服务地方立法的江苏省、上海市、浙江省有非常多的经验值得天津学习。《保障与促进条例》正式起草前，相关人员赶赴上海、杭州、南京三地，先后对上海市文广局，上海市虹桥社区文化活动中心，浙江省文广局，浙江省文化馆，杭州市拱墅区文化馆、图书馆，江苏省文化厅，南京图书馆，南京博物院进行了走访与座谈，学习上海、浙江、江苏三地在公共文化服务立法方面的经验。

上海市于 2012 年 11 月 21 日通过《上海市社区公共文化服务规定》，该立法具有以下特点：一是明确了社区公共文化服务的政府责任；二是量化了社区公共文化设施的设置标准和服务标准；三是创新社区公共文化设施管理和运行主体相互分离的机制；四是鼓励社会力量参与社区公共文化服务；五是各级政府及文化主管部门主体责任以及量化服务标准做出明确规定。通过与上海市文广局政策法规处、公共文化处管理人员进行座谈，了解上海市社区公共文化服务的创新机制，具体包括社区文化活动中心实施社会化专业化运作的机制、社会力量参与公共文化服务的机制、居民以及第三方对公共文化服务效能的绩效评价机制、基层公共文化设施资源共享机制等问题。同时走访了上海市虹桥街道文化活动中心，实地观察上海社会力量参与公共文化服务的实例，体验数字化在推动公众参与与接受公共文化服务方面的作用。

在开展公共文化服务地方立法工作的进程中，浙江省与天津的进度较相似，正处于立法前的调研过程中。通过与浙江省文化厅政策法规处、公共文化处的管理人员进行访谈，走访浙江省文化馆，杭州市拱墅区文化馆、图书馆，了解浙江省公共文化服务立法的进展情况，并学习浙江省公共文化服务管理经验。以浙江省文化馆为例，其并非全额拨款事业单位，但文化工作开展得丰富多彩，尤其是在"非遗"传承与公共文化服务提供之间搭建了很好的平台，其次，在适度允许开展特色服务上，有一定的探索，建立了实施效果明显的志愿者服务互换机制，通过紧抓大文化建设的背景，面向基层的浙江省文化馆建成了一个综合文化服务平台，有利于各种文化资源之间的共享。

江苏省已经通过了《江苏省公共文化服务促进条例》，该条例是党的十八大以来，在公共文化服务体系建设方面的全国首部地方立法，在增加公共文化服务的有效供给，提高公共文化服务标准化均等化、规范和促进江苏省公共文化服务事业健康可持续发展等方面，具有率先的示范意义，主要突出了以下内容：一是强化了公共文化服务的政府责任，二是推进公共文化服务均等化，三是鼓励社会力量参与公共文化服务，四是提高公共文化产品供给能力。通过与江苏省文化厅政策法规处、公共文化处就《江苏省公共文化服务促进条例》的立法经验进行座谈，实地走访南京图书馆、南京博物院，了解江苏省各级政府及公共文化服务提供者的法律责任、上级财政对基层公共文化服务体系建设转移支付机制、鼓励社会参与公共文化服务机制等。江苏省关于公共文化服务立法的条例被定位为"促进法"，而不是"保障法"，主要原因是江苏省在公共文化服务方面已经解决了保障的问题，基础性的设施、服务提供等方面的规范都已具备，在"十二五"期间主要解决了公共文化设施建设的"有没有"问题，公共文化设施已经形成网络化布局，在"十三五"期间，江苏省公共文化服务工作的定位是提高公共文化服务质量，所以江苏省对公共文化服务的定位为促进法，主要解决服务提供"好不好"的问题，立法的目的是促进省公共文化服务的提升，因此立法方向决定了立法采用"促进"的体例。

（二）对《保障与促进条例》欲解决问题的梳理

天津市公共文化服务体系建设坚持围绕中心、服务群众，已经初步形成了运行有效的公共文化制度体系，公共文化投入稳定增长，公共文化设施逐步覆盖，公共文化产品供给能力不断提升，公共文化服务队伍建设逐步完善，公共文化呈现出整体推进、重点突破、全面提升的良好发展态势，人民群众精神文化生活得到明显改善。但在公共文化服务保障中也逐渐暴露出一些问题，如各级政府在公共文化服务中职能定位不明确、管理体制不顺；基层公共文化设施利用率低、建设与运行机制不规范；公共文化服务供给模式不够灵活、服务供需对接不足、服务效能不高；公共文化服务协调机制不顺畅、公共文化服务经费结构不合理、公共文化服务队伍激励机制不健全、公共文化服务的绩效评价体系不完善等问题，亟须通过地方立法来予以规范。

1.政府承担公共文化服务职能定位不清晰的问题

公共文化服务体现的是"软实力"，缺少立竿见影的效果，难以体现政绩，因而也缺少建设驱动力。公共文化服务属于政府提供的基本公共服务，这是公共文化与其他文化类型、形态相比最突出的特点，也是形成公共文化服务政策体系的理论基础。提供基本公共服务是政府的重要职能之一。对地方政府来说，提供基本公共服务是责任；对辖区居民来说，享受基本公共服务是权利。公共文化纳入基本公共服务体系，从理论上回答了公共文化服务实行普遍均等、惠及全民原则的必要性与合法性，回答了公共文化服务由政府主导，主要由公共财政支撑的合理性与合法性。

首先，天津市在明确职能定位、理顺管理体制方面，建立了比较顺畅的管理体系，以河西区为例，该区在 2014 年即制定了《河西区创建国家公共文化服务体系示范区工作实施方案》，规定了各级政府、部门在公共文化服务体系建设中的职责，并根据《河西区创建国家公共文化服务体系示范区工作问责制度》划分各级政府责任。在示范区创建中河西区逐步依靠制度明晰了政府在公共文化服务提供中的主体责任、监管职责以及服务职责，保障了公共文化服务提供的效能。但天津市其他区文化管理还存在职能界定不清、监管不到位等问题，在人员使用、经费投入、文化服务提供的规范化等方面未形成明确的问责制度。比如，天津市建设"市—区—街镇—村居"四级公共文化服务网络，前三级的公共文化服务管理具有主体职能，而村居的文化服务职能并没有发挥好，村居的文化职能出现断层，文化服务的提供没有下沉到最基层，导致了两个结果：第一，街镇文化站过多承接了直接为居民提供公共文化服务的职能，忽略了自身的组织、协调、培训等重要功能；第二，街镇文化站对村居文化室监管不到位。基于以上实际情况，《保障与促进条例》应明晰各级政府、文化管理部门职责，并积极推动基层公共文化管理职能的构建。

2.公共文化设施建设不足与运行低效的问题

近些年，天津市在市级单体公共文化设施建设与管理方面虽然取得了较为显著的成绩，已经建成了天津市文化中心，部分区县的公共文化设施网络聚合作用得到了充分的发挥，例如河西区文化中心等。但是，天津市"区—街镇—村居"三级公共文化设施普遍存在设施建设总量不足、规划布局不合理等问题，导致这个问题的原因很多：首先，公共文化设施的选址是一个系统问题，非某一个职能部门即可确定的，从而造成了公共文化设施建设选址的难题；其次，街镇综合文化站的用地立项约束，尤其是在涉农区县比较严重，目前涉农区的公共文化设施建设用地大多为乡镇、村集体建设用地，土地性质和土地权属不符合相关政策规定，无法办理相关立项审批。这样，涉农区的公共文化设施建设选址、布局只能以区现有的国有建设用地指标为依据，或采用置换方法，在仅有的国有建设用地上建设公共文化设施。用地约束导致的结果是，公共文化设施的建设只能是哪里有合适的土地，就哪里建，为建而建，而交通可达性、便利性都不再是主要考虑因素。考虑公共文化设施规划布局的难度，《保障与促进条例》应把握在"恰当"的范围内，统一设计天津市公共文化设施规划布局的原则。第三，"街镇—村居"两级公共文化设施管理专业化、规范化问题比较突出，导致公共文化设施的服务效能低，如在某些街镇文化站的后续运营过程中，免费开放所产生的水电暖等费用让基层财政苦不堪言，为了节约运营费用，部分街镇文化站的免费开放时间尽量压缩，以满足最低要求为目标；另一个方面，由于基层工作以"上面千条线，基层一根针"为特征，相比较于精准扶贫、社会治安、民生保障等工作的紧迫性，公共文化服务供给容易被基层排在末位，导致基层公共文化设施管理的专业性、规范性仍有较大的提高空间。《保障与促进条例》应面对以上问题，推动基层公共文化设施的专业化管理，将基层文化活动中心的日常管理和公共文化服务区分开，推动设施管理物业化、设备管理专业化，并进一步规范日常管理。

3.公共文化服务效能低的问题

党的十八大在进一步深化文化体制改革中就强调了"公共文化资源的整合"，以此提高公共文化服务效能。但是不仅是在天津市，甚至是在全国，普遍存在公共文化服务效能低的问题，具体到天津市范围内，可以发现，公共文化资源仍存在着业务重叠、分割管理、资源分散等问题，公共文化资源呈现出条块隔离的现状，公共文化服务供给存在分割管理的现实，致使公共文化服务工作依然表现出"孤岛运行"状态，具体而言，首先，工青妇及科教系统内现存有大量的公共设施，且能够高效提供公共文化服务，但是限于现有"条—块"的管理机制，这一部分公共设施的服务仅限于内部运转，不能对外提供公共服务，现有机制下，公共文化服务仍依靠公共文化体系内的设施提供，在公共文化体系建设总量不能大幅度增加的现状下，可以考虑建立一定的现有公共设施存量向公众提供公共文化服务的机制，将部分系统内部运行的公共设施提供公共文化服务的责任予以法定化，实现公共设施公共文化服务供给的外部循环，扩大公共文化服务供给主体的范围；其次，社会力量参与公共文化服务供给促进机制欠缺，尤其是公共文化服务体系建设引入社会力量参与的机制欠缺，无法有效激发各类社会主体参与公共文化服务的积极性。天津市政府高度重视此项工作，于2016年初制定下发《关于做好政府向社会力量购买公共文化服务工作的实施意见》《政府向社会力量购买公共文化服务指导性目录》。原市文化广播影视局、原市财政局、市新闻出版局、市体育局等部门积极探索开展相关工作，在购买公益性文化活动、支持民营院团及文化志愿服务、创新文化设施运营管理等方面培育了一批政府购买公共文化服务典型示范项目，取得了良好的社会效益，在《保障与促进条例》立法时，应该将相关实施效果较好的政策予以通过立法予以固定，肯定文化类非营利组织在社会力量参与中的地位，以扩大社会购买的主体，同时应鼓励公共文化服务机构在引入社会力量内容上的创新，给予其合法权利，拓宽社会力量参与公共文化服务的渠道，实现制度的法定化；第三，文化工作者属于专业人士，其培养路径单一、投入较大，能够提供较高水准公共文化服务的人士属于稀缺人才，"市—区—街镇—村居"四级公共文化设施单位对于文化工作者的吸引力呈现出逐步减少的趋势，但是"街镇—村居"却是直接面对大量公众的基层单位，现阶段，天津市缺乏市区两级公共文化服务向基层下沉的机制，基层公共文化服务供给水平长期处于低水平自行运转，服务效能差强人意，当然，实践中，如天津市群艺馆在公共文化服务高水准人才下沉方面做出一些探索，具体包括"三六三"循环培训等制度，《保障与促进条例》应对这些有益探索予以适当关注；第四，公共文化供给与群众需求之间的关系，就如同"鸡与蛋"谁先谁后的先后关系一样，无法准确予以甄别，这就容易导致基层公共文化服务供给与需求之间存在偏差，出现此类问题的原因，是基层公共文化服务供需对接机制不健全所导致的，尽管天津市不少基层公共文化单位，如北辰区天穆镇，在探索建立"订单式"居民需求征询制度，但是由于缺乏需求征询机制的法理基础，其约束力不强，实施效果仍建立在领导是否重视的基础上，不能真正的根据居民的需求提供相应的公共文化服务，实现"点对点"的供给，同时，由于公共文化服务的公益性特征，基层公共文化设施单位服务供给的自主性受限，在提供有一定成本投入的文化服务方面，存在诸多顾虑，从而影响扩大文化服务的积极性。基于以上问题，《保障与促进条例》在立法中，可从法律角度强调需求征询机制的约束力，同时给予基层公共文化单位更多的自主权。

三　立法经验总结

文化是一个国家、一个民族的灵魂。让人民群众享有健康丰富的精神文化生活，是建设"五个现代化天津"的重要内容。2016年12月25日，全国人大常委会通过《中华人民共和国公共文化服务保障法》（以下简称《保障法》）。《保障法》的出台，健全完善了我国文化法律制度，为构建现代公共文化服务体系、实现人民群众基本文化权益提供了法律依据。作为一部文化领域基础性、全局性、综合性的重要法律，《保障法》确立了多项制度，这些制度需要在内容、方法、程序等方面加以细化。为此，需要结合地方实际情况，加以完善落实。从天津情况看，近年来，在天津市委的领导下，天津市公共文化服务工作取得了长足进步，积累了不少经验。但按照"三个着力"重要要求，对照天津的城市定位，天津市公共文化服务仍然存在一些不足，于是天津市启动了《天津市公共文化服务保障与促进条例》的立法工作。天津市十七届人大常委会第五次会议审议通过《天津市公共文化服务保障与促进条例》（以下简称《保障与促进条例》），并于 2018 年 11 月 1 日起施行。《保障与促进条例》共 7 章 58 条，主要对公共文化设施建设与管理、公共文化服务提供、保障措施、激励与促进、法律责任等方面做出规定。

　　《保障与促进条例》从立项到审议通过，历时 3 年，立法工作扎实推进，坚持开门立法，深入开展调研，将调查研究作为立法的基础和关键环节，深入全市各区和天津图书馆、天津市群众艺术馆、天津博物馆等公共文化服务机构，全面了解公共文化服务过程中存在的困难和问题，学习已经进行相关立法兄弟省市立法经验，听取立法意见和建议。委托市统计局统计信息咨询中心，对该市涉农区 180 个街镇文化站进行了实地调查，并电话访问了万余名市民，在此基础上形成了统计分析资料。收集整理法律、行政法规、地方性法规、规章、规范性文件等 90 件，参阅其他文献资料 87 篇，为立法工作提供坚实的理论支撑。为提高立法科学性，面向全市高等院校、研究机构公开选聘课题组，将专家学者的外脑优势和原天津市文化广播影视局工作人员熟悉情况的优势有机结合。将调研中发现的相关问题进行归纳与总结，坚持"调研发现问题，立法解决问题"的问题导向机制，征求市公共文化服务体系建设协调组成员单位、各区文化行政部门、街镇村居文化设施单位等的意见，邀请法学、公共文化服务等领域的专家进行座谈讨论，共组织召开座谈会、论证会 7 次，参加人数 71 人，为《保障与促进条例》的修改和完善提供了有力保障。《保障与促进条例》的制定，意味着天津市公共文化服务工作纳入法制化轨道，建立公共文化服务保障机制，做到既保底线、又上水平，从而推动公共文化服务实现高质量发展。在此基础上，正式通过的《保障与促进条例》坚持博采众长，突出地方特色，及时把国家法律要求和外地立法的有效做法纳入该市的地方立法，力争体现公共文化服务的普遍性，及时对标对表，在地方特色上下功夫，突出地方立法的针对性，将立法工作过程作为查找公共文化服务"短板"的过程，在此基础上有针对性地进行制度设计。

（一）明确政府及部门职责

《保障与促进条例》将政府主导作为保障和促进公共文化服务的基本原则之一，明确规定了各级政府及有关部门在公共文化服务工作中应当承担的职责，如《保障与促进条例》第四条规定，市和区人民政府统一领导本行政区域内公共文化服务工作，将公共文化服务纳入本级国民经济和社会发展规划，按照公益性、基本性、均等性和便利性的要求，加强公共文化设施建设，保障人民群众的基本文化需求，提供多样化公共文化服务。第五条规定，市人民政府应当根据国家基本公共文化服务指导标准，结合本市实际需求、财政能力和文化特色，制定并调整本市基本公共文化服务实施标准。各级人民政府及有关部门、相关单位应当按照本市基本公共文化服务实施标准提供公共文化服务。第七条规定，市和区文化主管部门、新闻出版主管部门负责本行政区域内的公共文化服务工作。发展改革、教育、科技、财政、规划、建设、体育等有关部门，在各自职责范围内负责相关公共文化服务工作。

（二）激励与促进社会参与公共文化服务

《保障与促进条例》设置专章，即第五章共 12 条，专门规定激励与促进社会力量参与公共文化服务的机制，鼓励社会力量为公共文化服务的发展注入活力。如第四十二条第二款规定，各级人民政府及有关部门采取政府购买服务、项目补贴等方式，支持社会力量为公众提供免费或者优惠的公共文化服务。具体办法由文化主管部门会同同级财政等有关部门制定。第四十三条规定，市人民政府制定并适时调整政府购买公共文化服务的指导性意见和目录，市和区人民政府应当根据指导性意见和目录，结合实际情况，确定购买的具体项目和内容，并及时向社会公布。第四十八条规定，本市鼓励和引导相关社会组织参与公共文化服务，为公共文化服务提供法律、政策、金融、技术、管理和市场信息等方面的支持。第五十条规定，文化主管部门和其他有关部门应当引导、扶持、规范民间文艺团队健康发展，为参与公共文化服务活动的民间文艺团队提供排练场地、业务指导、艺术培训、信息咨询等支持。第五十一条规定，本市倡导、鼓励自然人、法人和非法人组织参与文化志愿服务活动。参与文化志愿服务活动的志愿者依法享受相关优待。文化主管部门和其他有关部门应当加强对文化志愿服务活动的指导，建立文化志愿者招募、管理评价、教育培训和激励机制，规范和促进文化志愿服务活动，保障文化志愿服务组织和志愿者的合法权益。

（三）加强基层公共文化设施建设

在公共文化设施的范围、信息公开、规划建设、选址布局、管理运营等方面做出了规定，并突出强调通过各种途径加强基层公共文化设施建设，打通公共文化服务"最后一公里"，让文化资源更多地向基层倾斜、向农村倾斜、向普通百姓倾斜。

《保障与促进条例》第二十一条规定，市文化主管部门应当会同有关部门制定基层综合性文化服务中心建设与服务规则，推动基层综合性文化服务中心建设、管理、服务的标准化和规范化。第二十二条规定，乡镇人民政府、街道办事处负责乡镇（街道）基层综合性文化服务中心的管理工作，并确定责任单位负责日常运营工作。村民委员会、居民委员会负责村（社区）基层综合性文化服务中心的管理及日常运营工作。目前，天津市共有 244 个街镇，基本建有综合性文化服务中心，全市共有村居 5158 个，经过近年来的不断推动，基本建有综合性文化服务中心（个别拆迁、村居合并等情况除外），按照 2017 年最新的《天津市村居综合性文化服务中心建设服务规范》要求，村居综合性文化服务中心建筑面积不得低于 300 平方米，经过 2018 年组织各区调研摸底，300 平方米以上村居综合性文化服务中心数量为 1133 个，约占全部村居的 22%。《保障与促进条例》出台后，将做好达标基层综合性文化服务中心验收工作，计划分三年，即 2018、2019、2020，分阶段推动各街镇、村居开展达标基层综合性文化服务中心建设工作，不断提升基层文化设施服务效能。

《保障与促进条例》第三十一条规定，区人民政府应当建立以区文化馆、公共图书馆为总馆、乡镇（街道）基层综合性文化服务中心为分馆、村（社区）基层综合性文化服务中心为服务点的总分馆制，完善数字化、网络化服务体系和资源调配体系，促进公共文化服务向城乡基层延伸。《保障与促进条例》制定和通过期间，截至 2018 年底，全市建成图书馆分馆 138 个、基层服务点 900 个，到 2020 年，全市各区将建立起以区图书馆为总馆，乡镇（街道）综合性文化服务中心为分馆，村（社区）综合性文化服务中心为基层服务点的三级总分馆制服务体系，并继续加大培训力度，通过总分馆制下沉促进公共文化服务向城乡基层延伸。

（四）多措并举推进便民惠民服务

《保障与促进条例》坚持公共文化服务的公益性、基本性、均等性、便利性，在《保障与促进条例》通过前，天津市就已经先后实施推出文化惠民卡、支持高端演出高端展览公益文化普及等公共文化服务购买项目，政府购买开展天津市名家经典惠民演出季、京津冀精品剧目展演、天津市梨园金秋戏曲展演等活动，委托社会力量对天津大剧院进行运营与管理，设立扶持民办和行业博物馆发展专项资金。《保障与促进条例》实施后，天津市将扩大政府购买的种类和数量，扶持民营文化机构发展，建立公共文化机构和民营机构合作机制，通过考核制度促进公共文化精准服务，满足百姓个性化、多样化文化需求，如《保障与促进条例》第四十一条规定，市人民政府应当建立公共文化服务工作定期考核机制和公众满意度测评机制，加强对区人民政府公共文化服务工作的考核。考核和测评结果应当向社会公开，并作为对其进行补贴或者奖励等的依据。本市推动建立公共文化服务第三方评价机制，增强公共文化服务评价的客观性和科学性。

为了确保该条实施效果，天津市专门研究制定《公共文化服务评估验收工作方案》和《公共文化服务评估验收细则》，明确了服务内容、设施标准、人员资金等 52 条指标的具体评估内容和评估办法，通过加大第三方评价机制运用，精准收集需求信息，强化群众评价反馈结果运用，促进公共文化精准服务展。

天津市政府购买公共文化服务现状及提升对策[①]

刘文花[②]　王雪丽[③]

摘　要： 政府购买公共文化服务是转变政府职能的必然要求，也是提高公共文化服务效能的必要途径，能够降低公共文化服务提供的成本，有利于实现公共文化服务供需对接，有助于激发社会活力，实现公共文化共建共享。天津市在政府购买公共文化服务领域取得了良好成效，及时落实中央政策进行有益的制度供给，在实践领域探索形式多样的政府购买方式，为社会公众提供丰富优质的公共文化服务。由于政府购买公共文化服务探索时间较短，天津市在该领域存在着观念相对滞后、能力有待提升、承接主体亟待培育等问题，需要从解放思想入手，通过创新治理理念，不断提高政府能力，培育和壮大文化社会组织和市场主体，推动政府购买公共文化服务不断发展。

关键词： 政府购买　公共文化服务　文化惠民卡　承接主体

---

① 本文系天津市哲学社会科学规划项目（TJGL17-023）《提高天津市公共文化资源利用效能的对策研究》的研究成果。
② 刘文花，天津商业大学，讲师。
③ 王雪丽，天津商业大学，副教授。

一 基本概念界定

（一）政府购买公共服务

政府购买公共服务是指为了公共利益的需要，政府以财政资金转移为形式，通过平等地订立合同契约等方式，向其他组织或者个人购买非营利性和非实物形式公共服务的活动[1]。该定义包含以下几个方面：第一，购买主体为政府，突出政府的主体责任；第二，购买内容为公共服务，即购买的是满足基本公共利益的服务，而不是高层次的、差异化的、个性化的服务；第三，方式为购买，即政府作为"买方"，以市场化的手段，通过平等签订契约的形式获取公共服务；第四，购买对象为组织或个人，组织可以是企业，也可以是非营利性的社会组织，能够提供政府需要的公共服务的个人也能够成为购买对象，组织和个人都可以成为公共服务的承接主体。政府购买公共服务，变化的是政府角色，政府由公共服务的直接提供者，转变为间接提供者，即"购买者"；不变的是政府责任，不论采用何种方式提供公共服务，政府的主体责任不能缺失。

政府购买公共服务发端于西方，20世纪70年代，资本主义国家在经历"二战"后经济社会复苏和快速发展期后，进入发展瓶颈期，即进入"滞涨"时期，由政府财政负担的大量公共服务因面临经济困难而难以维持，为减轻财政负担，提高公共服务效率，以英国为首的西方国家纷纷走上公共服务提供的市场化改革，政府购买公共服务是重要方式。此次行政改革发轫于英国撒切尔政府，美国里根政府紧随其后，继而在澳大利亚、新西兰、加拿大、意大利等西方国家广泛开展。但是，政府购买公共服务并未如最初预期的那样成为解决政府提供公共服务难题的"灵丹妙药"，亦未能持续蓬勃发展，而是呈现出"螺旋式"的发展态势，随着政府改革理论基础的变迁，西方政府购买公共服务实践经历了相似的过程：探索期—高涨期—降温期。20世纪90年代末，随着公共服务理论的兴起，民主价值观回归和公民权利诉求，对追求效率的政府购买公共服务模式提出挑战，西方国家在反思中纷纷出现逆政府购买公共服务浪潮。

我国政府购买公共服务起步较晚，到目前仍处于在探索中发展的阶段。20 世纪 90 年代，中国开始政府购买公共服务的探索，从最初个别领域、个别地方的尝试，到国家层面规范性文件的出台，即走了如下路线：底层突破，顶层确认，再转为政策，继而全面推进。从时间上看，在西方国家政府购买公共服务进入反思阶段时，我国的政府购买公共服务刚刚起步，这与我国的具体国情相关，也给我国带来后发优势。经过二十多年的探索，我国政府购买公共服务不论从顶层设计、法律法规建设，还是在实际操作层面都取得了长足进步，并在持续推进过程中，同时，必须清醒地看到存在的问题：政府观念有待扭转；政府能力有待提升；公共服务承接主体有待培育；法律制度尚有待完善。现实情况表明：第一，当前乃至在未来的相当长的时期内，政府仍是公共服务提供的绝对主体；第二，我国政府购买公共服务的发展空间巨大；第三，完善政府购买公共服务是一个较为长期的过程。

（二）政府购买公共文化服务

《中华人民共和国公共文化服务保障法》（以下简称《保障法》）明确，公共文化服务是指由政府主导、社会力量参与，以满足公民基本文化需求为主要目的而提供的公共文化设施、文化产品、文化活动以及其他相关服务。公共文化服务具有公益性、基本性、均等性、便利性的特征。政府购买公共文化服务是按照市场机制和社会机制的要求，把政府直接向社会公众提供的基本公共文化服务事项，采取项目竞投标、委托运营管理、承办等方式交由社会力量生产和承担，由此实现公共文化产品和服务的优质化供给，保障公民的基本文化权利[2]。《保障法》第四十一条规定：国务院和省、自治区、直辖市人民政府制定政府购买公共文化服务的指导性意见和目录。国务院有关部门和县级以上地方人民政府应当根据指导性意见和目录，结合实际情况，确定购买的具体项目和内容，及时向社会公布。第四十九条规定：国家采取政府购买服务等措施，支持公民、法人和其他组织参与提供公共文化服务。

《保障法》为政府购买公共文化服务提供了法律依据和保障，也是将此前原文化部、财政部、原新闻出版广电总局、体育总局四部委联合制定的《关于做好政府向社会力量购买公共文化服务工作的意见》（2015）提升到法律层面予以确定。

二 政府购买公共文化服务的必要性

党的十八届三中全会提出，要完善文化管理体制，推动公共文化服务社会化发展。十八届四中全会提出，要深入推进依法行政，加快建设法治政府，依法加强和规范公共服务，规范和引导各类社会组织健康发展。政府向社会力量购买公共文化服务，既是深入推进依法行政、转变政府职能、建设服务型政府的重要环节，也是规范和引导社会组织健康发展、推动公共文化服务社会化发展的重要途径，对于进一步深化文化体制改革，丰富公共文化服务供给，提高公共文化服务效能，满足人民群众精神文化和体育健身需求具有重要意义。从实践层面来讲，政府购买公共文化服务的必要性体现在以下方面。

（一）降低公共文化服务提供成本

公共文化服务作为一项重要的社会事业，其经费纳入国务院和地方各级人民政府预算，在预算中安排公共文化服务所需资金，如何实现资金使用效益最大化是政府面对有限的财政预算必须要考虑的问题；公共文化服务是面向大众的，服务对象广泛、群体多样、项目众多，而专（兼）职文化管理员数量有限，用有限的人员和时间去完成大量的、多样化的服务，难以保证服务的高质量，不能做到"专业的人做专业的事"，而且不能保证公共文化服务的决策者发挥应有的作用，使得决策者纠缠于事无巨细、事必躬亲，而无法更好地进行制度供给，影响公共文化事业发展。政府购买公共文化服务，能够实现预算资金的有效利用，能够将专（兼）职文化管理员从琐碎的具体事务中解脱出来，集中精力做好制度供给、服务规划、业务指导等保障性、方向性的工作，从而降低公共文化服务在资金、人员、时间等方面的成本。

（二）提高公共文化服务效能

公共文化服务相对于其他公共服务具有一定的特殊性，它除了具有其他公共服务的经济属性外，还具有社会属性和政治属性，因此对于公共文化服务的效能测定要考虑到它的特殊性，应从满足群众基本文化需求，引导良好社会风尚和强化公民政治认同等方面加以考量。政府作为公共文化服务的直接提供者往往采用自上而下的"供餐制"方式，不能提供更多有针对性地满足群众基本公共文化需求的服务，存在供需脱节现象，群众满意度不高，公共文化服务的效能与投入"性价比"较低。政府购买公共文化服务，可以采用购买第三方服务的方式，通过建立需求征询机制、满意度评价机制、设施建设与服务提供监督机制等，对公共文化服务进行监督评价和效能测定，从而推动公共文化服务发展，提高公共文化服务效能。

（三）激发社会参与公共文化服务活力

政府是公共文化服务提供的主体，但社会力量不应是"旁观者"，社会公众更不应是被动的接受者。通过政府购买公共文化服务，让社会力量充分参与到公共文化服务中来，形成人人参与、人人享受、人人创造的活泼局面，从而满足群众需求，形成良好社会风尚，提高政治认同，不断提升公共文化服务水平，推动公共文化事业发展。

三　天津市政府购买公共文化服务现状

（一）市级政府购买公共文化服务现状

1.法律制度供给

从国家层面来讲，政府购买公共文化服务主要体现在如下法律法规中：2013年9月，国务院发布的《关于政府向社会力量购买服务的指导意见》；2015年1月，中共中央和国务院出台的《关于加快构建现代公共文化服务体系的意见》；2015年5月，原文化部、财政部、原新闻出版广电总局、体育总局发布的《关于做好政府向社会力量购买公共文化服务工作的意见》；2016年12月，全国人大常委会发布的《中华人民共和国公共文化服务保障法》。为了落实中央层面的政策和法律精神，天津市出台了相应的法律制度文件。（见表1）

表 1　天津市落实中央政府购买公共文化服务相关法律法规情况

内容 层级	加快构建现代公共文化服务体系	公共文化法律法规	政府向社会力量购买服务	政府向社会力量购买公共文化服务
中央	《关于加快构建现代公共文化服务体系的意见》2015.1	《中华人民共和国公共文化服务保障法》2016.12	《关于政府向社会力量购买服务的指导意见》2013.9	《关于做好政府向社会力量购买公共文化服务工作的意见》2015.5
天津市	天津市《关于加快构建现代公共文化服务体系的实施意见》2015.7	《天津市公共文化服务保障与促进条例》2018.9	《关于政府向社会力量购买服务管理办法》2014.2（2014年2月13日发布，有效期5年）	《关于做好政府向社会力量购买公共文化服务工作的实施意见》2016.2

资料来源：根据查阅资料自行整理。

天津市于2015年7月出台《天津市关于加快构建现代公共文化服务体系的实施意见》（以下简称《实施意见》），成为全国第二个出台《实施意见》的省市。《实施意见》提出，强化政府对社会力量参与文化建设的支持。建立健全政府向社会力量购买公共文化服务机制，出台政府购买公共文化服务指导性意见和目录，采取政府采购、项目补贴、定向资助等政策措施，鼓励和扶持各类公益性文化机构、社会力量和文化企业参与公共文化服务。同时提出，要创新公共文化服务投入方式，采取政府购买、项目补贴、定向资助、贷款贴息等政策措施，支持包括文化企业在内的社会各类文化机构参与提供公共文化服务，通过完善经费保障机制加以保障。

为落实《关于政府向社会力量购买服务管理办法》，天津市制定了政府向社会力量购买服务指导性目录，其中包括公共文化服务事项（见表2）。

表 2 2014、2015 年天津市政府向社会力量购买服务指导性目录（摘录）

基本公共文化 服务事项	公共文化 （10 项）	公共文化规划与政策研究
		公共文化资讯收集与统计分析
		优秀传统文化与非物质文化遗产保护及传承传播
		公共文化基础设施的管理与维护服务
		公益性文艺演出
		公益性艺术品创作
		文化交流合作与推广
		文物保护的辅助性工作
		群众性文化活动的组织与实施
		其他政府委托的文化服务

资料来源：根据指导目录自行整理。

  《天津市公共文化服务保障与促进条例》对于政府购买公共文化服务进行了明确规定，主要体现在如下条款：第三十九条：各级人民政府可以通过政府购买服务等方式，发挥民间文化团体、文化人才等社会力量的特长和作用，提高公共文化服务水平。第四十二条：本市鼓励和支持自然人、法人和非法人组织通过兴办实体、资助项目、赞助活动、提供设施、捐赠产品等方式，参与提供公共文化服务。各级人民政府及有关部门采取政府购买服务、项目补贴等方式，支持社会力量为公众提供免费或者优惠的公共文化服务。具体办法由文化主管部门会同同级财政等有关部门制定。第四十三条：市人民政府制定并适时调整政府购买公共文化服务的指导性意见和目录，市和区人民政府应当根据指导性意见和目录，结合实际情况，确定购买的具体项目和内容，并及时向社会公布。本市建立由购买主体、财政部门、公共文化服务对象以及第三方共同参与的综合评价机制，加强对政府购买公共文化服务项目的绩效评价。第四十四条：本市通过政府购买服务等方式鼓励社会力量参与公共文化设施运营。运营方应当按照合同约定向公众提供公共文化服务。

  市文化广播影视局、原市财政局、原市出版局、市体育局联合发布的《关于做好政府向社会力量购买公共文化服务工作的实施意见》，附了政府向社会力量购买公共文化服务指导性目录，目录既是对文化部等《关于做好政府向社会力量购买公共文化服务工作的意见》的落实，又体现了天津的具体情况，目录具体如下：

一、公益性文化体育产品的创作与传播

（一）公益性舞台艺术作品的创作、演出与宣传

（二）公益性广播影视作品的制作与宣传

（三）公益性出版物的编辑、印刷、复制与发行

（四）公益性数字文化产品的制作与传播

（五）公益性广告的制作与传播

（六）公益性少数民族文化产品的创作、译制与传播

（七）全民健身和公益性运动训练竞赛的宣传与推广

（八）面向特殊群体的公益性文化体育产品的创作与传播

（九）其他公益性文化体育产品的创作与传播

二、公益性文化体育活动的组织与承办

（一）公益性文化艺术活动（含戏曲）的组织与承办

（二）公益性电影放映活动的组织与承办

（三）全民阅读活动的组织与承办

（四）公益性文化艺术培训（含讲座）的组织与承办

（五）公益性体育竞赛活动的组织与承办

（六）全民健身活动的组织与承办

（七）公益性体育培训、健身指导、国民体质监测与体育锻炼标准测验达标活动的组织与承办

（八）公益性青少年体育活动的组织与承办

（九）面向特殊群体的公益性文化体育活动的组织与承办

（十）其他公益性文化体育活动的组织与承办

三、中华优秀传统文化与民族民间传统体育的保护、传承与展示

（一）文化遗产保护、传承与展示

（二）优秀民间文化艺术的普及推广与交流展示

（三）民族民间传统体育项目的保护、传承与展示

（四）其他优秀传统文化和传统体育的保护、传承与展示

四、公共文化体育设施的运营和管理

（一）公共图书馆（室）、文化馆（站）、村（社区）综合文化服务中心（含城市书吧、农家书屋）等运营和管理

（二）公共美术馆、博物馆等运营和管理

（三）公共剧场（院）等运营和管理

（四）广播电视村村通、户户通等接收设备的维修维护

（五）公共电子阅览室、城市书吧、数字农家书屋等公共数字文化设施的运营和管理

（六）面向特殊群体提供的有线电视免费或低收费服务

（七）公共体育设施、户外营地的运营和管理

（八）公共体育健身器材的维修维护和监管

（九）其他公共文化体育设施的运营和管理

五、民办文化体育机构提供的免费或低收费服务

（一）民办图书馆、美术馆、博物馆等面向社会提供的免费或低收费服务

（二）民办演艺机构面向社会提供的免费或低票价演出

（三）互联网上网服务场所面向社会提供的免费或低收费上网服务

（四）民办农村（社区）文化服务中心（含书屋）面向社会提供的免费或低收费服务

（五）民办体育场馆设施、民办健身机构面向社会提供的免费或低收费服务

（六）其他民办文化体育机构面向社会提供的免费或低收费服务

关于政府购买服务的第三方绩效评估工作，财政部出台了《关于推进政府购买服务第三方绩效评价工作的指导意见》，明确坚持试点先行，于2018—2019年组织部分省市开展试点，通过试点完善政府购买服务绩效指标体系，探索创新评价形式、评价方法、评价路径，稳步推广第三方绩效评价。综合考虑地方经济社会发展及评价工作开展情况等因素，选取天津市、山西省、吉林省、上海市、江苏省、浙江省、河南省、四川省、贵州省、深圳市等10个省、直辖市、计划单列市开展试点。天津市作为推进政府购买服务第三方绩效评

价工作的试点，虽然未能找到专门的落实文件，但是在 2018 年 12 月 29 日发布的《天津市公共文化服务保障与促进条例》中，有关于政府购买公共文化服务项目的绩效评价规定，其第四十三条为：本市建立由购买主体、财政部门、公共文化服务对象以及第三方共同参与的综合评价机制，加强对政府购买公共文化服务项目的绩效评价。2019 年 6 月，财政部综合司在天津政协俱乐部礼堂召开试点省市政府购买服务改革工作座谈会，财政部综合司领导、天津市财政局领导，以及山西、浙江、天津等 13 个省市和 12 个联系点区县财政厅（局）及其他政府购买服务部门有关负责同志约 50 人参加座谈会。财政部综合司领导对试点省市及联系点区县购买服务工作给予了充分肯定，并强调：一是政府购买服务工作要与事业单位改革工作有机结合，要在重点领域有所突破，立足解决实际问题。二是要不断提高政府购买服务工作规范化、制度化管理水平。三是要继续扎实有序推进政府购买服务第三方绩效评价工作，逐步扩大绩效评价项目覆盖面，着力提升财政资金效益和政府公共服务管理水平。说明天津市在政府购买（公共文化）服务第三方绩效评估方面取得了一定成绩，但也有很大的完善空间。

2.市级政府购买公共文化服务实践

为了推进公共文化服务的发展，天津市在落实中央及市关于政府购买公共文化服务政策精神方面积极作为，原市文化广播影视局、市财政局、原市新闻出版局、市体育局等部门积极探索开展相关工作，在购买公益性文化活动、支持民营院团及文化志愿服务、创新文化设施运营管理等方面培育了一批政府购买公共文化服务的典型示范项目，取得良好社会效益。现以"天津市文化惠民卡"（简称"文惠卡"）为代表加以说明。

在国家博物馆举办的庆祝中华人民共和国改革开放 40 年大型展览中，"天津市文化惠民卡"作为全国文惠卡项目的首创者，被选为全国文化体制改革重点经验进行了展示。"文惠卡"项目于 2015 年启动，是面向天津市常住居民发行的实名制会员卡，每人限购一张。市民申领"文惠卡"并充值后，在购买本市相关文艺演出时，除享受一定比例的演出票价优惠外，还可以得到市财政给予的购票补助。市政府基于市民精神文化需求差异化、多样化特点推出的"文惠卡"，通过将财政资金由补贴供给端转向补贴消费端，给予市民直接的购票补助，赋予了群众公共文化服务自主选择权和评价权，有效提高了文化惠民项目的针对性、吸引力和满意度，带动了公共文化服务效能的提升。通过政府财政补贴方式购买公共文化服务，实现政府由"办文化"向"管文化"的转变。自 2015 年实施"文惠卡"项目以来，天津市积极探索财政扶持机制创新，实现了惠民项目与演出市场培育、艺术院团扶持的深度契合。（详见表 3）

表 3　2015—2019 年度天津市文化惠民卡发行情况

年度	文惠卡种类	数量（万张）	补贴金额（元/张）	使用范围
2015	普通文惠卡（自付 100 元）	6	400	11 个市属专业院团的演出门票
2016	普通文惠卡（自付 100 元）	10	400	11 个市属专业院团的演出门票
	郊区文惠卡（覆盖北辰、东丽、武清三个区，自付 100 元）		400	
	学生文惠卡（自付 40 元）		160	
	公益文惠卡（面向持有低保证家庭的中小学生，免费发放）		200	
2017	文惠卡普通卡（自付 150 元）	13.53	350	文惠联盟演出门票；文化旅游、观影、图书加盟企业优惠（可享受优惠，不能用卡内金额）
	文惠卡金卡（自付 200 元）		400	
	郊区文惠卡（覆盖北辰、东丽、武清三个区，自付 150 元）		350	
	学生文惠卡（自付 40 元）		160	
	公益文惠卡（面向持有低保证家庭的中小学生，免费发放）		200	
2018	文惠卡普通卡（自付 150 元）	14	350	文惠联盟演出门票；文化旅游、观影、图书加盟企业优惠（可享受优惠，不能用卡内金额）
	文惠卡金卡（自付 200 元）		400	
	郊区文惠卡（覆盖东丽、武清、蓟州三个区，自付 150 元）		350	
	学生文惠卡（自付 40 元）		160	
	公益文惠卡（面向持有低保证家庭的中小学生，免费发放）		200	

续表

年度	文惠卡种类	数量（万张）	补贴金额（元/张）	使用范围
2019	文惠卡普通卡（自付100元）	22.5	100,累计补贴不超过400	文惠联盟演出门票；文化旅游、观影、图书加盟企业优惠（可享受优惠，不能用卡内金额）
	文惠卡金卡（自付200元）		400	
	郊区文惠卡（覆盖东丽、武清、蓟州、宝坻四个区，自付150元）		350	
	学生文惠卡（自付80元）		220	
	公益文惠卡（面向持有低保证家庭的中小学生，免费发放）		200	

资料来源：根据搜集数据自行整理。

（二）区级政府购买公共文化服务现状

《保障法》第四十一条规定：国务院和省、自治区、直辖市人民政府制定政府购买公共文化服务的指导性意见和目录。国务院有关部门和县级以上地方人民政府应当根据指导性意见和目录，结合实际情况，确定购买的具体项目和内容，及时向社会公布。天津市各区政府在购买公共文化服务领域也进行了积极探索，取得了良好成效。在市级部门的示范带动下，滨海新区、和平、河西、北辰、西青、静海等各区纷纷结合本区实际，制定出台《实施意见》和《采购目录》，多领域尝试探索政府购买服务新模式，将众多公共文化服务项目纳入采购范围，采购了"文化随行—公共文化服务百姓互动数字平台"、外来建设者观影卡、"津湾之夜"和平文化广场惠民演出、郎朗天津城市艺术之旅系列活动、"我的舞台我做主"系列活动、"百场戏曲展演，千场电影放映"送文化下乡活动等一批具有示范作用的公共文化服务产品，形成一套符合群众预期，满足群众需求的政府购买服务工作机制，把公共文化服务的供给从政府的"内循环"转变为市场的"大循环"，有效推动了从"送文化"向"种文化"转变，促进文化本身的横向拉伸和纵向发展。以和平区、河西区、北辰区为例加以说明，这三个区已分别入选第一批、第二批、第三批"国家公共文化服务体系示范区"。

1.和平区政府购买公共文化服务现状

2013 年，和平区经过积极努力创建，被原文化部、财政部批准成为全国首批"国家公共文化服务体系示范区"，依托优越的地理位置、丰厚的历史文化资源和政策资金支持，和平区公共文化活动开展得有声有色、异彩纷呈，但是"做得多，说得少"，公开的宣传报道中，关于政府购买公共文化服务的内容并不多，且未见政府购买公共文化服务领域专门的规范性文件。相关规定散见于其他政策文件中，如《和平区人民政府批转区发展改革委关于和平区 2017 年深化经济体制改革重点工作意见的通知》中明确要求进一步完善全国公共文化服务体系示范区建设，制定完善和平综合性基层文化服务活动中心建设方案。落实基本公共文化服务标准，推进公共文化设施免费开放，加大政府购买公共文化服务力度。2017 年底，《和平区进一步激发社会领域投资活力实施方案》中提出：文化领域遵循政府向社会力量购买公共文化服务指导性目录，鼓励和引导社会力量参与公共文化服务和重大公益性文化活动，捐资助建或独资兴建公益性文化设施，参与文艺创作生产，兴办具有地方特色的文化艺术，特色传统技艺，非物质文化遗产的研习、展示和传承基地。明确责任主体为区文化和旅游局。

2.河西区政府购买公共文化服务现状

2016 年，原文化部、财政部为河西区"国家公共文化服务体系示范区"授牌。以此为契机，河西区将"制定政府购买公共文化服务指导性目录，推行社会化运营模式"写入《关于〈天津市河西区国民经济和社会发展第十三个五年规划纲要〉主要目标和任务分工的实施意见》和河西区"两会"2017 年规划中。

在"国家公共文化服务体系示范区"创建过程中，河西区于 2014 年先后出台了《河西区公共文化产品政府采购办法》和《河西区鼓励和促进社会力量参与公共文化建设和服务的意见》，作为政府购买公共文化服务的制度依据。

在实践领域，河西区积极推进文化体制改革创新，探索构建政府购买文化服务的制度体系，重点采购创作和演出类、社会文化类以及文物博物类三大类产品。向中央民族乐团、中国东方演艺集团等国家级院团购买优质文化服务，签订了《大地情深——国家艺术院团志愿服务走基层合作协议》，购买舞蹈、声乐、器乐等培训讲座。与驻区十大市级文化院团、部分场馆签订了《社会力量参与公共文化服务建设战略合作协议书》《政府向社会力量购买公共文化服务项目合作协议书》，每年购买各类演出门票发给市民群众，并逐年增加投入。与天津国展中心股份有限公司、天津鸿都广告有限公司、天津市高雷图书发行有限公司等文化企业签订合作协议，企业通过工程建设、设施修缮、文物复制、活动协办、冠名、合作、捐赠等方式参与公共文化服务。示范区创建以来，区政府已向社会企业购买优质文化服务数百万元，受益人数近万人。通过建立政府购买的长效机制，推动了区域公共文化事业新发展（2016 年）。2017 年和 2018 年，通过公开招标形式，河西区文化馆分别购买了 2017 年 7 月至 12 月公共文化惠民演出服务项目和 2018 年 3 月至 9 月购买公共文化惠民演出服务项目。

3.北辰区政府购买公共文化服务现状

2019 年，北辰区获批"全国公共文化服务体系示范区"，在示范区创建过程中及获批之后，北辰区在政府购买公共文化服务领域持续发力，在制度建设和实践方面均成效显著。

在制度建设方面，2017 年，出台了《北辰区关于做好向社会力量购买公共文化服务工作的实施意见》，2018 年出台了《北辰区鼓励和引导社会力量参与公共文化服务的工作意见》，作为政府购买公共文化服务的制度依据。

实践方面，2016 年，北辰区采取政府向社会力量购买公共文化服务的形式，在全区进行了文化惠民服务工作试点，得到群众广泛认可。2017 年，北辰区通过公开招标的方式向社会力量购买文艺演出共计 105 场，分为综合类、舞蹈类、曲艺综合类、曲艺相声类、杂技类、音乐类、戏剧类 7 大版块内容，演出送到街镇基层，让百姓体验高水平的公共文化服务。截至 2018 年，区一级累计购买专业院团演出 18 场，购买文艺演出下基层 226 场。除了购买演出活动，北辰区 2018 年购买了天津市北辰区创建国家公共文化服务体系制度设计课题及试点实施管理服务项目，通过引入"外脑"促进公共文化服务体系示范区建设；购买汽车图书馆开展图书流动服务活动项目，为更多百姓输送公共文化服务。2019 年，北辰区继续加大政府购买演出力度，购买"戏曲进乡村、进校园"演出 20 场，"庆七十华诞 颂盛世祖国"文艺演出下基层活动 90 场；购买对文化场馆服务、基层公共文化服务、演出活动等的第三方调查评估服务。

四 天津市政府购买公共文化服务存在的问题

天津市在政府购买公共文化服务领域，无论是政策制度供给，还是实践举措，均取得了良好效果，但与经验丰富、成效显著的地区相比，天津市政府购买公共文化服务领域总体水平还比较低，实施中存在现实困难，需要不断加以完善。

（一）理论研究不足，对实践的指导力欠缺

马克思主义哲学关于理论与实践的辩证关系告诉我们，理论来源于实践，经实践检验正确的理论对实践会产生指导和推动作用，相应的，如果实践缺乏，作为经验教训总结的理论也难以丰富。天津市政府购买公共文化服务面临着理论研究不足的问题，通过知网进行检索，未搜集到关于天津市政府购买公共文化服务的理论研究成果，可能说明如下问题：第一，天津市政府购买公共文化服务尚未纳入学者或者实践界的研究视野；第二，天津市政府购买公共文化服务实践不够丰富，对于理论研究的支撑不够；第三，理论研究水平不高，成果未发表。理论研究不足的事实，使得政府购买公共文化服务缺少了理论指导，增加了实践的难度。

（二）政府治理理念创新不够，制度不完善

政府购买公共文化服务是公共文化服务供给机制的改革，更是政府治理理念的创新，体现着政府的治理能力。在对天津市公共文化服务进行调研发现，政府对于采用市场化手段提供公共文化服务有顾虑，在行动上比较保守，

做法上政府大包大揽。治理理念不创新，工作推动就会遇到阻力，在政府购买公共文化服务领域，天津市的政策制度供给不完备，未建立政府购买各环节的政策制度"回路"，导致既有制度难以落地。

（三）承接主体数量较少，能力不足，亟待培育

政府购买公共文化服务必须以存在有能力承接服务的主体为前提，天津市虽然在政府购买公共文化服务实践中培育了一些文化社会组织，也成立了一些提供文化服务的市场主体，但总体而言，文化社会组织力量非常薄弱，市场主体也难以构成强有力的竞争，政府购买在承接主体方面不能进行充分选择，势必影响购买质量，公共文化服务的提供效果也会打折扣。

五　提升天津市政府购买公共文化服务水平的对策

（一）创新政府治理理念，健全法律制度

转变政府职能，实现多元化公共文化服务供给机制，创新政府治理理念是前提和关键，只有决策者解放思想、担当作为，才能化理想为现实，才能更好地推动工作向前发展。决策者还承担着提供法律制度保障的责任，在政府购买公共文化服务领域，天津市的法律制度供给仍存在欠缺，应尽快建立健全相关法律制度，在这方面上海和北京的做法值得借鉴。2015年3月，原上海市文广影视管理局出台社区文化活动中心社会化、专业化管理相关政策，发布了1个工作方案外加6个配套文件，即《关于推进上海市社区文化活动中心社会化专业化管理的工作方案》和《上海市社区文化活动中心社会化专业化管理服务标准》《上海市关于政府购买社区文化活动中心社会化专业化服务的参考流程》《上海市社区文化活动中心社会化专业化管理主体资质标准》《上海市社区文化活动中心社会化专业化管理监督管理办法》《上海市社区文化活动中心社会化专业化管理费用参考》《上海市社区文化活动中心全权委托管理服务合约参考文本》[3]。北京市海淀区在政府购买公共文化服务

领域出台了《海淀区公共文化活动项目评审办法（试行）》《海淀区公共文化活动补贴资金管理办法（试行）》《海淀区公共文化活动项目质量评价体系》和《关于促进社会力量参与公共文化服务的实施意见》[4]。上海市和北京市海淀区在政府购买公共文化服务的各个环节均实现了有章可循，为实施服务购买提供了较为完备的法律制度保障。

（二）提升政府能力，完善运行机制

在政府购买公共文化领域，政府是责任主体，其主体责任不仅在政策制度供给方面，更重要的是要有落实政策的能力。通过完善运行机制，构建政府、市场、社会共同参与的公共文化服务供给机制；在政府购买中，要建立科学、顺畅、高效的全流程运行机制；在购买方式和手段上，要体现机制的灵活性与多样性。比如，上海市社区文化活动中心实行托管制，包括部分委托管理和全委托管理两种模式。部分委托管理就是街道（镇）政府将社区文化中心部分场地设施的物业委托社会专业机构管理，或者将部分活动项目委托专业机构承办。如浦东新区金桥镇社区文化活动中心采用项目委托的方式，将健身房、舞蹈房、游泳馆等设施服务项目的运营交给专业公司，采用"政府购买、公益服务、市场运营"的方式进行管理。全委托管理就是街道（镇）政府通过购买服务的方式委托社会专业机构对社区文化活动中心进行专业管理，签订托管协议，明确双方职责。重庆市沙坪坝区从 2012 年 3 月 1 日起，开始实施"城市惠民电影 365"活动，向社区低收入群体免费发放由政府统一采购的电影消费券，由群众自行选择时间、影片，享受影院同质同期观影服务，这在全国尚属首例。沙坪坝区的文化惠民电影消费券是政府使用凭单制购买公共文化服务的尝试，采用先消费后结算机制向承接主体购买公共文化服务，是对政府购买公共文化服务的流程再造。宁波市采用政府政策支持、场馆补贴、活动补助等多种方式，通过建设民办博物馆、支持民办博物馆提供公共文化服务的形式实现政府对公共文化服务的购买[5]。

（三）培育承接主体，实现竞争选优

2016 年发布的《天津市人民政府办公厅印发贯彻落实国务院关于大力推进大众创业万众创新若干政策措施意见任务分工的通知》，第一条即为"进一步转变政府职能，增加公共产品和服务供给，为创业者提供更多机会"，同时提出，"加大创新产品和服务的采购力度，把政府采购与支持创业发展紧密结合起来"。政策的落实会实现政府与市场主体的"双赢"，为政府购买创造更多优质文化服务的承接主体。2018 年底发布的《天津市社会组织孵化基地建设管理暂行办法》为社会组织的健康有序发展提供了政策依据和制度保证，也为承接公共文化服务的社会组织的成长与壮大提供了契机。只有具备充足的优质的承接主体，才能形成承接主体间的竞争，政府在进行购买时才会有更多的选择，不会被有限的承接主体"绑架"，或者形成体制内的垄断。

总之，天津市在政府购买公共服务领域已经具备了基本的法律制度依据，进行了大量有益的实践尝试，积累了经验也存在着差距。为提升政府购买公共文化服务的水平，政府在"我要购买"上须解放思想，积极作为；在"购买得好"上应提高能力，勇于尝试；在"向谁购买"上，要培育主体，竞争选优。

参考文献

[1] 王丛虎、易志坚：《厘清政府购买公共服务的认识误区》，《中国政府采购报》2014 年 7 月 1 日第 4 版。

[2] 伍玉振：《政府购买公共文化服务的价值诉求与路径选择》，《四川行政学院学报》2016 年第 5 期。

[3][5] 荆晓燕、董劭伟：《社会力量参与基层政府公共文化服务的实践创新与经验启示》，《中共青岛市委党校（青岛行政学院）学报》2018 年第 1 期。

[4] 杨兆辉：《全流程监控：政府购买公共文化服务管理的海淀经验》，《中国文化报》2018 年 7 月 26 日第 6 版。

服务效能视角下，天津市公共文化服务考核评价制度设计与实践①

王瑞文　王　哲　霍朋朋②

摘　要： 本文从提高公共文化服务效能角度，对天津市公共文化服务考核评价制度进行研究。本文介绍了考核评价制度的设计思路，阐述了天津市公共文化服务体系建设实地评价指标体系和群众满意度调查问卷的内容，并通过这两种评价方法所得出的评价结果分析天津市各区公共文化服务效能，针对天津市在公共文化设施建设的均衡性、投入产出的效率、公共文化服务的效果等方面存在的一些问题，提出了合理配置公共文化服务资源实现公共文化设施的有效覆盖，完善服务需求征询机制提高公共文化服务能力，系统应用多元化评估方法的建议，以提升天津市公共文化服务效能。

关键词： 公共文化　考核评价　服务效能　制度设计

公共文化服务是我国基本公共服务的重要组成部分，公共文化服务效能是公共文化建设的核心和重点，《关于加快构建现代公共文化服务体系的意见》（中共中央办公厅〔2015〕2 号）明确将提高公共文化服务效能作为现代公共文化服务体系建设的重要任务，并提出以效能为导向制定政府公共文

———————————

① 本文系天津市艺术科学规划重点项目 "天津市公共文化服务体系建设保障机制研究"（项目编号 E16041）的研究成果。
② 王瑞文，天津商业大学公共管理学院，教授；王哲，天津商业大学公共管理学院，硕士研究生；霍朋朋，天津商业大学公共管理学院，硕士研究生。

化服务考核指标，完善公共文化服务评价工作机制。本文以天津市近年来逐步建立的公共文化服务考核评价制度为研究内容，分析考核评价指标体系的设计思路和评价方法，并通过考核实践结果对天津市公共文化服务效能进行分析，提出提升天津市公共文化服务效能和完善公共文化服务考核评价制度的建议。

一　问题的提出

（一）公共文化服务效能

1.相关概念

（1）公共文化服务

公共文化服务的概念一直都有实践视角和理论视角的不同定义，实践中党和政府对其定义偏重于对提供公共文化服务的总结，重视服务的具体内容，列举了为保障人民群众看电视、听广播、读书看报、进行公共文化鉴赏、参与公共文化活动等基本文化权益的，由政府主导、社会力量参与提供的各种基本文化服务；学术界的理论视角对公共文化服务的定义则明确公共文化服务的提供主体、对象、目的、方式等，更具有规范性、长期性和稳定性。《中华人民共和国公共文化服务保障法》（以下简称《保障法》）第二条对公共文化服务进行了法律规定，采用了与学术界相一致的更为系统的定义：公共文化服务是指由政府主导、社会力量参与，以满足公民基本文化需求为主要目的而提供的公共文化设施、文化产品、文化活动以及其他相关服务。

（2）服务效能

服务效能较多出现在行政管理实践中，与政府效能、行政效能等概念相近，从字面理解，"效"可以是效果、效率、效益的统称，"能"是指能力，因此，"效能"是指要取得的效果及其为了达到目标所需要具备的能力。服务效能则更多体现政府机关实现的行政目标，以及完成各项工作应具备的制定和执行公共政策的能力、整合资源的能力、维护社会公正的能力等。学术界对于公共服务效能研究主要集中在三种角度，即：从公共服务过程中的非物质特性角度、从内部管理的角度以及基于成本效益的角度[1]。这三种研究角度基于不同的理论基础进行分析，采用的研究方法也不同，但公共服务与社会公众的日常生活联系紧密，其对社会的重要程度不能仅关注过程质量或结果质量，需要从多角度展开，结合不同研究领域、依据不同理论基础，采用不同研究方法，才能为提升相应公共服务效能提供切实可行的理论依据和实践指导。

在公共文化服务领域，《保障法》中两次提及服务效能：第一章总则第四条，明确县级以上人民政府应当加强公共文化设施建设，完善公共文化服务体系，提高公共文化服务效能；第二章公共文化设施建设与管理第二十三条，要求各级人民政府建立有公众参与的公共文化设施使用效能考核评价制度。提高服务效能是党的十八大以来对公共文化服务体系建设提出的要求，是公共文化服务体系建设的努力方向和重点任务。

2.服务效能评估的维度

公共服务效能的评价可以从提供公共服务的过程效能和产生的公共服务结果效能两方面着手。过程效能的评价可以来源于服务受众，也就是公众对政府部门提供公共服务过程的满意度评价；结果效能的评价则可以是公共服务为公众提供的实际利益，比如实际的投入和产出，当然也包括政府提供公共服务的能力，即功能维度和技术维度两方面。因此，公共服务效能不仅包括了对投入产出等数量层面的评价，也包括了对结果、效应和能力等品质层面的评价，其中既有可以定量化的客观测度，也包括了定性的对服务价值的主观判断[2]。

国内研究者对公共服务效能的评价研究多采用绩效评价的表述方式，绩效评价是对政府向公众提供公共服务的绩效水平和服务能力的评价。与传统的绩效评价相比，目前的绩效评价关注能力与绩效之间的匹配度，更加关注服务能力所产生的最终效益，即对公众基本需求的满足程度和基本权益的保障程度。政府公共服务绩效评价的价值多元化导向也切合了公共服务效能评价的基本内涵。比如，蔡立辉提出评价指标体系的价值取向包括效率、能力、服务质量、公共责任和公众满意度，实际操作中则对业绩、质量、水平、效率、社会影响和公众的反应进行评估[3]。诸大建提出的公共服务绩效的评价方法主要包含效率的客观测量和公众满意度的主观感知两方面，公共服务绩效评价指标的选择趋向多元化，包括效率、效益、结果、公平等指标[4]。姜晓萍、郭金云提出科学发展、公平正义、公共责任、公民参与、公民满意是公共服务绩效评价的五维价值基础[5]。

总结学者们的研究，公共服务效能评估应该体现政府能力、效率、效果和效益的有机统一，并从主观和客观两个方面进行评价。其中主观评价应体现公共服务过程中由公众所感受到的政府服务能力和服务结果；而客观评价应为可量化的指标体系，包括政府在提供服务过程中投入的人力、资金、设施设备等，以及提供服务的数量和质量，通过这些量化指标衡量公共服务的效能。比如通过投入指标分析服务的基本条件和基础，通过服务投入与提供服务数量的比值分析效率，通过服务行为活动产生的各种利益或社会效应和影响来分析效果和效益。

（二）公共文化服务考核评价制度

1.公共文化服务考核评价制度设计要求

与公共服务效能评估相同，对公共文化服务效能的评估最终体现在公共文化服务考核评价制度的设计中。公共文化服务考核评价制度的设计一方面来源于政府提供公共文化服务的实践需求，另一方面也是开展公共文化服务的法律要求。《保障法》除第二章第二十三条规定的建立公共文化设施使用效能考核评价制度外，第五十六条规定，各级人民政府应当加强对公共文化服务工作的监督检查，建立反映公众文化需求的征询反馈制度和有公众参与的公共文化服务考核评价制度，并将考核评价结果作为确定补贴或者奖励的依据。这是法律对公共文化服务的监督检查制度设计要求，从过程管理的角度来看，公共文化服务考核评价制度是公共文化服务提供的事后评价程序。

2.天津市公共文化服务考核评价现状

在建立公众参与的公共文化服务考核评价制度方面，天津市已经形成了比较完善的公共文化服务考核评价体系。为贯彻落实《关于加快构建现代公共文化服务体系的实施意见》（津党厅〔2015〕35号）文件精神，推进全市现代公共文化服务体系建设工作，天津市公共文化服务体系建设协调组在"十三五"期间对全市各区县贯彻落实《实施意见》情况开展评估验收工作。2016年开展了第一次评估工作，并于2017年委托第三方开展了对基层公共文化服务中心的暗访抽查，通过各种方式的监督检查，保障天津市现代公共文化服务体系建设目标的实现。2018年继续对各区开展第二次评估工作，并在已有制度框架下，进一步完善了公共文化服务质量监测体系。首先对考核方案进行了修订，完善《天津市基本公共文化服务实施标准第三方评估验收细则》；其次，研究制定了2018年公众满意度指标，形成天津市公共文化服务群众满意度调查问卷；另外，制定针对基层公共文化服务设施建设与服务的达标验收工作方案，通过大规模的暗访抽查获得真实准确的数据资料。通过以上三种类型的考核评价形成完善的公共文化服务考核评价制度，并将考核评价结果作为各区公共文化服务经费收入分配及负责人奖惩的重要依据，通过以上一系列的制度构建，完善了天津市公共文化服务的监督检查制度。

二 天津市公共文化服务考核评价制度的设计

考核评价制度的设计是以《天津市基本公共文化服务实施标准（2015—2020）》为指导，以参与式治理理论为基础，以服务效能为绩效评估目标，构建公共文化服务的绩效评估体系，这对于满足基层民众日益增长的文化需求，促进社会主义文化建设，实现和谐社会目标，具有重要的现实意义和长远的战略意义。

（一）评估主体

评估主体与被评估对象存在着内在联系，往往评估主体的需求或期望是被评估对象的行为导向。因此在某种意义上说，谁是评估主体，谁就具有了话语权，被评估对象就对谁负责。随着新公共管理运动的兴起和发展，社会公众评估政府绩效的模式备受推崇和广泛流行，这种评估模式强调社会公众作为政府绩效的评估主体，强调公众满意度评估的权重，体现了顾客至上和结果导向的价值取向。我国公共文化设施的建设和公共文化服务的提供是以政府为主导，根据《保障法》对各项制度的设计思路，明确考核评价制度的建立主体是各级人民政府，但考核评价的实施必须有公众参与。为保证评估的客观公正，一般应采用第三方机构实地评估和群众满意度测评两种方式开展评估。

（二）评估对象

在公共文化设施建设方面，天津市各类公共文化设施单位自行制定了使用效能的考核评价作为单位内部绩效管理依据。公共文化设施是政府主导建设，各公共文化设施管理单位负责运营和管理，为了更好地发挥公共文化设施的作用，激发公共文化设施管理单位不断提高公共文化设施运营和管理水平的热情，应建立由政府主导的公共文化设施使用效能的考核评价制度。在公共文化服务提供方面，根据我国行政组织结构的形式，天津市文化和旅游局作为文化行政主管部门，负责对全市各区的公共文化工作进行管理监督，除市级所属文化事业单位外，其主要行政命令执行者是全市各区级文化行政主管部门，因此评估对象为全市16个区政府。为了增加评估的可操作性，对公共文化服务的各类提供主体进行分类，将各区评估对象细分为区文化行政主管部门、区文化馆、区图书馆、区内各乡镇政府和街道办事处、各村居委会，以及区内提供公共文化服务的各类公共设施管理单位。

（三）评估方法设计

公共文化服务评估是保障全市推进全市现代公共文化服务体系建设工作顺利实施的有力手段，应制定科学可行的评估方法和操作程序。评估可以采用年度评估或阶段评估的方式，评估最终结果实行百分制评价。对于考核评价结果应用的规定，其目的是改进工作和提高服务质量，是一种发展性的考核评价，应充分考虑通过考核评价发现问题并找出解决问题的方法，因此在考核评价制度的总体设计上，应当向社会公开评估结果，并作为对区政府进行补贴或者奖励的依据。

1.实地评估指标体系设计

实地评估是由具备专业水平的评估专家组对评估对象开展实地调查评估的一种方法，一般通过资料查阅和实地走访的方式，对评估对象进行客观评价。在实地评估中，评估依据的指标体系设计是最关键内容，指标体系是一种用于统计、指导、评估公共文化服务的数据或选项，指标体系具有描述、监控、责任和行为说明、确认文化服务有效性并揭示原因等功能。天津市公共文化服务体系建设协调组制定了《2018年天津市基本公共文化服务实施标准评估验收细则》，该细则是天津市公共文化服务体系建设保障机制的重要组成部分。

（1）评估项目的确定

评估项目也叫作评估模块，根据效能评估的理论研究，在实际操作中将公共文化服务评估项目分为四类：基本公共文化服务项目、基本公共文化设施条件、人员保障、经费保障。这四类中第一类基本公共文化服务项目是反映提供公共文化服务的能力，另外三类设施条件、人员和经费则反映了政府在公共文化服务上的投入。在掌握各评估对象公共文化服务投入和能力的客观数据的基础上，可以通过分析二者之间的关系测算评估对象的投入产出效率情况。

（2）评估指标的提取

《国家基本公共文化服务指导标准（2015—2020）》对公共文化服务项目与内容、实施标准进行了指导性规定，天津市制定了本地区的基本公共文化服务实施标准。评估指标的设计应遵循实施标准，但随着公共文化服务体系建设的不断推进，为适应不断出现的新现象、新问题可对评估指标进行适当调整。一般评估指标的制定应遵循SMART原则，即指标应该明确具体、可以衡量、可获得、现实可行和具有时限性。遵循这样的设计原则，《2018年天津市基本公共文化服务实施标准评估验收细则》规定了四大类评估项目之下的一级指标和二级指标共57条，见表1所示：

表 1 天津市 2018 年公共文化服务实施标准评估指标

大类	一级指标	二级指标
一、基本公共文化服务项目	1.借阅书刊	各级场馆提供借阅服务及方式
		区图书馆人均新增藏书
		区图书馆流动服务
		街镇藏书与阅读服务
		村居藏书与阅读服务
		街镇室外宣传设施
		区图书馆少数民族/盲人阅读服务
	2.收听收看广播影视节目	应急广播、广播节目、电视节目
		农村数字电影放映
		中小学生爱国主义电影
	3.参加文体活动	区文化馆开展群文活动
		街镇文化站开展群文活动
		村居开展群文活动
		区文化馆辅导团队、街镇村居文化团队建设
	4.进行文化鉴赏	区、街镇文艺演出与节目
		区博物馆（含纪念馆、美术馆）或非遗展示馆展览
		区图书馆展览
		区文化馆展览
	5.开展公众教育	区文化馆、街镇文化站培训教育
		区图书馆公益讲座
		区博物馆等教育活动
	6.提供数字服务	区级公共文化机构网站、WIFI、移动终端
		区级图书馆、文化馆电子阅览室建设
		文化共享工程综合入户率、数字资源
		区数字图书馆数字资源量
	7.免费开放设施	区、街镇、村居三级设施免费开放时间
		区体育设施免费开放
		区工青妇等单位免费开放
	8.特殊群体服务	区文化馆、体育馆特殊群体活动
		区文物建筑或博物馆门票减免
二、基本公共文化设施条件	1.公共图书馆	设立区图书馆、区图书馆面积
	2.文化馆	设立区文化馆、区文化馆面积
	3.博物馆、美术馆	设立区博物馆、美术馆
	4.体育场馆	设立区体育场

大类	一级指标	二级指标
		区全民健身活动中心建设
	5.镇街综合文化站	设置街镇文化站
		标识明显、管理规范
		面积及功能室配置
		室外活动场地体育设备配置
	6.村居综合文化服务中心	设置村居文化中心
		标识明显、管理规范
		面积及功能空间
	7.新闻广电设施	广播电视台建设
	8.流动文化设施	区流动服务车配备
	9.无障碍设施	各级无障碍设施配备
三、人员保障	1.区	区级两馆工作人员配备
	2.街镇	街镇工作人员配备
	3.村居	村居购买公益岗配备人员
	4.人员培训	区、街镇组织文化管理员、村居文化组织员培训
四、经费保障	1.经费安排	区、街镇公共文化设施免费开放，经费及时足额拨付
		街镇公共文化服务专项资金拨付
		村居公共文化服务专项资金拨付
		资金管理办法齐备、政府购买
	2.经费执行	区、街镇免费开放经费专款专用
		街镇公共文化服务专项资金使用
		村居公共文化服务专项资金使用
		区人均文体传媒经费投入

（3）指标权重的确定

评估指标权重是确保评估体系科学性的关键因素，2018年评估指标权重的设计之初采用了层次分析法基本确定各指标权重，为保持政策的连贯性和操作可行性，又采用小型座谈会形式，召集公共文化管理专家与文化行政主管部门管理专家以及公共文化设施管理单位专家进行专项座谈，采用头脑风暴法集合集体智慧，修正评估指标权重，最后通过对历年数据资料的整理，使用相关软件进行隶属度分析、辨别力分析以及主因子分析，确定了最终的评估指标权重。相比 2016 年评估指标，2018 年指标权重调整比例达到 62%，最为显著的变化是突出了对天津市近年来出台文件执行情况的考核，结合图书馆和文化馆总分馆制建设、基层设施达标验收工作，加大对基层提供公共文化服务能力和服务质量考核指标权重。比如对设施免费开放时间、对街镇和村居文化服务中心面积和功能室设置、管理规范性等指标增加权重；在人员保障方面，也对文化管理人员的培训考核指标加大权重。

（4）指标标准的设计

评估标准与评估指标往往是同时进行的，指标解决的是考核"什么"的问题，标准解决的是做得"怎样"或"多少"的问题，二者相互对应。2018年指标体系对每一项二级指标都制定了"评估标准说明"，并针对不同的公共文化设施单位，设定二级指标下的三级评估指标说明。比如：第一大类基本公共文化服务第三项一级指标"参加文体活动"，对"街镇文化站开展群文活动"明确了评估标准是"考核文体活动的数量、规模和效果：街镇独立主办文体活动场次不低于 30%；开展的 52 次活动中，根据乡镇（街道）历史传统、节庆、重要集会以及群众需要，组织具有一定规模的综合性群众文体活动不少于 6 次；组织开展针对残疾人、未成年人、老年人和外来务工人员等特殊群体的文体活动不少于 2 次；组织单项群众体育活动不少于 6 次，并开展'全民健身日'活动"。这类标准的设计结合描述性标准和量化标准，能够比较精确地描述指标需要达到的要求和标准。

（5）评估等级的确定

在评估等级的设计方面，各项指标均设计"优良、合格、不合格"三个等级标准，可以为各区进行自评提供指导。在专家实地评估中，进一步在三等级内采用 1—10 分值的连续计分方法，结合定量评价与专家定性评价，并突出达到"优良"等级的质量评价导向。比如，第一大类基本公共文化服务第三项一级指标"参加文体活动"，对"街镇文化站开展群文活动"的优良等级要求是"100%街镇文化站年组织文体活动 52 次以上，活动规模大、效果好、内容丰富，符合各类活动次数要求，各街镇独立主办文体活动场次 16次以上，各街镇有自己特色的文化活动品牌"。在实地评估中，专家根据开展活动场次、独立主办活动场次、活动质量给出 8—10 分的评价。最后采用因素计点法计算各区该项指标的得分及加权总分。

以上由评价指标、指标权重、评估标准、评估办法、评估等级几个部分构成了完整的评估指标体系，并形成了《2018 年天津市基本公共文化服务实施标准评估验收打分细则》下发给各区。

2.群众满意度调查问卷设计

参与式治理并不否定传统的"自上而下"评估体系，而是在传统的评估体系下增加基层群众评估，同时将年终评估与日常评估结合起来。公众满意度是反映公共文化服务效果的最终方式，任何类型的公共服务都必须以满足人民群众需求为根本出发点，因此将公众对公共服务的满意度作为衡量公共服务绩效的最终标尺。评价方法可以采用问卷调查和抽样访谈等主观评价方式，但是由于满意度调查有不易量化、成本高昂等特点，许多指标体系在实际应用中都刻意回避满意度调查指标，我国在公共服务领域也没有建立起满意度调查的常态化机制。

天津市在群众的公共文化服务满意度调查方面做了有益的尝试，2018 年天津市公共文化服务体系建设协调组委托第三方对全市公共文化服务情况进行了群众满意度访问，调查问卷设计包括甄别问卷和主体问卷两部分，甄别问卷主要了解被调查者所在区及性别年龄等基本统计学变量，并设置了样本控制题项"是否去过本区范围内的公共文化场所"进行样本数的筛选；主体问卷按照天津市公共文化服务体系建设要求，对居民能够感受或参与的公共文化服务内容进行了设计：在公共文化服务投入方面，调查居民对所在区的文化设施建设满意度；在公共文化服务提供方面，分别调查居民者对所在区提供的图书借阅服务、参与的群众文体活动、文化鉴赏活动、公益性培训教育活动、各类场馆开放时间、针对特殊群体提供的公共文化服务的满意度，这六方面内容能够涵盖居民享受到的各类最基本公共文化服务；最后还设计了调查居民对公共文化服务的总体效果满意度的题项，了解每位被调查者最主观的判断。每题答案设置 6 个选项"满意、比较满意、一般、不太满意、非常不满意、不了解"，并针对回答"不太满意、非常不满意"的被调查者询问不满意原因。

三 天津市 2018 年公共文化服务效能分析

（一）实地评估结果分析

1.评估对象定义

为便于数据分析，将天津市 16 个区以 Q1-16 代码进行标识。

2.服务效能指标定义

按照服务效能评估所定义的维度，将《细则》设计的第一大类指标"基本公共文化服务项目"定义为"服务能力"；第二大类指标"基本公共文化设施条件"定义为"设施投入"；第三大类指标"人员保障"定义为"人员投入"；第四大类指标"经费保障"定义为"经费投入"。

3.实地评估结果

下表 2 对天津市 16 个区的服务能力、设施投入、人员投入、经费投入、总投入，以及总得分进行了比较，其中总投入根据设施、人员、经费进行了加权求总。为便于比较，各项数据进行了百分制处理。

表 2　天津市各区公共文化服务评估项目情况表

区	总分	服务能力	设施投入	人员投入	经费投入	总投入
Q1	89.6	93.8	86.7	100.0	68.2	85.8
Q2	82.8	86.8	73.3	91.7	81.8	79.2
Q3	91.5	90.9	97.3	94.2	75.5	92.1
Q4	78.5	88.3	68.0	68.3	76.4	69.8
Q5	82.5	88.3	72.7	88.3	78.2	77.4
Q6	77.0	80.2	65.7	80.0	90.9	74.2
Q7	83.0	80.4	83.7	90.8	83.6	85.3
Q8	93.6	89.8	98.0	98.3	92.7	97.0
Q9	83.0	88.5	75.7	77.5	85.5	78.1
Q10	88.8	90.2	83.7	92.5	92.7	87.5
Q11	83.9	86.6	81.0	90.8	72.7	81.5
Q12	81.0	83.8	75.3	80.0	85.5	78.5

区	总分	服务能力	设施投入	人员投入	经费投入	总投入
Q13	93.6	95.1	87.3	97.5	100.0	92.3
Q14	75.2	78.1	72.3	82.5	62.7	72.6
Q15	79.5	86.0	85.7	69.2	46.4	73.8
Q16	76.7	77.4	73.0	75.0	85.5	76.0
平均	83.8	86.5	80.0	86.0	79.9	81.3

（1）均衡性分析

①天津市各区公共文化服务体系建设存在一定的不均衡，总分相差近20分；得分最高的区可以达到优秀，基本实现了构建现代公共文化服务体系的2020目标；最低分的区虽然能够考核合格，但未能达到优良标准。

②市内六区和远郊六区的不均衡现象较为严重；环城四区建设较为均衡。

③各区总体投入的不平衡程度大于各区服务能力的不平衡程度。其中设施投入、人员投入差距为30分，经费投入差距超过50分，个别区经费投入未能合格。

④服务能力不平衡主要表现在远郊区，最高分和最低分同时出现在远郊区。

⑤设施投入的不平衡主要表现在市内六区与其他区的差距上，主要囿于市内土地资源的稀缺，因而在设施建设面积指标得分较低。

⑥人员投入的不均衡没有规律性，各区在人员配备和培训等方面政策灵活度、执行力度不一。

⑦经费投入的不均衡反映在市内六区普遍较低，环城四区较高，远郊区出现两极分化现象。

（2）投入产出分析

投入产出效率是分析各区公共文化服务效能的一个方面，下表3分析了服务能力/资源投入数据，即各区在基本设施投入、人员投入和经费投入三个方面，能够提供给群众的公共文化服务的数量和质量。

表 3　天津市各区公共文化服务资源投入与服务能力比

区	服务/设施	服务/人员	服务/经费	服务/总投入
Q1	1.08	0.94	1.38	1.09
Q2	1.18	0.95	1.06	1.10
Q3	0.93	0.96	1.20	0.99
Q4	1.30	1.29	1.16	1.26
Q5	1.22	1.00	1.13	1.14
Q6	1.22	1.00	0.88	1.08
Q7	0.96	0.89	0.96	0.94
Q8	0.92	0.91	0.97	0.93
Q9	1.17	1.14	1.04	1.13
Q10	1.08	0.98	0.97	1.03
Q11	1.07	0.95	1.19	1.06
Q12	1.11	1.05	0.98	1.07
Q13	1.09	0.98	0.95	1.03
Q14	1.08	0.95	1.24	1.07
Q15	1.00	1.24	1.85	1.17
Q16	1.06	1.03	0.91	1.02
平均	1.08	1.01	1.08	1.06

该表反映出全市各区各类资源投入及总投入与所提供的公共文化服务的关系，总体来说，天津市公共文化资源投入产出率较高，服务效能较高，三类投入的平均值均大于 1，即政府在已投入的设施设备、人力保障、资金保障方面，提供了比较合理的公共文化服务。

为分析各区公共文化服务投入产出效率情况，用雷达图对上表的数据进行分析。见图 1 所示：

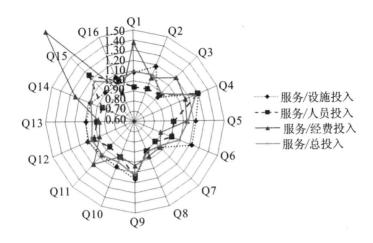

图 1 天津市各区资源投入与服务能力产出效率雷达

图中的服务/总投入图形，出现了明显的凹陷，三个区出现总投入产出率小于 1 的情况，与表 1 数据对比，这三个区中有两个区总得分达到优秀，由此可以分析得出，其得分较高的原因主要是政府在资源上的大力投入，比如充足的经费保障、人员保障，以及完善的公共文化设施建设，但同时也说明了在这样较为完善的资源投入下，如何为群众提供更加优质的服务，增强服务供给能力，应是今后继续努力的方向。另外，总投入产出率最高的区达到1.26，其设施投入产出率为1.29，人员投入产出率为1.30，均为全市最高水平，但表 1 所示，该区在评估中总得分较低，未能达到良好等级，这一方面说明该区总体资源投入的严重不足，另一方面也反映了在现有资源条件下，提供了比较优质的公共文化服务，其服务效能是值得肯定的。因此，情况相似的各区政府应在公共文化服务资源保障方面引起高度重视，加大基础投入，解决设施建设、人员保障和经费保障问题，这样公共文化服务体系建设成效将会有显著提升。

（二）群众满意度调查结果分析

第三方调查机构在全市 16 个区共调查获得了 1600 份有效样本，每个区100 份样本，受控制题项和选项的限制，各题项有效样本数量不同。根据调查问卷设计，将调查内容分为设施建设、服务提供、服务效果三项指标，经过数据处理后获得各区满意度调查总得分，如下表 4 所示：

表 4 天津市各区公共文化服务群众满意度调查情况

区	设施投入	服务提供	服务效果	最终得分
Q1	90.00	91.60	90.61	91.19
Q2	84.44	91.26	87.37	89.54
Q3	86.20	89.62	86.12	88.42
Q4	87.88	90.81	87.96	89.89
Q5	90.60	94.88	89.49	93.38
Q6	86.60	91.64	87.47	90.18
Q7	92.60	94.52	94.08	94.15
Q8	93.00	97.22	95.40	96.32
Q9	86.26	92.18	88.80	90.75
Q10	93.74	95.67	95.40	95.34
Q11	94.00	94.80	94.14	94.58
Q12	92.32	94.65	92.73	94.00
Q13	89.90	93.77	90.80	92.74
Q14	90.82	93.81	90.00	92.75
Q15	86.33	89.86	85.20	88.38
Q16	87.80	85.86	89.00	86.65
平均	89.53	92.75	90.30	91.86

天津市居民对公共文化服务满意度较高，全市平均分 91.86。比较居民对公共文化设施和服务的满意度，以及主观感受到的服务效果满意度，见下图 2 所示，各区的服务提供满意度普遍高于设施满意度，说明各区需要进一步加强公共文化服务设施建设；服务效果满意度与设施建设满意度相关性强，居民更加主观地以设施建设的优劣判断其服务效果；而通过数据处理后得到的总体满意度分值则与居民对服务提供的满意度程度相关性较高，总体高于居民对设施建设的满意度和个体感受到的服务效果满意度。

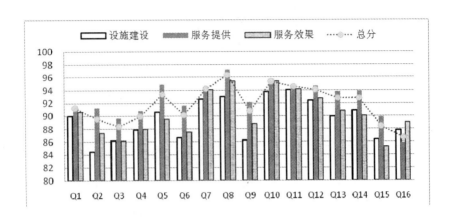

图 2　天津市各区居民公共文化服务满意度分项比较图

（三）专家实地评估与群众满意度调查结果比较分析

公共文化服务效能可以体现在政府提供的设施和服务数量及质量上。数量的评价可以通过评估人员实地走访和查阅资料获得，专家实地评估是进行公共文化服务数量评价的主要方式。而质量评价则需要主观判断，一方面可以由实地评估人员通过实地走访获得主观感受，另一方面由服务对象来进行主观评价是最重要的，通过进行问卷调查，获得服务对象感知到的能够满足自身需求的服务程度的信息，也就是通过群众满意度调查获得公共文化服务质量评价的信息。理论上讲，设施设备越完善、服务活动数量和种类越多越好，多样化的公共文化服务设施和活动才能满足群众不断增长的多元化文化需求。因此，政府提供的公共文化服务越完善，群众的满意度就应该越高，公共文化服务效能也就越高。也就是说，专家实地评估结果应与群众满意度调查结果相一致，才说明政府提供的各类公共文化服务收到了应有的效果。

为此，本文对实地评估和满意度调查数据进行了比对分析，由于满意度调查仅对群众能够感受的几项指标进行调查，比如设施满意度和群众参与各类活动满意度，因此选择实地评估中的设施投入和服务能力数据与满意度调查中的设施建设和服务提供数据进行比较，将 16 个区的两组数据进行标准化处理，分析各区实地评价和满意度调查的差异值，处理结果如下表 5 所示：

表 5　天津市各区公共文化服务设施建设与服务提供评价指数表

区	设施建设（投入）指数			服务提供（能力）指数		
	实地评价	满意度调查	差异值	实地评价	满意度调查	差异值
Q1	0.65	0.58	−0.07	0.93	0.51	−0.42
Q2	0.24	0.00	−0.24	0.53	0.48	−0.05
Q3	0.98	0.18	−0.80	0.76	0.33	−0.43
Q4	0.07	0.36	0.29	0.61	0.44	−0.18
Q5	0.22	0.64	0.43	0.61	0.79	0.18
Q6	0.00	0.23	0.23	0.16	0.51	0.35
Q7	0.56	0.85	0.30	0.17	0.76	0.59
Q8	1.00	0.90	−0.10	0.70	1.00	0.30
Q9	0.31	0.19	−0.12	0.63	0.56	−0.07
Q10	0.56	0.97	0.42	0.72	0.86	0.14
Q11	0.47	1.00	0.53	0.52	0.79	0.27
Q12	0.30	0.82	0.53	0.36	0.77	0.41
Q13	0.67	0.57	−0.10	1.00	0.70	−0.30
Q14	0.21	0.67	0.46	0.04	0.70	0.66
Q15	0.62	0.20	−0.42	0.48	0.35	−0.13
Q16	0.23	0.35	0.12	0.00	0.00	0.00
平均	0.44	0.53	0.09	0.51	0.61	0.09

在设施建设和服务提供方面，全市总体实地评价和满意度调查差异值均为0.09，即两个评价项目的群众满意度略高于实地评价，可以说明两种评价方式结论基本一致。在设施建设方面，两种评价方式差异值在正负0.2之间的共有5个区，这5个区的实地评价与满意度调查基本一致；差异值大于0的共有9个区，超出全市半数；差异值低于−0.2的有三个区，其中差异值最低为−0.8，其实地评估结论远高于满意度调查结果。以上数据说明，除个别区外，全市各区在公共文化设施建设方面的群众满意度较高，设施投入的总体效果符合群众对设施建设能力的认同。在服务提供方面，两种评价方式差异值在正负0.2之间的共有6个区，这6个区的实地评价与满意度调查基本一致，差异值大于0的也有9个区，差异值低于−0.2的有三个区，最低为−0.43，总体来看，实地评估结论略高于满意度调查结果。以上数据说明全市各区在公共文化服务提供方面的群众满意度较高，

公共文化服务能力符合群众对服务提供的满意度，服务效果较好。

对于使用两种评价方式出现的差异值较大的区，应值得注意。根据下图 3 所示的设施指数和服务指数的两种评价组合图显示，左下方出现两种评价指数负向差异值均高于 0.4 的区，偏离平均值较多，直观来看，该区的实地评价名次较高，但满意度评价却是倒数，说明该区虽然拥有较强的设施建设优势，提供服务能力也较强，但与居民的期望程度还有一定差距。具体分析出现这一结果的原因，主要是由于其辖区内拥有更为丰富的市级各类公共文化场所，相对而言，辖区内居民对本区的公共文化服务需求更为多元化，要求提供的服务更为精准，其满意度与实地评价就产生了较大的差异。反观图中位于右上方区域的四个区，均为涉农区，这四个区的设施建设均存在较严重的区域内不平衡，服务提供能力差异也较大，因此实地评价分数普遍较低，但居民对本区的满意度却较高。这一结论也反映了我国城乡二元结构导致的城乡差距使得城市居民和农村居民在公共文化服务享受方面的较大差异，城市居民依托资源、地域、设施和人才等方面的聚集优势，已经享有了较之农村居民更为丰富和优质的公共文化服务，相应的其需求更高，保基本的公共文化服务已经难以满足其差异化需求，因此需要创新服务形式，提供更为高效的服务。而农村居民在公共文化服务体系建设中，所享受的公共文化服务有了很大的改善，从无到有，从少到多，天津市的公共文化服务体系已经在保基本方面有了显著成效，今后继续完善设施建设、提高服务质量，并且继续提升群众满意度方面还有更多空间。

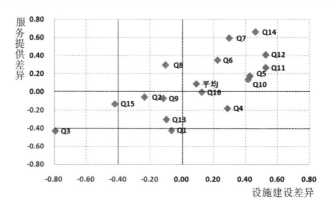

图 3　天津市各区公共文化服务设施建设与服务提供评价指数对照图

四　提升公共文化服务效能的建议

通过对天津市公共文化服务体系建设考核评价制度的整体设计分析和实践的应用，考核评价结论符合当前天津市公共文化服务实际情况，并能够反映出在公共文化服务体系建设中存在的一些问题，尤其是两种评价方法所反映出的服务效能问题及原因，本文针对以上分析，提出提升天津市公共文化服务效能的几点建议。

（一）合理配置公共文化服务资源

根据实地评价结论显示，天津市各区公共文化服务体系建设的资源投入还存在一定差距。由于地域、经济发展、文化传统等方面的差异而带来的城乡公共文化服务差距问题，应得到逐步改善。要坚持资源下移，重视基层公共文化服务，促进公共文化服务均等化。各区政府要结合考核评价的实地评估和群众满意度测评在设施建设、人员投入、资金投入方面进行均等化建设，将服务中心下移、责任下移，全面落实各区公共文化服务实施标准，以标准化促均等化。考核评价结果显示，通过国家公共文化服务示范区建设的各区，在资源投入上具有明显的优势，提供服务能力也得到了显著提升，但在服务效果的提升方面还有更大的空间。而受限于土地资源的市内各区和受限于地理位置的边远郊区，在公共文化设施投入方面应注意推进资源整合，尤其是基层公共文化设施的共建共享，以形成公共文化建设合力，解决公共文化服务资源的分散和不均衡问题。在基层设施建设上，以区域面积和服务人口数为依据，综合考虑公共文化设施服务半径和群众文化需求特点，有针对性地开展固定设施、流动设施和数字文化服务，实现公共文化设施的有效覆盖，以此提高整体服务效能。

（二）提高公共文化服务能力

依据《天津市基本公共文化服务实施标准》建立的公共文化服务评价体

系，要求各区按照实施标准提供的八类公共文化服务项目和内容，反映了各区公共文化服务的提供能力。从评价结果来看，天津市各区在服务提供方面明显优于设施建设，群众对组织开展的群文活动、文化鉴赏、公益性培训教育、场馆免费开放等方面的满意度都较高，资源投入与服务能力产出也较高，说明全市在公共文化服务管理的规范化、标准化方面取得了一定的成绩，通过完善的制度建设和监督评价机制，为服务效能提高提供了制度保障。但从主客观两种评价方法的差异值分析中，也反映出存在的公共文化产品与群众需求脱节问题，专家评价高分与群众满意度的低分说明公共文化服务提供中存在的主观倾向，应强化公共文化服务中的群众主体地位，以人为本，立足民需。要加快建立公众需求反馈机制，加强对群众公共文化服务需求的调研，重点加强群众对基层文化需求的了解，作为各区提供公共文化服务内容的主要依据。同时各区是否开展了需求反馈征询也可以作为今后完善和考核公共文化服务的一项指标。当然，公共文化服务提供的按需配送，也要注意其价值导向，文化管理部门应区分群众的"需要"和"想要"，为群众提供的应是保障人民群众基本文化权益和基本文化需求的公共文化服务，提高公共文化服务的针对性和时效性。

（三）系统应用多元化评估体系

开展公共文化服务评估的作用是为了改善当前服务绩效，被评估对象只有真实准确了解自身实际工作绩效，才能够合理制定工作目标，创新工作模式，提高服务效能。因此了解掌握评估指标体系，是被评估对象确定工作目标的最有效途径。那么针对评估方法和评估结果，评估主体和评估对象都应该进行系统的思考，以制定更加合理的评估制度，保障公共文化服务体系建设的方向。最早的政府行政效能评价应用客观指标居多，之后主观指标受到了青睐，比如《保障法》规定的"公众参与的公共文化服务考核评价制度"，反映了政府责任机制的重大变革。但是主观指标存在很多局限性，比如公众的评价能力是否专业；其价值观念是否准确；对于权利公正问题的不了解等，因此主观评价在实际操作中具有特殊局限性。在天津市开展的公共文化服务体系建设考核评价中，已经综合运用了专家实地评价和群众满意度评价两种评价方式，按照权重赋值后的结果作用于全市各区的综合排序分等。但是由于评价主体的不同，两类评价的内在指标逻辑有很大区别，对于这种客观评价和主观评价的划分，应该承认两种评价结果并不总是一致的。本文的研究也表明，客观（实地）评价认为的服务提升并不一定带来居民主观满意度的提高，验证了周志忍（2015）[6]提出的居民的主观满意度常常受到如个体对于服务质量的感知程度、接受服务的经历，以及居民对公共服务期望与实际情况的差距的影响。本文开展的研究对两类评价方式进行了比较，但并没有将比较结果应用于排序分等，仅仅解释了个别评估对象在两种评价方式下结果不一致的原因，这种比较方法所得出的结论可以揭示影响公共服务效能低的原因。而综合应用主观客观指标进行评价的平衡着力点应是合理确定相对权重，以及对评价结果的差异化处理。总体来说，以结果为导向的客观指标体系设计应该是评价的主要手段，满意度调查的主观评价应该发挥其对客观评价指标的改进作用和对评价结果的诊断功能。

参考文献

[1] 马宝君，张楠，谭棋天.基于政民互动大数据的公共服务效能影响因素分析[J].中国行政管理，2018 年第 10 期。

[2] 孙浩，徐文宇.社会组织承接公共服务效能评价指标体系的构建[J].统计与决策，2017 年第 10 期。

[3] 蔡立辉，旭红，国宪.绩效管理理论及其实践研究[J].学术研究，2013 年第 5 期。

[4] 诸大建，王欢明.公共服务绩效评价的价值取向、评价方法和评价指标[J].上海市经济管理干部学院学报，2013 年第 2 期。

[5] 姜晓萍，郭金云.基于价值取向的公共服务绩效评价体系研究[J].行政论坛，2013 第 6 期。

[6] 周志忍.政府绩效评估中主观客观指标的合理平衡[J].行政论坛，2015 年第 3 期。

全民阅读推动公共文化服务效能
提升典型经验

王　雪　杨文索　杨　奕　高海晶　王雪飞①

摘　要： 为深入学习贯彻习近平新时代中国特色社会主义思想、党的十九大精神及习近平总书记提出的"坚持以人民为中心，促进基本公共服务共建共享""要提倡多读书，建设书香社会"等相关要求，结合《公共文化服务保障法》《中华人民共和国公共图书馆法》等相关法律法规的颁布实施及市委、区委相关工作部署，更好肩负起和平区"举旗帜、聚民心、育新人、兴文化、展形象"的使命任务，和平区立足于示范区创建，在推进公共文化服务体系建设、满足多元化的分层阅读需求基础上，充分利用区内资源和优势，不断创新阅读推广活动的内容和形式，努力提升全民阅读工作的层次和水平。

关键词： 全民阅读　公共文化服务　效能提升

一　共建、共享、共促，全民阅读迎来契机

和平区是我国近代中西文化融合的窗口和北方民俗文化发祥地之一，先后荣获"全国文明城区""全国文化模范区"等三十余项国家级荣誉。2013

---

① 王雪，天津市和平区文化和旅游局党委书记、局长；杨文索，天津市和平区文化和旅游局党委副书记、副局长；杨奕，天津市和平区图书馆助理馆员；高海晶，天津市和平区文化和旅游局公共服务科科员；王雪飞，天津市和平区少年儿童图书馆助理馆员。

年，和平区经过积极努力创建，被文化部、财政部批准成为全国首批国家公共文化服务体系示范区。一段时间以来，和平区再接再厉，不断深化巩固国家公共文化服务体系示范区创建成果，坚持创新发展，优化区域布局，整合区域资源，形成了高密度、便捷化、全覆盖的公共文化设施网络，提高了人民群众的获得感。

和平区不仅经济发展迅速、环境优美，而且历史文化底蕴丰厚，公共文化设施一应俱全。党的十九大报告指出，要完善公共文化服务体系，深入实施文化惠民工程，丰富群众性文化活动。近年来，和平区以习近平总书记对天津工作提出的"三个着力"重要要求为纲领，大力加强公共文化服务体系建设，不断加大文化惠民工程投入，坚持把社会效益放在首位，较好地满足了居民群众多元化、多层次的精神文化需求，极大丰富了人民群众的精神文化生活，初步建成了网络健全、结构合理、发展均衡、运行有效、惠及群众的公共文化服务体系。

（一）不断夯实基础，力促公共文化服务建设均衡化

和平区始终把群众共享文化发展成果作为建设国家公共文化服务体系的落脚点，着力促进公共文化服务建设均衡化，立足基层、面向群众，不断丰富公共文化产品，打造区域特色品牌，创新配送方式，扩大供给领域范围，充分保障了群众的基本文化权益。

一是打造和平区"五分钟文化圈"，持续加大公共文化设施建设力度。初夏的夜晚，走进睦南公园，你会发现凉亭中合唱队唱起了《永远跟党走》；广场上居民群众在音乐声中翩翩起舞；花坛旁传来悠扬的二胡声……这是和平区群众文化活动的一个缩影，在不到 10 平方公里的和平区内，有着 100 多处各类文化设施，居民在家门口就能享受到优质的公共文化服务。和平区先后建成和平文化艺术中心及天津市体育博物馆、中国金融博物馆、五大道博物馆、和平区非物质文化遗产展览馆等共计 21 家博物馆组成的博物馆群及"廉润初心"文化传播推广中心等文化地标；打造了一座集读、阅、听、看、娱乐等功能于一体，藏书标准化、设施现代化、形式多样化的少年儿童图书

馆；中华曲苑、南市红楼会馆等一批文化项目也相继落成；正在改造八一礼堂为新的和平文化中心。全区 6 个街道文化站"一街一景"，各具特色，64个社区分别建立了文化活动室，这些公共文化设施构成了方便快捷、全面覆盖的公共文化服务网络。

二是为特殊群体提供"暖心"文化服务。各类公共文化设施均设置了方便残障人士以及老年人、少年儿童的活动区域和服务项目。区图书馆设立少儿活动阅览室、全市首家盲人"爱心阅览室"，配备盲文阅读设备和文献，设置专用计算机设备。区少儿图书馆结合青少年儿童思想道德建设和青少年儿童特点，组织开展"阳光阅读——和平区中小学生读书系列活动"，举办"和平杯"全国连环画创作大赛、"和平杯"全国读书硬笔书法大赛等一系列特色品牌赛事，针对外来务工人员子女这类特殊群体创办"小雨点智慧营地暨小雨点滋润流动花朵项目"，荣获中国图书馆学会第二届图书馆未成年人服务论坛案例项目二等奖和天津市 2016 年寒假"快乐营地"百项优秀活动项目。区文化宫专为外来务工人员子女服务的"圆梦·爱心"艺术学校获"全国农民工文化服务示范项目"称号；专为视障人员服务的"心目影院"文化志愿服务项目获"全国基层文化志愿服务活动优秀项目"奖；组织"葫芦烙画"、手工编织等特色活动，为残障人士搭建了才艺展示和就业平台。全区每年举办的各类公益文化活动中，专为农民工和外来务工人员举办的公益演出、电影放映等活动就多达百余次。

三是重视"红色文化"传播。和平区依托中共天津历史纪念馆、中共中央北方局旧址纪念馆等天津市爱国主义教育基地，引导广大干部群众学习革命历史、弘扬优良革命传统，用革命先烈的英勇事迹提振自律自强、奋发为的精气神，让红色文化成为广大干部群众团结一心、干事成事的强大精神动力，在建设"品质和平"中起到了重要作用。

（二）加强科技融合，力促公共文化服务数字化

公共文化服务数字化是在信息化、网络化环境下文化建设的新平台、新阵地，具有内容海量、辐射面广、传输速度快、服务便捷等优势，和平区积

极探索利用现代科学技术提升公共文化服务效能，展现了文化服务数字化的特有魅力，为广大人民群众提供了更加便利高效的公共文化数字化服务。

一是文化数字化惠民便民。实施文化信息共享惠民工程，建设公共数字文化平台，区内实现了公共文化服务数字化。通过科技手段，既方便文化交流和信息共享，也提高了群众参与文化活动的便捷性。平台上线以来，举办了"和平好声音""津味儿吆喝"及"厉害了我的国""网络书香过大年"等线上活动。建立"非物质文化遗产保护数据库"，将非物质文化遗产的挖掘整理、保护利用与科技相融合，创新方式方法保护、传承优秀传统民间文化。

二是坚持文化设施共建共享。依托"互联网+"模式，2017年开始在区内商场、楼宇、学校、景区、酒店、机关单位等人员密集场所设立"和平共享书吧"，目前已经建成30个，积极投放各类主旋律、正能量的书籍书刊，市民可将带有"共享书吧"标记的图书在全区任何一个借阅点随意借还。同时，还研发App，提高"共享书吧"便捷性和使用率，借助二维码、移动终端等多种先进科技形式对书籍漂流路径进行定位追踪，根据受众人群及需求有针对性地不断丰富投放的书籍品类，不断扩大"共享书吧"作为文化载体的社会影响力。形式多样的线上线下体验，深受市民青睐。

（三）满足群众需求，力促公共文化服务供给多样化

习近平总书记在十九大报告中明确指出，我国社会主要矛盾已经转化为人民日益增长的美好生活需要和不平衡不充分的发展之间的矛盾，而人民群众对于精神文化的需求便是其中之一。在新时代，和平区全力打造特色公共文化品牌活动，互联互通公共文化设施，力促公共文化服务供给多样化，努力满足人民群众的精神文化需求。

一是打造特色品牌活动，活跃群众文化生活。"要想当名票，参加和平杯"，这是对和平区群众文化活动的一个著名品牌——"和平杯"京剧票友邀请赛的赞誉。这朵闻名华夏大地、盛开在海河之畔的艺苑奇葩，二十多年来长盛不衰。自1991年创办以来，"和平杯"京剧票友邀请赛已经成功举办了十三届成人赛事和七届少儿赛事，成为我国公共文化服务领域一道亮丽的

风景，在中国京剧史上写下浓重一笔、留下光彩一页，它推出的二百名"中国京剧十大名票""十小名票"，有力地促进着全国业余京剧活动的开展。每届"和平杯"的颁奖晚会都由中央电视台现场录制，引起很大反响。此外，针对地区群众文化需求，依托传统节日和民俗文化资源，和平区还精心打造了多个特色文化品牌，包括"和平杯"新年音乐会、"和平杯"曲艺票友邀请赛、"和平杯"全国连环画创作大赛、"和平杯"全国读书漫画大赛、"和平杯"全国读书硬笔书法大赛、"和平杯"楹联大赛、中国·天津"五大道"旅游节、"津湾之夜"文化惠民演出、和平纳凉晚会、"和平之春"社区文化艺术节等十余项知名文化品牌活动，充分彰显了和平特色，丰富群众文化生活。大力弘扬廉洁文化，打造廉洁文化项目品牌，举办廉洁漫画原创作品展和文艺展演，打造"廉润初心"文化传播推广中心，大力宣扬和平区廉洁文化建设，积极营造廉洁文化氛围。据统计，和平区每年开展特色品牌文艺活动100余场，受众10万人次，各项活动的规模和影响不断扩大。

二是公共文化设施互联互通，全部实现免费开放。在街道和社区完善以区图书馆为中心馆，街道图书馆为分馆的总分馆制，在全市率先实现了市、区、街三级馆藏图书通借通还，7个街道分馆全面实现通借通还，实现书目数据与天津图书馆书目数据无缝对接，基层服务点达到相应建设标准。实现"三馆一站"及街道、社区公共文化设施全部免费开放，设立"24小时自助图书馆"，实现全天候服务。区图书馆、文化宫、"非遗"馆、纪念馆实现无障碍、零门槛进入，基本服务项目实现全部免费开放。全区各级公共电子阅览室软、硬件配备完善，区属图书馆和各级电子阅览室，保障每周开放时间不少于56个小时。和平文化宫、各文化站（室）每周开放时间不少于48小时。

（四）强化长效机制，力促各项工作规范有序常态化

和平区始终坚持把强化长效机制，促进各项工作规范有序常态化作为巩固公共文化服务体系的突破口，着力在"三个一"上下功夫。

制定实施一批支持政策，制定《和平区创建国家公共文化服务体系示范区规划》，配套制定《和平区创建国家公共文化服务体系示范区规划实施计

划》《关于加强和平区街道综合文化站建设的实施意见》《和平区文化工作重大行政决策事项专家咨询论证制度》《和平区公共图书馆总分馆制建设实施方案》等 30 多项政策措施，为实现创建规划目标提供政策保证。

形成一套完善组织体系，即积极开展体制机制创新，完善和平区公共文化服务体系组织机构。形成政府统一领导，文化部门分工负责，工青妇等群众团体大力配合，社会大众热情参与的管理运行机制。构建了主要领导具体负责、创建办牵头协调、职能部门和各街道按照分工予以落实的运行机制。区群众文化工作委员会自 1957 年成立至今，在组织指导全区文化社团开展群众性文化活动方面发挥了重要作用。

建立一项以"需求—供给—反馈"为基本形式的工作机制，即坚持把服务基层情况和群众满意度作为重要考核指标，建立完善各项规章制度和监督管理体系。建立适合区情的分级考核机制，制定对区级公共文化服务机构和文化事业单位的绩效考核办法，并设立专职管理员，对直属文化单位和街道、社区服务基层和群众情况进行考核。引进社会公众测评机制，结合文明城区建设和为民服务月等活动，通过随机向居民发放问卷调查，定期对各文化单位服务情况进行公众测评，促进了全区公共文化服务水平和质量的提高。建立完善公众参与公共文化服务运营机制，设立居民文化需求反馈卡，有针对性地提供文化服务，群众的参与热情和满意度不断提升。

然而在取得成绩的同时，我们也清醒地认识到，公共文化服务体系的建设和完善是一项长期的系统工程，只有起点，没有终点。和平区自示范区创建成功后持续推进公共文化服务体系建设，但是对照新标准、新要求仍存在一些不足之处和薄弱环节，如还需要持续推进文化设施建设，以及仍需加强公共文化人才队伍建设等，特别是在提升公共文化服务效能方面还需进一步加强。随着国家公共文化服务体系示范区创建成功，和平区公共文化服务体系逐步完备，特别是硬件方面的问题逐渐得到解决，但从长远看，如何通过开展全民阅读活动进一步助推公共文化服务效能的提升成为和平区公共文化服务体系建设的当务之急。

二　互联、互动、互通，全民阅读多措并举
提升公共文化服务效能

（一）总分馆建设四级联动，夯实体系

根据市、区下发的关于总分馆制建设相关文件精神，结合 2019 年 20 项民心工程相关要求，为构建现代化公共文化服务体系，促进全民阅读，进一步加快以和平区图书馆为总馆、以街道社区为分馆的总分馆建设，和平区结合市文旅局（原市文广局）、市新闻出版局、市体育局、市发改委及市财政局联合下发的《关于推进天津市区级文化馆图书馆总分馆制建设的实施意见》等相关文件，特制定《和平区公共图书馆总分馆制建设实施方案》，预计到 2020 年，建立起以区图书馆为总馆，街道综合性文化服务中心为分馆，社区综合性文化服务中心为基层服务点的三级总分馆制服务体系。截至目前，和平区已建成 7 家街道分馆，64 家基层服务点。其中，所有分馆均已配齐 3000 册可供于全市通借通还的图书。预计到年末，各基层服务点将再于各点位分别配备 550 册可供读者阅览的图书，并按照市、区相关文件要求为其订阅报刊共计 12 种，届时各基层点可阅览书籍将达到 1500 册；此外，将为具备条件的分馆配备盲人助视机及点读机，为特殊群体提供阅读服务；还将于总分馆及基层服务点配备装有数字资源的平板电脑设备，便于读者进行电子阅读，真正意义上在全市范围内率先实现了"市—区—街—社区"四级联动的总分馆制，为市民阅读打通了公共文化服务的"最后一公里"。

（二）五个一路径打造品牌，助力体系

在中共和平区委、区政府及区委宣传部的大力支持和指导下，和平区开启"书香满和平——'和平杯'文化阅读之旅"活动。活动自开展以来通过打造一张"书香和平卡"、构建一套全民阅读长效运营机制、引入一批优质阅读文化生态要素资源、建立一支广泛活跃文化领读志愿者团队、创建一套

和平区文化地标评选体系，形成了"五个一"实现路径。活动自 2018 年 4 月举行新闻发布会，累计聘请领读大使 20 名，启动"书香和平智慧领读"志愿者服务计划，成立了以街道读书楷模张立中为队长的领读志愿者大队、二十余支领读志愿者分队，共计招募领读志愿者 300 余名，创建十家特色品牌书吧、举办百场读书会、挂牌百家文化驿站以及开展纪念五四运动 100 周年朗诵会、"书香端午诗意粽情"读书征文比赛、"'非遗'读书月""一带一路"天津国际诗歌节、"一轮明月一家亲"民园中秋之夜及"祖国礼赞"庆祝新中国成立 70 周年系列活动等各类区域品牌特色活动，真正形成全区共建、全民参与的局面，达到千册图书分享、万人共享阅读的效果，将全民阅读推广和文化惠民引向深入。

自 2019 年 5 月召开"书香满和平"领读志愿者誓师大会，并启动"书香和平智慧领读"志愿者服务计划以来，以街道读书楷模张立中为队长的领读志愿者大队，带领二十余支领读志愿者分队中领读志愿者三百余名，按照计划依托街道社区、共享书吧及文化驿站等阵地，先后于民园广场、睦南道花园、金街、先农大院等和平特色景点及公共文化场所开展"星空夜读"等各类领读志愿者活动及相关特色文化活动，旨在通过户外读书活动，带动夜间文化休闲和夜间经济，陪伴户外阅读成长，真正实现阅读推广活动由室内走向室外，由社会走入家庭，助推夜间经济、打造国际文旅，以文化惠民、文旅共融发展的优异成绩向中华人民共和国成立 70 周年华诞献礼。2019 年 8 月更是召开"百日大会战总动员"，进一步调动领读志愿者及街道社区、各文化驿站积极性，通过评星定级的方式激活志愿服务向基层纵深发展。一批批领读志愿者深入社区基层开展一系列的公益文化活动和读书会，让书香飘进千家万户，将文化滋润人们的心田。

（三）共享书吧盘活各资源，完善体系

为加快构建和平区现代公共文化服务体系，有效整合公共文化资源、提高公共文化服务效能、促进优质资源向基层延伸，满足人民过上美好生活的新期待，按照全市总分馆制建设的安排部署，在现有条件下，和平区经过调研、统

筹规划，已建成和平共享书吧共计 30 个。和平共享书吧覆盖面广泛，走进机关、覆盖校园、打造楼宇、进驻商场。其中天津音乐厅、和平国税局等分馆的落成标志着总分馆制行业分馆建设取得新突破，鹤寿养老院书吧和政协分馆创立了共享书吧走进养老院、走进机关的新模式。新落成的共享书吧坚持按需定供，在保证图书种类丰富的基础上，充分结合各个共享书吧特色进行配书。

此外，和平区图书馆积极在全区教育系统开展构建公共图书馆总分馆的相关工作，为各学校分馆试点配备专职联络员，全力配合总馆各部门在天津一中、耀华中学、天津市第十九中学等设立分馆，并深入校园为广大师生免费办理免押金图书证，极大地便利了广大师生的书籍借阅，鼓励倡导广大师生不断丰富自身的课外阅读生活，获得了广大师生的一致好评。

（四）少儿阅读深入各领域，充实体系

1.走进校园，读好书融入素质教育

和平区少年儿童图书馆积极与和平区各中职小学图书馆合作，在全市率先开设 9 个中小学分馆"通借通还"试点，建立一个以和平区少年儿童图书馆为主导，多个学校分馆协同共建的公共文化服务体系，使公共文化服务真正围绕读者特别是青少年儿童的需求运转。

协同区教育局联合举办"和平杯"阳光阅读——中小学生读书系列活动十余年，以阅读为主题，用书法、绘画、演讲、征文等形式选拔中小学生优秀作品。通过各项主题活动竞赛，进一步促进全区中小学生的全面发展，增强爱国主义教育。

寒暑假举办"争当阅读之星"活动，将假期借阅图书的小读者以贴标的形式记录下来，在假期结束后统计阅读量前十的小读者进行表彰。以简单、童趣的形式，鼓励孩子的阅读行为。

2.以用促学，"小雨点"激发阅读兴趣

和平少儿馆首创的"小雨点"智慧营地，根据未成年人的身心特点和兴趣爱好，寓教于乐、寓教于文、寓教于教，并逐渐发展壮大，成为传播知识的窗口、施展才华的空间、交流互动的纽带、健康成长的乐园、孩子们的"第

二课堂"。

"小雨点"智慧营地以其公益性、知识性、趣味性和教育性为一体，越来越受到孩子和家长朋友们的喜爱。带着目的去寻找图书并阅读图书，更易知识的吸收和掌握。基于这种观点，和平区少儿图书馆将阅读同活动相结合，在活动中多设置问题，让孩子们通过阅读寻找答案，带着问题去学，在回答问题的过程中尽量避免唯一的答案，以此来激发每名学生的发散思维，促使孩子们需要自行查阅资料，在这个过程中，激发孩子们的阅读兴趣，从而达到阅读推广的目的。

"小雨点"自2016年开办至今共举办活动七十余场，累计参与人次近三万人。该活动受到孩子和家长的广泛关注并荣获多项国家、市、区级奖项，如，中国图书馆学会第二届图书馆未成年人服务论坛案例项目二等奖、中国图书馆学会举办的"科普阅读推广案例征集活动"优秀奖等。

3.倡导正版，"绿书签"严把源头治理

"绿书签"专项活动，以"绿色阅读、文明上网""多读书 读好书 善读书""保护知识产权"等内容为主题，为孩子们输送优质资源，倡导绿色阅读，让优秀图书陪伴学生健康成长，极大地调动了全区各中小学生的学习热潮，积极引导社会各界关注未成年人的健康成长，共同为未成年人的健康成长筑起一道精神的防护林，树立维护知识产权的意识，自觉远离、抵制有害图书和信息，从小树立多读书、读好书、尊重知识的理想信念，践行社会主义核心价值观，为广大少年儿童营造一个健康有序的社会文化大环境，引导未成年人"扣好人生的第一粒扣子"。活动覆盖和平区各中职小学校，影响日益广泛，先后被天津日报、天津和平、文明和平等报刊、微信平台报道转载。

（五）红色文化传承中发扬，丰满体系

和平区图书馆通过举办一系列红色经典诗歌诵读活动、"铭记光辉历史，传承红色基因"图片展览活动、"迎七一"让书助唱红色经典声乐知识公开课以及"八一"建军主题观影活动等，使广大市民读者重温党的奋斗历程，继承党的红色传统，在接受深入爱国爱党教育的同时坚定信仰、不忘初心，

将红色文化以各类全民阅读推广活动的形式进一步传承。

和平区少年儿童图书馆通过举办"红色连环画"展览、"红色文化"专题书架、"好书推荐"专题活动、"学长征精神、做红色传人""向国旗敬礼"主题活动等，使广大未成年人坚定理想信念，继承优良传统，不断增强爱党爱国爱社会主义的情感和实现中华民族伟大复兴中国梦的信念，让红色文化在代表着祖国未来、承载着民族希望的青少年心中播种下红色种子，并进一步发扬光大。

三　创新、惠民、推广，全民阅读、全面赋能，提升公共文化服务效能

（一）品牌赋能创新模式推进体系建设

和平区全民阅读项目的品牌优势主要体现为以下几点：

系统化：活动引进时下最先进理论和技术工具——"UA 微书院"文化领读志愿者计划活动中一以贯之全，确保活动效果最佳；

IP 化：活动通过将文化地标和领读志愿者计划相结合，打造独具和平区特色的读书会，通过将文化地标和传统佳节相结合，打造独具和平特色的品牌活动，增强和平区文化 IP 影响力；

公益化：活动宣传由今晚报社等主流媒体参与，并邀请文化名人担当"和平区公益领读大使"，聚集文化学者，服务人民群众，为文化和平发声助力；

全民化：活动引入天津市城市书院社群服务，整合区域内社区文化组织、民间文艺团体以及文化空间等资源，促进流量与空间的精准导入，推动全民阅读和文化惠民公共服务体系不断完善。

（二）文化赋能调动社群激活体系阵地

1.讲好和平故事，领读美好生活

和平区开展全民阅读工作的目的在于带领全区人民通过读书会、阅读推

广活动等多种方式"讲好和平故事，领读美好生活"。海河拾忆读书会将和平区名人故事娓娓道来，和平记忆晚会将和平区精神风貌与文化特色彰显得淋漓尽致，更是以百姓喜闻乐见的艺术形式，来讲述中国故事、天津故事、和平故事，为传递知识、传播正能量发挥了巨大作用。

通过带领百姓回顾和平历史、品味和平内涵、憧憬和平未来，从"党史党建、历史风貌"到"非遗传承、商旅金融"，一场文化阅读之旅将和平故事及红色文化传播到千家万户，共享新时代美好生活。

2.坚持公益领读，全民广泛参与

和平区全民阅读活动共计聘请了二十位文化行业知名学者专家担任"文化领读大使"，涵盖历史文化、国画书法、古典舞蹈、朗诵艺术、非遗传承、文学创作等领域。

"书香满和平"领读志愿者团队作为书香满和平——"和平杯"第二届文化阅读之旅系列文化活动的子项目之一，积极响应党中央"倡导全民阅读，建设书香社会"的号召以及习总书记在和平区考察期间对志愿服务提出的殷切期望，通过培训和指导进一步夯实"读和平、品和平、讲和平、赞和平、聊和平、评和平"等六大主题在领读志愿者日常行为和活动参与中得以充分展现，以阅读社交激活公共图书与空间资源、以志愿服务带动基层群众享受美好生活。

3.文旅共融共建，文明协同发展

和平区全民阅读的亮点还体现在文旅共融，将全民阅读与全域旅游相结合，通过培养激发群众阅读兴趣，助推文化空间和旅游景点活力，开辟文旅协同发展新路径，进一步促进区域精神文明建设，打造文旅融合典范。

从张园的前世今生到庆王府的诗歌朗诵，从民园的和平记忆到天津音乐厅的古琴鉴赏音乐会，从南市街的红楼梦读书会到天津环球金融中心的创业者读书会，一场场读书会将区域文化地标链接起来，形成一道道"书香四溢、文化惠民"的风景线。

和平区全民阅读活动依托坐落于和平区的文化地标庆王府、张园、天津音乐厅、民园广场，为百姓精心策划了高品质的书香文化盛宴，其中包括端午诗歌朗诵会、和平记忆、民园中秋晚会、纪念改革开放 40 周年摄影展以及古琴鉴赏音乐会等多场特色品牌文化活动。在百场读书会活动举行过程中，十个品牌读书会应运而生，从记录和平近代历史发展，到经典名著诵读，广泛涉及中医养生、创业指导、金融理财等诸多领域，并不断通过整合和平区内图书馆分馆、共享书吧、基层服务点、书店、茶社等文化空间，导入优质读书会，让读书之花盛开在百姓家门口的文化驿站，为和平区百姓生活增添了丰富多彩的阅读乐趣，让书香满溢和平。

自"书香满和平"文化阅读之旅启程至今，活动共计举办了二十余场领读人培训，累计三百余位读书爱好者参加，选拔培养出 100 名优秀领读志愿者，并不断深入和平区图书馆、和平区少儿图书馆、各街道分馆、社区基层服务点、和平共享书吧、旅游景点等公共文化空间（文化驿站）开展读书会活动，累计举行了二百余场读书会，超过六千多人次参加，传播阅读人数达66217 人。通过该项活动弘扬精品优秀文化的引领示范作用，和平区更于 2018年荣获中国图书馆学会颁发的"书香城市"荣誉称号。

（三）传播赋能发动媒体扩大体系影响

1.传统媒体深入报道，重点更突出

依托新华社天津分社、天津日报、今晚报等各大主流媒体平台，准确把握全民阅读总体工作，围绕设施建设、品牌活动、志愿领读等方面大力开展宣传工作，同时突出重点全民阅读工作部署、重要工作安排、阶段性、突击性、临时性工作，大力宣传全民阅读工作任务、工作动态、工作成绩和工作经验；及时和善于跟踪全民阅读工作热点、发现工作亮点、关注工作重点、聚焦工作难点，大力宣传全民阅读工作中的新思路、新举措、新进展、新成效，为全民阅读事业发展营造良好的舆论氛围。

2.网络媒体全面报道，传播更广泛

和平区全民阅读活动吸引了人民网、天津文明网、北方网、腾讯·大燕网等各大网络主流媒体也争相进行了相关主题报道，并积极对接区网信办对重点活动进行了现场直播，第一时间推送至各大网络媒体平台进行发布，与各大网络新闻媒体加强合作，鼓励媒体对全民阅读各项工作进行正面宣传，加大对全民阅读各方面工作的宣传力度，提高全社会对全民阅读事业发展、对建设书香社会贡献的了解，提高宣传报道工作层次。

3.新兴媒体拓展报道，途径更多样

和平区全民阅读宣传报道引入时下先进理论和技术工具——"UA 微书院"文化领读志愿者计划一以贯之全活动，影响力确保活动效果最佳；通过借助社群平台发布活动预告及相关信息，将文化地标和领读志愿者计划相结合，打造独具和平区特色的读书会，通过将文化地标和传统佳节相结合，打造独具和平特色的品牌活动，增强和平区文化 IP；活动引入天津市城市书院社群服务，整合区域内社区文化组织、民间文艺团体以及文化空间等资源，促进流量与空间的精准导入，推动全民阅读和文化惠民公共服务体系不断完善。

四 结 语

当前，和平区正以奋力推进习近平新时代中国特色社会主义思想在全区扎实实践为契机，立足新起点，谱写新篇章，努力提升公共文化发展新高度，为全区经济社会发展提供丰富的文化滋养和强大的精神动力。

书香满和平——"和平杯"文化阅读之旅，作为市、区级民心工程，是政府在构建公共文化服务体系及文化生活公共服务方面规划的重要公益项目，将文化与共享书吧、企业、和平区特色文化驿站、文化名人等相融合，将读书社群引入到社区、商场、企业及各大公共文化服务设施中，让大众和周边都可以感受到文化传播的力度，对丰富和平区人民精神文化生活、提高居民道德素养、传播传统文化精髓、提升区域人文水平等方面具有重要意义。相信随着项目的不断成熟及优化，未来将不断丰富传播的内容和覆盖范围，进一步推广全民阅读、促进文旅融合，真正打造书香城市和平模式，辐射天津乃至全国的书香世界。

天津市河西区公共文化服务工作的发展与展望

宋 杨 段 威 曲维和 李 霞[①]

摘 要： 天津市河西区系全国文明城区，文脉久远，文蕴深厚，文风浓郁，文源丰富，始终坚持以社会主义核心价值观为引领，以百姓需求为导向，扶持多层次、多门类、多风格文艺创作，并以"文化 365·快乐在河西"为主题，大力开展文化惠民活动，每年举办各类文化活动一千余项。河西区通过加强基层载体建设，整合专业文化院团资源进基层，强化基层人才队伍建设，不断丰富和提升公共文化基础设施建设。同时，河西区形成以市级文化资源为依托，以区级文化资源为骨干，以街道社区文化阵地为基础的公共文化设施服务网络，使得公共文化服务效能显著提升。

关键词： 公共文化 西岸品牌 创新发展

天津市河西区拥有 99.25 万常住人口（数据来源于《天津市统计年鉴（2017年）》），9 个市属艺术院团，9 所市属文化场馆，12 个演出场所，9 个大型会展设施，14 个 500 平方米以上的街道综合文化服务中心，142 个 300 平方米以上的社区文体活动室，形成了"市、区、街、居"四级公共文化服务网络。2013 年以来，河西区以国家公共文化服务体系示范区创建为抓手，积极打造"大文化"格局，旨在让文化发展成果惠及全区人民。

---

① 宋杨，天津市河西区文化和旅游局局长；段威，天津社会科学院法学研究所副研究员；曲维和，天津市河西区文化和旅游局副局长；李霞，天津市河西区文化和旅游局公共服务科科长。

一　河西区公共文化服务发展现状

河西区注重优化区域公共文化设施布局，着力促进公共文化服务均衡发展，形成"一带两点四层面"布局。其中，一带即沿着中环线的天津大礼堂、天津市文化中心、天津市群艺馆、河西文化中心所构成的公共文化服务带；两点即人民公园区域的文化创意聚集区和陈塘庄地区的文化科技园区；四层面则是指市、区、街、居四级公共文化服务网络，构建"10 分钟公共文化服务圈"。

此外，河西区持续保持常态化创建，全力做好构建现代公共文化服务体系、整合区内各类文化资源、保障特殊群体基本文化权益、推动公共文化服务与科技融合发展等重点工作，不断提高人民群众的文化获得感和幸福感。具体而言，河西区公共文化服务工作的展开体现以下四个特征：

首先，抓紧工作落实，强调"标准化"建设。根据《文化部办公厅关于开展公共文化服务标准试点工作的通知》要求，河西区于 2014 年 8 月开始着手制定本区公共文化服务标准，示范区创建工作领导小组和各成员单位作为区公共文化服务标准化的领导机构和责任部门，认真学习领会中办、国办的《关于加快构建现代公共文化服务体系的意见》和《国家基本公共文化服务指导标准（2015—2020）》，并由区委宣传部牵头组建区公共文化服务标准化工作组，负责先期调研和起草工作。为了公共文化服务标准化准确对位百姓的需求和避免公共文化设施的重复建设，工作组一方面通过配额抽样方式收集 4953 份有效《天津市河西区公共文化服务群众需求调查问卷》（包括：被访者本人性别、年龄段、受教育程度、婚姻状况、居住方式、居住时间、收入等基本人口学信息，和参与公共文化活动及对公共文化服务需求等内容），并通过数据归纳民生民情；另一方面设定调查表，对河西区公共文化设施资源情况进行全面摸底，并以此为依据，按照以人民为中心，保障人民群众基本文化权益充分实现的总体思路，制定了《河西区基本公共文化服务实施标准（2015—2020）》（以下简称《标准》）的征求意见稿。此后，通过多种方式广泛征求意见，区领导多次听取汇报和进行专项讨论，在天津市《关于加快构建现代公共文化服务体系的实施意见》（以下简称《意见》）出台 1 个月后，2015 年 8 月 3 日中共河西区委印发《关于加快构建现代公共文化服务体系的实施意见》（含《实施标准》），成为天津市地级城区最先出台《实施意见》和《实施标准》的地区。

其次，注重顶层设计，打造"大文化"格局。将示范区创建纳入经济社会发展计划和"首善之区"发展纲要，坚持顶层设计、统筹协调、整合资源、全员参与，形成全区上下一盘棋、齐心协力抓创建的生动局面。一是强化组织领导。成立由区委书记、区长任组长，全区 55 个相关部门主要负责同志为成员的创建工作领导小组，坚持重大事项区领导专题研究、创建办统筹协调、各部门整体联动，全区上下形成合力。二是加强制度保障。将创建工作纳入制度化管理，制定实施 42 个制度性文件，并将创建工作落实情况纳入绩效考核体系。三是加大财政投入。2016 年以来，区财政累计投入公共文化建设资金 61468 万元。四是注重宣传发动。深入全区 30 万户居民家中宣传创建工作，在各级媒体报道八百多条（次），设置大型公益广告三百余幅，印制发放宣传海报等宣传品四十余万份，极大提升了市民群众的知晓率和参与度。

再次，坚持创新发展，助推"升级式"服务。积极探索公共文化服务体系建设的新思路、新方法，着力提升公共文化服务水平和质量。第一，推动机制创新。大力推进 PPP 模式，鼓励社会力量参与公共文化建设和服务，扶持"西岸相声会馆"等一批民营文化产业项目。第二，推动服务创新。运用数字化传播方式，打造"西岸文 e"公共文化数字平台，推出网上图书馆、网上文化馆、网上博物馆。构建全民阅读新模式，建成九家各具特色的西岸书斋、14 个图书馆分馆、36 个图书漂流基地、110 个基层服务点，并推出"首善 E 阅读"手机客户端，形成了"三位一体"阅读服务网络。第三，推动供给创新。积极探索"自下而上、以需定供"的菜单式服务，满足外来务工人员、老年人、少年儿童和残疾人等特殊群体的文化需求，实现公共文化服务供给与群众需求有效对接。

最后，注重事前谋划，实现"穿透式"推进。一方面，提升城乡公共文化设施建设和服务水平。统筹区域内公共文化服务设施布局，积极推进河西区文化中心、挂甲寺街综合文化服务中心（独立设置）和西岸书斋等区、街级重大文化设施建设。统筹推进社区文体活动室建设，进一步完善工作机制、规范建设标准，突出内容建设，提供服务支撑，实现区域内社区文体活动室及配套功能厅室的达标率达到100%；另一方面，强化基层"两员"队伍建设管理。切实巩固街道综合文化服务中心专职工作人员和社区文体活动室专兼职管理员配备。按照"统筹人员配置、统筹人员经费、统筹培训平台、统筹绩效考评"的要求，完善基层专兼职文化人才队伍管理制度机制，形成"设施有人管、团队有人带、活动有人办、品牌有人创、需求有人问"的基层公共文化队伍长效机制，确保队伍长期稳定、充满活力。

二　河西区公共文化服务发展的经验归结

2016年，河西区被评为第二批国家公共文化服务体系示范区后，区委、区政府高度重视，将提升示范区创建成果工作作为建设文化强区、助力文化强市建设、保障人民群众基本文化权益的难得机遇和重要载体。在市文化和旅游局等有关部门的大力支持下，强化领导、精心组织，建立健全协调推动、监督考核等机制，对标创建、补齐短板、完善设施、丰富内容，并在文化服务、管理和品牌创建等方面积极探索创新，着力打造公共文化服务的"河西模式"，公共文化服务工作扎实有效，公共文化服务能力明显提升。

（一）重视制度建设，提升公共文化设施建设水平

良好的制度是保障运行的重要依托。首先，建立广泛参与的文化管理机制。河西区出台《河西区公共文化服务机构专家咨询制度》，组建专家咨询团，参与到公共文化重点项目、重大活动的策划、评估和实施当中。区属文化场馆建立群众意见征询制度，充分征求群众意见建议，推动文化供给与百姓需求的对位供给。深化公益性文化事业单位改革，建立法人治理结构，形成责任明确、规范高效、服务优良的管理体制和运行机制。制定《河西区关

于建立公共文化服务机构法人治理结构的实施意见》，并作为试点工作在文化馆、图书馆组建理事会，吸纳有关方面代表、专业人士、各界群众参与管理。制定理事会章程、制度等，明确理事会职责、权利与义务，并多次召开理事会会议，研究解决在建设和运行中遇到的问题，取得良好效果；其次，建立群众文化需求反馈制度。河西区利用群众需求反馈机制设计研究课题成果，建立群众文化需求反馈制度，构建"西岸文 e"公共文化数字化平台，开设"需求板块""我要参加"等互动反馈栏目，旨在实现公共文化服务与群众需求的对位供给。河西区文化和旅游局根据 30 万户居民的文化需求"大数据"，制定出全年文化活动"菜单"，以"文化 365·快乐在河西"为主题，按需购买市级专业院团演出与组织群众文化活动相结合，六年来共开展各类文化活动六千多场次，受益群众达 180 万人次。截止至 2018 年，全市发售文化惠民卡 15 万张，河西区居民购买了 6 万张，占全市总数的 40%。此外，通过巩固深化河西区国家公共文化服务体系示范区成果的工作实践，不仅有力推动了全区公共文化服务标准化、均等化、社会化发展，更让全区百姓享受到了文化惠民的成果。随着公共文化事业的不断发展，河西群众对公共文化服务的满意度也越来越高。今年，对全区 30 万户居民进行的满意度调查，满意度达 94.3%。

（二）配合国家发展战略，优化载体布局

河西区充分发挥市级文化资源高度集中的优势，采取政府购买、提升改造、资源整合等方式，进一步优化区域公共文化设施布局，有效促进公共文化服务均衡发展。一是共享市级资源。按照所在即是所有的思路，加强与九大市级文化院团和众多文化场馆的战略合作，通过政府购买、联合协作等方式，更多更好地享受全市优质文化资源；二是建设区级文化设施。投资建成总面积 13200 平方米的河西区文化中心，汇集区文化馆、图书馆、少儿图书馆于一体，形成"两厅、两场、两馆、多室"的功能布局；三是提升基层载体。全区建成 14 个 500 平方米以上的街道综合文化服务中心，142 个 300 平方米以上的社区文体活动室，特别是河西区文化和旅游局于 2018 年 9 月 30

日正式整体接收新梅江文体中心约 12000 平方米文体场馆，并于 2018 年底前正式投入使用，为梅江地区居民群众就近享受公共文化服务提供便利，功能完备率达到 100%。

此外，着力推进京津冀一体化。作为京津冀公共文化服务示范走廊发展联盟成员地区，积极参加联盟组织的各项活动。继续深入贯彻落实京津冀协同发展规划纲要，配合市文化和旅游局组织开展京津冀文化交流活动，深入推动京津冀文化协同发展。注重发挥文化示范引领作用，为推进京津冀全面协同发展提供文化支撑、舆论氛围。同时，响应文化和旅游部"一带一路"文化发展行动计划（2016—2020 年），坚持文化对外开放战略布局，积极融入"一带一路"国家重大发展战略，加强与各国家、地区之间的文化交流。开展春雨工程和大地情深活动，加大对甘肃省卓尼县、庄浪县的文化扶贫扶智帮助的投入。

（三）探索供给侧改革，实现群众需求对位供给

工作中，把群众需求反馈机制作为制度设计研究课题，并将成果转化运用到示范区创建实践中。一是构建供给机制。建立了群众文化需求反馈制度，健全群众参与、群众评价等机制，逐步实现了公共文化服务与群众需求的对位供给；二是精准供给产品。向全区 30 万户居民进行需求调查，全面掌握群众文化需求的"大数据"。在此基础上，制定全年文化活动"菜单"，以"文化365·快乐在河西"为主题，按需购买市级专业院团演出与组织群众文化活动相结合，从创建初期（2013 年）至今，受益群众达 30 万人次，实现文化产品和服务精准投放；三是按需供给设备。在完善街道、社区文化设施的过程中，河西区转变以往"一刀切""统一配"的供给方式，由各街道、社区结合自身特点，按照群众需求，自主采购乐器、服装等设备，有效调动了群众参与文化活动的积极性。

（四）壮大人才队伍，增强公共文化活力

中央文化管理干部学院培训基地就河西区文化干部的专业培训形成一种

良性循环机制，实施专职文化干部培训"千人计划"。大力实施"素质提升"工程，加大对文化干部职工队伍教育培训力度，每年组织基层文化干部参加中央文化管理干部学院专题培训班。邀请河西区专家人才库中各个领域的专家教授，针对公共文化服务和文化专业技能，面向全区文化工作者及广大群众进行常态化讲座和指导。组织文化志愿者深入群众、联系群众、服务群众，开展多项公益文化服务活动。积极推动文化馆、图书馆等专业技术干部与兄弟区县和其他地区开展馆际交流活动，进一步提升文化干部队伍履职尽责能力和水平。认真落实"一岗双责"，领导班子带头，通过谈心谈话、调查研究等多种途径，加强对干部队伍的日常监管。

此外，积极培育、储备文化人才，逐步形成"专业人才领军，基层干部支撑，志愿者广泛参与"的工作格局。一是整合人才资源。借助市级文化院团人才优势，建立近 500 人的国家和市级专家人才库，助力河西区公共文化服务发展。二是配备基层干部。通过公开招考方式，引进文化人才 50 人。率先为每个街道综合文化服务中心配备 3 名事业编工作人员，为每个社区配备 2 名专、兼职文化管理员。三是壮大志愿者队伍。全区群众文化队伍达到 2000 多支，文化志愿者超过 3 万人。加大培训力度，连续六年组织文化干部参加中央文化管理干部学院专业培训。邀请东方歌舞团、中央民族乐团、天津歌舞剧院等专家，对万余名文艺骨干进行业务培训，不断提升文化人才队伍的整体水平。

三 天津市河西区公共文化服务工作的亮点梳理

河西区大力构建公共文化服务供给体系，根据《河西区加强公共文化服务资源共建共享实施办法》统筹公共文化服务体系建设，形成"政府主导、各方参与"的公共文化服务体系建设模式，按照跨部门、跨层级交流合作机制的思路，建立"资源整合、共建共享"的公共文化服务，从体现便民惠民、提高整体服务能力和发挥综合效益出发，以示范区建设为平台，以"西岸文化"品牌建设带动公共文化服务水平的提升，通过文化惠民工程与群众需求的有效对接，不断丰富群众精神文化生活。

（一）践行"三化"标准，加强服务设施网络建设

实践中，瞄准"三化"目标，即均等化、智能化、社会化，实现"四个落实"，即：落实阵地建设，通过第五次全国文化馆定级，推进图书馆总分馆制建设，推出基层公共文化载体提升改造计划；落实制度保障，出台各类公共文化资金使用管理制度；落实人才发展，提升群众文化专业人才队伍质量；落实平台创新，加快"文化云"数字平台建设。探索多功能、社会化等有效管理使用方法，确保基层公共文化设施提高使用效率。多元投入，共建共享，新梅江文体中心实现社会化运营，完成机关整体搬迁。优化全区街级综合文化服务中心和社区文体活动室建设，探索街级综合文化服务中心社会化运营模式。规划好中冶和悦汇内 7500 平方米文化场馆，在全区建成风格各具特色的西岸书斋 5 家。

（二）以示范区创建为引领，提升西岸文化品牌

多年来，河西区始终坚持在创建中培育品牌，在培育中打造精品，不断满足群众高品位的文化需求。一是做大西岸品牌。连续十二年精心打造"西岸文化"品牌，逐步形成了常态化的西岸文化艺术节、西岸图书节、西岸京津冀甘非物质文化遗产创新创意大赛、市级六大夜经济点位——人民公园夜经济点位惠民系列演出（18 场）及西岸文博展览会（12 场）、西岸文化志愿者校园行暨西岸院校国际文化艺术交流系列活动（5 场）、"共庆华诞 共享荣光 不忘初心 砥砺奋进"演出及西岸文博展览会暨市民游园活动、西岸公共文化大讲坛、西岸打开悦读之门、西岸非遗剪纸艺术展、西岸西洋乐器系列培训展示、西岸中小学生藏书票等十大品牌活动，受益人数达 40 万余人次；二是做强文化精品。先后举办两届"西岸城市舞台戏剧展"，汇聚全国优秀精品剧作，打造天津文化新名片；举办"礼赞七十年文脉颂中华——2019首届京津冀甘黔湘非遗大联展"，弘扬和传承传统文化；承办"中国·天津国际微电影节"，为 48 个国家和地区的微电影爱好者搭建起交流展映平台；

承办"天津市争做中国好网民行动"，通过传善言、倡善举、行善化，大力提升网络文化建设水平。三是鼓励精品创作。精心培育创作出一批优秀文艺精品，河西区原创的舞蹈取得第十七届全国群星奖天津赛区第一名，多个节目受邀参加中央电视台、国家大剧院和天津春晚演出，音乐类节目入围第十八届全国群星奖决赛，实现了河西区文艺创作的新突破。

（三）扶持重点项目，培育文旅融合发展亮点

在文化服务工作中，河西区积极促进公共文化与文化产业的融合，促进文化与旅游的深度融合，促进文化与科技、金融、设计等跨界融合，盘活现有文化资源，实现文化产业、旅游产业统筹发展、统筹管理。扶持中冶集团建设面积 15000 平方米的文化商业旅游街区，发挥文化、商业、旅游的良性互动作用，探索商业+文化+旅游新型运营模式。为进一步加强文化引导消费，活跃文化产业市场，借助河西区西岸艺术节，举办了一次河西区文创产品和文化企业产品展示大赛，为文化企业提供宣传机会，加强文化产品与市场的对接。落实机构改革要求，做好新闻出版工作职能转交，接收旅游管理工作职能。挖掘历史文脉特色文化，打造西岸经典之作，以内容优势赢得产业发展优势，促进产业繁荣。利用马场道历史风貌建筑、人民公园休闲娱乐业、德式风情区、海河沿线景观带等旅游资源，设计旅游产品，培育旅游经济。推进京津冀文化和旅游协同发展，做好旅游活动、宣传、产品、线路的衔接互动。

四　河西区公共文化服务体系示范区工作展望

河西区文化底蕴深厚，文化氛围浓郁，文化资源丰富，文化基础坚实。天津市文化中心、市群众艺术馆等各大文化场馆、天津市十大市级文艺院团中的九家坐落于此，工作生活在河西区的文学艺术界人士占全市的1/7以上。多年来，河西区充分整合文化资源，倾力打造西岸文化品牌，通过组织开展形式多样、丰富多彩、专群结合的文化活动，提升服务设施使用率、利用率，

全方位、多层次、宽角度展示了群众文化的生机与活力，扩大公共文化影响力，走在了全市乃至全国前列。

（一）持续打造现有"西岸"品牌，加强河西文化平台建设

西岸是一个品牌，一个人文环境建设的品牌，更是一个公共文化服务的品牌。西岸文化品牌有机融入"文化365·快乐在河西"系列文化惠民活动，目前已印发《2014年文化365·快乐在河西》《2015年文化365·快乐在河西》《2016年文化365·快乐在河西》《2017年文化365·快乐在河西》《2018年文化365·快乐在河西》《2019年文化365·快乐在河西》宣传册，并预先公布"菜单式"活动目录，满足不同群众的文化需求。目前西岸公共文化服务品牌的影响力、辐射力正不断地扩大，河西区将致力将西岸公共文化服务品牌继续做大做强，不断提升西岸公共文化服务品牌的社会影响力，使之成为在本市乃至全国影响较大的文化活动品牌。今后还将以西岸公共文化服务品牌工程为引领，突出特色亮点，策划组织面向全国、全市、全区有影响的重点文化活动，以满足群众对公共文化服务的需求，促进基本公共文化服务实现均等化，使河西百姓享受到丰富多彩的精神文化生活。

此外，应对河西区群众文化平台建设情况再做进一步分析，将文化硬件平台建设向发展薄弱街道、薄弱社区倾斜，鼓励街道在设立独立街级综合文化服务中心的同时，改扩建社区文体活动室。发挥好先行一步的街道示范引领作用，如挂甲寺街设立独立的街级综合文化服务中心并建设西岸书斋。探索运用各类场馆举办各种非营利公益演出活动，让高层次的主旋律作品走进街道社区。

（二）促进全民阅读与西岸书斋建设，提高公共文化设施的有效利用

以习近平新时代中国特色社会主义思想为指导，全面贯彻落实党的十九大精神，坚持社会主义先进文化前进方向，提高全民族文明素质，推进文化创新，围绕中心，服务大局，大力提倡"善读书、多读书、读好书"的文化

风尚。河西区以"书香西岸文化河西"为主题，进一步丰富全民阅读活动平台，打造全民阅读品牌，鼓励和引导广大干部群众积极参与读书活动，打造精神高地，为建设首善之区提供强大的精神动力、智力支持和文化条件。在全区下属 14 个街道的社区及城区所属部队、学校、企事业单位构建全民阅读新模式，建成 9 家各具特色的西岸书斋、14 个图书馆分馆、36 个图书漂流基地、110 个基层服务点，并推出"首善 E 阅读"手机客户端，形成了"三位一体"阅读服务网络。在实现对区内主要社区及单位的覆盖的同时，也向天津市其他单位如中纪委综合服务处、市农工委、市监狱局、宝坻区尔王庄镇小龙湾村等单位提供服务。使阅读更加贴近普通人的生活，展示书香河西、文化河西的浓厚气息，推动在全社会形成爱读书爱学习的良好风气和文明风尚，增强河西文化自信。

近年来，河西区坚持以"书香西岸 文化河西"为主题，紧紧围绕居民和读者的需求，把健全和完善全民阅读的服务体系作为工作重心，积极推进西岸书斋建设，在全区打造立足河西、面向社会，延时开放、自助服务，专业管理、志愿参与的高品位城市阅读服务载体。西岸书斋主要是面向群众免费提供优质的阅读环境，为就近阅读或者学习和思考的群众提供方便，丰富群众的文化生活，延时服务为社会骨干力量的业余生活提供便捷的平台，在河西的大街小巷形成书香气氛。随着天津的快速发展，越来越多的人生活在城市化的快节奏中，生活工作繁忙，人们对电子设备的依赖性越来越强，通过建设西岸书斋实现阅读共享、节约消费成本，使人们远离电子科技设备，营造慢节奏的生活氛围，满足人们的精神追求。目前全区已建成 9 家西岸书斋，实现三个统一，即统一标识、统一标准、统一服务。目前已建成挂甲寺西岸书斋、天塔街西岸书斋、西岸书斋津利华春秋店、西岸书斋中信银行店、越秀路街西岸书斋、网信大厦西岸书斋、西岸望塔书斋、新梅江文体中心西岸书斋、河西区党群服务中心西岸书斋，其中西岸望塔书斋采取文化旅游商业融合模式，天塔街采取 e 书店+模式，挂甲寺街采取社区书斋模式，越秀路街采取白领书斋模式，新梅江文体中心采取社会化运营模式，西岸书斋中信银行店采取金融书斋模式，西岸书斋津利华春秋店采取旅游书斋模式。

在今后的工作中，河西区将继续整合基层文化资源，混合利用公共文化设施，完善公共文化设施的多种功能，在满足群众公共文化需求的同时提高设施的有效利用率。注意分隔开动态与静态的文化活动，在文化服务中心、文体活动室建立独立出口，保障安全的同时体现文化独立性。增加室外文化空间的专用性，室外活动加强与居民的互动。根据《天津市基层公共文化设施达标验收工作实施方案》的通知，2019 年完成所有街道社区的达标验收工作。

（三）改善公共文化设施开放方式，提升公共文化设施群众利用率

按照《关于推进天津市区级文化馆图书馆总分馆制建设的实施意见》的总体要求，目前河西区共有 142 个社区，现在已经完成 110 个社区服务点和 14 个分馆的建设，2019 年建立了 24 个服务点。

截止到 2018 年 11 月，原河西区文化局建成了的 14 家街道分馆，所有街道分馆均可以与天津市实行通借通还的公共图书馆实现通借通还。每个分馆有可用于通借通还藏书 3500 册，报刊 10 种，配备 1 台数字借阅机、1 台电子读报机。河西区已经完成 110 个基层服务点的建设，每个服务点配备可供读者阅览图书 1500 册，及配有电子书借阅机，2019 年为所有服务点配备 10 种报刊。河西区已经于 2018 年 11 月 14 日对全区公共图书馆分馆、街道分馆社区基层服务点的管理员进行了业务培训，原区文化局领导、区图书馆领导参加此次培训。培训内容主要有对《关于推进天津市区级公共图书馆总分馆制建设的实施意见》及《天津市区级公共图书馆总分馆制建设与服务规范》的解读；图书分类排架及 ALEPH 借还系统操作；街道分馆和基层服务点的台账建立及档案管理等相关内容。

对此，将在目前以图书馆、少儿图书馆为龙头的"三位一体"阅读服务网络的基础上，兴建"西岸书斋"，探索 24 小时开放的公共文化设施，积极打造更加便利便捷的公共文化服务环节，使百姓可以随时随地的享受到公共文化服务。同时，把公共文化服务推动最后一公里，促进"一街一品，一社区一特色"的实现，把握动静结合，使一街一品走向全区，走向全市，把舞台搭到老百姓家门口。河西区 13 个街道的品牌活动分别为：挂甲寺街民俗文

化、尖山街惠民文化、柳林街互助文化、马场街书香文化、桃园街安居文化、天塔街邻里文化、越秀路街年俗文化、友谊路街和谐文化、下瓦房街精英文化、陈塘庄街四季文化、东海街共建文化、梅江街七彩文化、大营门街都市文化。

巩固深化河西区国家公共文化服务体系示范区成果只是一个新的起点。下一步，河西区将紧紧围绕"十三五"规划和"首善之区"建设纲要，坚持问题导向，针对公共文化设施"西部多、东部少"的短板问题，加强规划布局，在全运村、新八大里、新梅江地区配套建设一批文体活动中心，做大做强东部地区文化载体，为百姓提供更加便利、优质、均等的文化服务；坚持重心下移、资源下移、服务下移，把政策、资金、人才更多地向基层倾斜，不断提升基层公共文化服务水平；同时，紧紧抓住"京津冀协同发展"的战略机遇，大力推动区域文化联动发展，引进优质文化资源项目，提升西岸文化特色品牌，进一步提高公共文化服务质量和水平，努力构建具有河西特色、符合百姓需求的现代公共文化服务体系。

公共文化服务创投模式研究：北辰区创建国家公共文化服务体系示范区制度设计课题

王 焱 马希荣 高文申 边士明①

摘 要： 北辰区是第三批创建国家公共文化服务体系示范区。通过调研，其制度设计课题确定为"公共文化服务创投模式研究"。由政府提出公共文化需求，向社会征集创意方案和服务产品，由社会组织等主体提供设计方案并实施，引导社会力量在文化服务项目的创意和方案设计阶段就参与进来，并以社会力量为主体进行项目实施。在该模式中，社会力量不单纯在执行层面提供服务，而是要参与文化服务的全过程。同时，在这一过程中还培育壮大了文化类社会组织，最终实现政府和社会有机结合、共同提供公共文化服务的运行模式。在此过程中，制定了一批制度和政策，形成公共文化服务创投模式制度体系。

关键词： 公共文化服务 创投模式 制度设计 社会组织 创投项目

天津市北辰区是国家文化部、财政部于 2015 年批准创建的第三批国家公共文化服务体系示范区之一。发展公共文化服务事业和建设现代公共文化服务体系是北辰区政府深化文化体制改革的重要任务，也是一项惠及全民、凝聚人心、造福一方的项目。经过深入调研分析，北辰区将"公共文化服务创投模式研究"作为制度设计课题的研究方向，主要目的是进一步创新公共文

---

① 王焱，天津社会科学院法学研究所副研究员；马希荣，北辰区人民政府副区长；高文申，北辰区委宣传部副部长，边士明，北辰区文化和旅游局遗产和产业科科长。

化服务模式，充分挖掘和引导社会力量参与，大力培育文化类社会组织，承接政府职能转移，不断满足人民群众多层次、多样化、精细化的文化需求。

一 选题背景

党的十八大报告中指出："文化是民族的血脉，是人民的精神家园。全面建成小康社会，实现中华民族伟大复兴，必须推动社会主义文化大发展大繁荣，兴起社会主义文化建设新高潮，提高国家文化软实力，发挥文化引领风尚、教育人民、服务社会、推动发展的作用。"公共文化是社会主义先进文化的重要组成部分，承担着推进社会主义文化发展繁荣的重任。国家公共文化服务体系建设是落实党的十八大关于文化大发展、大繁荣的要求，实践科学发展观，构建和谐社会的一项有力举措。

当前，我国的公共文化服务体系建设虽然取得了很大的成绩，但也同样面临很多问题，特别是要创新公共文化服务体系建设，大力提升公共文化服务的服务绩效和服务能级。长期以来，文化领域受计划经济根深蒂固的影响，公共文化服务产品的提供主要是各级政府国有文化事业单位自上而下的输送，社会和民间的力量明显参与不够，结果造成文化产品提供主体单一的格局，文化产品的供给和需求之间产生很大的不匹配，人民群众多样性的文化需求难以满足，特别是一些特殊的群体，更是难以享受到基本的文化权益。由于角色的重叠和模糊，政府完全集政策制定者、投资者、生产者、运营者、管理者和监督者等角色于一身，处于包揽一切地位的"全能型"政府行政体制下的运营主体常常缺少服务的积极性，管理主体也无需对服务过程和结果承担最终责任，监督主体无法起到应有的考核、约束和激励作用，很容易造成政府机构臃肿、高成本、低效率和低水平服务。

国家公共文化服务体系创新是公共文化体系建设的核心，现代公共文化服务体系是党的十八届三中全会提出的关于公共文化服务建设的全新理念。创新国家公共文化服务体系建设，必须着重构建现代公共文化服务体系。现代公共文化服务体系的构建包含了丰富的内涵，其中一个非常重要的方面就是要逐步建立公共文化服务的社会化参与机制，转变政府职能，积极引导和鼓励社会力量、社会资本参与公共文化服务体系建设，形成多元文化主体积极参与的现代治理格局。《中共中央关于全面深化改革若干重大问题的决定》提出了明确的要求，指出要"引入竞争机制，推动公共文化服务社会化发展。鼓励社会力量、社会资本参与公共文化服务体系建设，培育文化非营利组织"。文化类非营利组织作为承接政府转移出来的公共文化服务职能的重要社会力量之一，在政府职能转变的过程中将发挥巨大作用，与政府、市场共同形成多元、共同治理的文化体制新格局。因此，大力培育文化类非营利组织是构建现代公共文化服务体系、全面深化文化体制改革的重要路径。

公益创投是公益领域的观念创新，是政府培育社会组织的新模式和新方式，是一种开展公益活动的创新模式，它的参与主体有：政府、社会组织、投资方和第三方机构。公益创投是针对目前社会组织面临的资金匮乏、管理技术水平低下、人才资源匮乏、自身能力不强、可持续发展等问题提出的一种全新的社会组织培育和发展模式，是一种新的发展公益事业的模式。此种模式主要是运用商业技巧创新性地挖掘政府、企业、基金会、个人等投资主体的社会公益资本，给予社会组织财政和非财政的支持以提升组织自身的能力建设，让其自身具有强大的"造血功能"，实现社会组织的可持续发展，从而使社会回报最大化。公益创投模式是国家公共文化体系建设的创新模式，是转变政府职能、带动社会力量参与公共文化服务、提升社会组织自身能力和可持续发展能力、实现社会多元治理主体格局的重要方式。

二　公共文化服务创投模式的基本含义

公共文化服务创投模式中的"创"是指创新和创意，既包含了政府管理方式的创新，也包含了社会力量对文化服务的创意聚集；"投"既包含了政府的持续性投入，也包含了社会力量在专业资源、智慧能力和人才队伍等方面的投入。

（一）公共文化服务创投模式的定义

本课题研究的公共文化服务创投模式，不同于传统的政府购买文化服务，它是指通过"政府出题目、社会做文章"的形式，由政府提出公共文化需求，向社会征集创意方案和服务产品，由社会组织等主体提供设计方案并实施，引导社会力量在文化服务项目的创意和方案设计阶段就参与进来，并以社会力量为主体进行项目实施。在该模式中，社会力量不单纯在执行层面提供服务，而是要参与文化服务的全过程。同时，在这一过程中还培育壮大了文化类社会组织，最终实现政府和社会有机结合、共同提供公共文化服务的运行模式。

（二）基本流程和具体内容

公共文化服务创投模式的基本流程是：政府发现文化服务问题→企业和社会组织提出解决方案→政府选择方案并予以资助→企业和社会组织实施解决方案、提供产品和服务→第三方机构评估实施效果。政府的作用是制定规则与监管。

公共文化服务创投模式包含三个方面：创新、创业、创意。对政府职能转变与社会治理方式是一种创新，通过创新的模式来解决政府和社会的问题；通过社会力量的创意聚集来创新公共文化服务提供，满足日益增长的多样化文化需求。对于广大青年人（包括大学生），这种模式提供了一种创业的方式，提供启动资金和初始项目，以政府的扶持来进行创业活动。解决政府提出的问题，需要用创意来设计运作方案，用创意来解决实际问题；针对多样化的社会需求，需要用创意来生产多样化的社会服务产品。

（三）公共文化服务创投模式的制度设计框架

首先是确定制度设计的指导思想与基本原则。要界定公共文化服务创投项目的定义和内涵。根据中央和天津市的各类文件、资料，确定制度设计的指导思想，并根据全国的经验和公共文化服务体系建设的基本规律和趋势，提出若干基本原则。这其中涉及职能转变、政社分离、管办分离、问题导向、需求导向、第三方评估等。

再有就是确定制度设计的主要内容。主要包括：公共文化服务的界定和政府部门职权的边界；创投项目的分类与类型特点、服务提供主体及各主体的角色功能界限和相互关系。具体包括三个方面内容：决策方面，包括确定规划、政策和工作措施；执行方面，包括确定执行机构、执行方法、监管方案、配套措施等；评估方面，包括确定评估主体、评估方法等。

三 公共文化服务创投模式制度设计的政策依据

公共文化服务创投模式制度的政策依据主要是政府购买服务的政策文件。

（一）中央政府和部分地方政府的政策文件

1996—2005 年，政府购买公共服务的规范性文件主要有：1999 年财政部《财政部采购管理暂行办法》、1999 年全国人民代表大会常务委员会《政府采购法》；2006—2012 年，政府购买公共服务的规范性文件主要有：2006 年北京市海淀区《关于政府购买公共服务指导意见（试行）》、2009 年宁波市政府《宁波市政府服务外包暂行办法》、2012 年广东省政府《关于建立政府购买社会组织服务制度的意见（试行）》、2012 年国务院《国家基本公共服务体系"十二五"规划》、2012 年民政部与财政部《关于政府购买社会工作服务的指导意见》；2013—2015 年，政府购买公共服务的规范性文件主要有：2014 年财政部《关于政府购买服务有关预算管理问题的通知》、2014 年财政部《关于推进和网上服务项目政府采购有关问题的通知》、2014 年财政部与民政部《关于支持和规范社会组织承接政府购买服务的通知》、2015 年国务院《政府购买服务管理办法（暂行）》、2015 年国务院《政府采购法实施条例》、2015 年文化部等《关于做好政府向社会力量购买公共文化服务工作的意见》。

在地方政府层面可以参考的有：2014 年广东省人民政府《政府向社会力

量购买服务暂行办法》、2015 年上海市政府《上海市政府购买服务管理办法》。

从这些规范性文件中，可以看出我国政府在购买公共服务方面的法律制度保障越来越健全，为政府购买社会组织公共服务和社会组织参与公共服务提供了良好的法律依据。

（二）北辰区的政策文件依据

北辰区委、区政府高度重视文化发展，将公共文化服务体系建设纳入当地经济和社会发展总体规划，并将其纳入财政预算，保证文化事业费用支出不低于当年财政经常性收入的增长幅度。2008 年，北辰区制定并实施了《北辰区关于加强公共文化服务体系建设的实施意见》、2011 年制定实施《北辰区文化艺术生产、创作奖励实施意见》等一系列相关政策性文件。

2017 年 5 月，北辰区根据国务院办公厅《转发文化部等部门关于做好政府向社会力量购买公共文化服务工作意见的通知》（国办发〔2015〕37 号）和市委办公厅、市政府办公厅《关于加快构建现代公共文化服务体系的实施意见》（津党厅〔2015〕35 号）文件精神，制定了《北辰区关于做好政府向社会力量购买公共文化服务工作的实施意见》。《意见》对政府向社会力量购买公共文化服务的指导思想、基本原则、目标任务、购买主体、承接主体、购买内容、购买目录、购买方式、购买程序、资金保障、监督管理、绩效考评等内容做出了规定。并且《意见》指出要从加强组织领导、完善协调机制、做好宣传引导等方面来营造政府向社会力量购买公共文化服务的良好环境。

四 创投模式的运行过程

北辰区公共文化服务创投主要分为：申请和定向购买两种方式，其中申请类项目一般由项目实施方提出项目申请。公共文化服务创投具体运行过程如下：

（一）征集项目方案

政府进行顶层设计，制定项目指南，北辰区文旅局以及受委托的第三方单位通过网络、新闻发布会或社区动员的形式，将部分公共文化服务需求以项目的形式向社会发布，向社会力量征集项目方案。申报公益文化项目的主体是已依法注册登记的社会组织，街镇社区备案的社区社会组织，具有公共文化服务意识和服务创新能力的团队或个人（由所在社区推荐）。

（二）申报培训

由第三方承办单位负责对进入北辰区公共文化服务创投项目初选范围的社会组织、在街道备案的社区组织和以创意申报的个人进行申报培训。培训内容包括：学习理解公共文化服务创投项目及公益创投的概念，公益创投在国内的发展，国内创投的基本模式，进行公共文化服务创投的原因，以及给文化类社会组织培育和发展带来什么益处；了解掌握怎样做好公共文化服务创投及对创投项目申报需要注意事项，包括申报流程、申报材料、项目设计建议、项目实施建议以及如何进行创新和设计出创意方案等。

（三）立项评审

首先，各社会组织及相关主体按照北辰区公共文化服务创投项目实施方案要求，在街镇、社区的指导下，结合实际情况，以街镇为单位组织申报，进行具体项目的创意设计，形成《天津市北辰区公共文化服务创投项目申报书》，上交给第三方承办单位。其次，第三方承办单位汇总申报材料，对公共文化创投项目内容和申请资质等情况进行初审，对符合申报的组织及相关主体予以通知。对经初审不符合要求的，向其说明理由。对经初审符合要求的项目，由第三方承办单位组织的专家评审小组对这些项目进行评估审核，从中筛选出合格的项目报区文旅局审定。最后，审定通过后，将获选项目的评审结果向社会公示。专家评审小组的评审的标准是《申报书》。《申报书》很详细地反映了社会团体的基本情况和实力状况。第一部分包括项目名称、申报单位、开户账号、开户行、申请金额、项目时间、项目负责人和项目联络人的姓名及通讯方式；第二部分包括申报单位基本情况：单位详细情况介绍、单位负责人详细信息、曾承接的项目或活动、所获荣誉；项目详细信息：

（1）项目背景，包括需求分析、受益群体、拟解决问题、意义分析；（2）项目方案，包括项目目标、项目实施计划、项目成功的指标、可能遇到的问题及解决方案、创新性和推广性；项目团队介绍：项目负责人及项目团队的性别、职务、年龄、学历及专业、项目职责和联系方式；项目预算：资金来源、申报资金预算支出明细。同时，承办方还根据公共文化服务需求，对申请机构是否具备申请资质和项目实施条件、项目内容是否符合公益创投资助方向等客观指标进行评审。

北辰区公共文化服务项目主要有 12 大类：1.公益性舞台艺术类项目；2.公益性参与体验式文体类项目；3.公益性影视图文创作和展示类项目；4.公益性文化艺术培训类项目；5.公益性公共阅读活动类项目；6.公益性科学文化普及类项目；7.少数民族文化活动类项目；8.特殊群体文化活动类项目；9.红色文化创建类项目；10.文化遗产保护、传承与展示类项目；11.优秀民间文化艺术传播类项目；12.其他类公共文化服务项目。

（四）签署立项协议

一般从申请项目到正式签署协议大约有 3 个月的时间。通过公示后的招投标项目正式立项，项目实施方与第三方承办单位签署相关协议。

（五）项目实施

一般项目的持续期为一年。获选项目一般在获得首批资助资金的 10 日之内必须开始按照项目规划组织实施。项目执行过程中，公益创投项目的实施方应定期向承办方上报实施情况和实施计划，配合承办方进行财务抽查和活动现场监测、受益人访谈等工作，按照要求向承办方提交项目中期报告和完成报告。

（六）监测督导和项目结项

承办方在实施方自评并形成自评报告、交给承办方的基础上，组织专家等组成的评审委员会，对项目的实施进行中期评估和结项评估。评估内容主要为：项目的完成情况、财务运作情况、组织管理状况、社会影响力，并形

公共文化服务创投模式研究北辰区创建国家公共文化服务体系示范区制度设计课题

成评估报告，通过网络、媒体等向社会公示评估结果。

五　效果评估、风险控制与长远规划

（一）效果评估方式、程序及评估团队

公共文化服务创投模式的制度设计效果采用第三方评估的方式，通过专家意见、社会调查和暗访等方式。评估程序由具体的评估实施办法规定，主要包括设计指标体系、收集具体资料、组织专家打分、明察暗访对比等相关环节。指标体系包括制度运行的指标体系、文化创投项目指标体系、公共文化服务体系建设指标体系等。（如下表的文化创投项目结项评估指标体系）

结项评审指标体系

一级指标	二级指标
项目管理规范化	项目执行档案清晰完整程度 ※ 项目人员管理合理高效程度 项目应急机制完整有效程度 ※ 项目自我评估与总结的有效程度
项目运行规范化	项目时间进展与计划相符程度 ※ 项目活动流程与计划相符程度 活动效果与目的一致程度 ※
项目财务规范化	财务记录清晰完整程度 ※ 财务收支合法合规程度 ※ 财务开支与预算相符程度 ※
项目社会满意度	服务对象满意程度 ※ 服务相关方的满意度
项目社会影响力	媒体参与度 社会关注认可度 ※
项目示范性	项目运行模式的可复制性 项目对同类服务的示范性 ※ 项目对行业的示范性 项目对社会的示范性 ※
项目对组织的影响	项目对该组织规范自身管理的影响 项目对该组织运行同类项目的影响

注：标注※的指标为重点评估指标。

项目后评价指标体系表

一级指标	二级指标
项目独立运转能力	项目资金运转的独立程度 ※
	项目参与服务主体的稳定程度 ※
	项目自我完善与修正能力 ※
项目的影响力	项目对组织的影响力的持久性
	项目对行业影响力的持久性
	项目对社会影响力的持久性 ※
项目成果推广	项目成果服务范围的拓展程度
	项目成果衍生产品的丰富程度
组织自身运转情况	组织自身的经验总结能力 ※
	组织自我修正与完善能力 ※
	组织未来可持续发展能力 ※

注：标注※的指标为重点评估指标。

评估团队分为专家团队和调查团队，专家团队负责审读评审资料，运用专业知识、根据指标体系进行打分。调查团队由专业机构负责组建，对各街镇的公共文化服务体系建设和文化创投项目运行情况进行调查访问。

（二）风险控制

1.政策风险

目前北辰区的公共文化服务创投模式还处于试点阶段，需要重点防范政策风险。北辰区的经济社会快速发展，各个区域处于不同的发展阶段，社会构成和文化需求也各不相同。政策的出台不宜"一刀切"，还需要在试点中总结经验、发现问题、完善政策，在某个试点成功后再扩大试点范围，取得一定经验之后再推广到全区。重点要防止政策推进过快，在缺乏经济社会基础的地方产生不良后果，应对问题不及时，造成好的做法收不到好的效果。关于政策的适用性，还有一个政策执行的团队问题，文化创投模式的运行需要一个专业机构来做平台建设，将各类政策资源汇聚在平台上。国内很多创投模式出了问题，就是在平台建设上没有达到预期效果，影响了项目运行效果。

2.团队风险

文化创投项目需要文化团队来执行，文化团队的组织程度、活动水平、能力素质直接决定着项目运行效果的好坏。北辰区文化团队的发展情况差异性较大，在试点地区也存在发展参差不齐、水平高低相差较大的情况。一个好的项目要由好的团队来执行，才能收到良好的效果，反之则不然。因此，文化创投模式的又一个风险就是团队风险。在进行项目设计和项目选择时，更要注意项目执行的团队建设水平。

3.项目风险

文化创投模式的另一个风险来自项目本身，即创投项目本身就带有试验性、探索性，是可以包容失败、允许错误的，不能保证每一个创投项目都能获得成功，不能确保每一个创投项目都能取得预期效果。这种带有探索性的项目模式是为了激发基层文化服务热情，鼓励群众文化团队提供更多、更好的文化产品。因此，在文化创投模式运行过程中，项目风险是现实存在的。这种风险存在于项目设计、项目优化、项目决策、项目实施等过程中，要对风险有足够的心理预期，既努力避免风险，又要勇于面对风险。

（三）长远规划

公共文化服务创投模式的实施不能搞成"一阵风"。品牌项目的塑造，文化类社会组织的培育，创投平台建设等方面都需要长期坚持、持续投入、不断完善。社会力量需要长期的滋养，才能逐渐成长，承担政府转移出来的部分事务，丰富公共文化服务体系建设。因此，文化创投模式的发展需要制定长期规划。具体来说，需要公共文化服务创投平台建设发展规划、文化类社会组织培育规划、品牌文化项目培养塑造发展规划。按照规划发展，就能实现既定目标，完成公共文化服务体系制度创新的各项任务。

六　制度设计所形成的政策体系

（一）顶层制度设计

北辰区创建国家公共文化示范区制度设计，一方面依据中央关于文化体制改革、推进公共文化服务体系改革发展的大政方针，根据天津市的相关政策，结合北辰区的实际情况，进行制度创新的试验，起草和出台了一系列重要政策文件。2011 年中共中央《关于深化文化体制改革　推动社会主义文化大发展大繁荣若干重大问题的决定》中提出，要"采取政府采购、项目补贴、定向资助、贷款贴息、税收减免等政策措施鼓励各类文化企业参与公共文化服务"，"引导和鼓励社会力量通过兴办实体、资助项目、赞助活动、提供设施等形式参与公共文化服务"。党的十八大、十八届三中全会中明确了文化体制改革方向和公共文化服务体系建设的任务。[①]党的十九大报告中又进一步强调了文化领域深化改革、构建新型体制机制目标任务。[②]

在党的十八大、十九大精神指引下，北辰区陆续出台相关政策，推进公共文化服务体系建设。在 2014 年 2 月，北辰区政府就出台了《天津市北辰区人民政府关于进一步加强公共文化服务体系建设的实施意见》。2017 年 4 月，出台了《北辰区关于做好政府向社会力量购买公共文化服务工作的实施意见》。这两个文件是北辰区公共文化服务体系制度设计的基础性文件，也是构建公共文化服务创投模式的直接依据。在此基础上，出台了《北辰区关于

[①] 十八届三中全会的《中共中央关于全面深化改革若干重大问题的决定》中指出：紧紧围绕建设社会主义核心价值体系、社会主义文化强国深化文化体制改革，加快完善文化管理体制和文化生产经营机制，建立健全现代公共文化服务体系、现代文化市场体系，推动社会主义文化大发展大繁荣。（构建现代公共文化服务体系。建立公共文化服务体系建设协调机制，统筹服务设施网络建设，促进基本公共文化服务标准化、均等化。建立群众评价和反馈机制，推动文化惠民项目与群众文化需求有效对接。整合基层宣传文化、党员教育、科学普及、体育健身等设施，建设综合性文化服务中心。引入竞争机制，推动公共文化服务社会化发展。鼓励社会力量、社会资本参与公共文化服务体系建设，培育文化非营利组织。）

[②] 十九大报告中指出，要深化文化体制改革，完善文化管理体制，加快构建把社会效益放在首位、社会效益和经济效益相统一的体制机制。完善公共文化服务体系，深入实施文化惠民工程，丰富群众性文化活动。加强文物保护利用和文化遗产保护传承。

加强培育和扶持文化类组织发展的工作意见》，制定了《北辰区公共文化服务创投项目管理实施办法》。这些政策性文件一起形成了北辰区公共文化服务体系制度设计和文化创投模式的顶层设计。

（二）中层操作性政策

在顶层设计确定以后，还需要一些操作性政策。制定了《北辰区公共文化服务创投项目实施方案》，并根据此方案进行文化创投项目试点。与此方案相配套，还制定了《北辰区关于培育和扶持文化类社会组织发展的工作意见》《北辰区公共文化服务项目与组织培育中心管理办法》等。这些政策性文件集中在平台建设、项目管理等具体操作性层面，为具体执行文化创投模式的各类政策、实现制度设计目标提供了可操作的手段。

（三）文化创投项目过程管理文件

根据文化创投项目运行过程的阶段性任务，还制定了过程管理文件。

项目申报评审立项阶段：《北辰区公共文化服务创投项目评审规则、《北辰区公共文化服务创投项目评审标准》《北辰区公共文化服务创投项目培训方案》。

项目中期督导检查阶段：《北辰区公共文化服务创投项目中期报告及建议书》《北辰区公共文化服务创投项目中期评估方案》。

项目结项评审评估阶段：《北辰区公共文化服务创投项目评估方案及培训方案》《北辰区公共文化服务创投项目专家评审意见》《北辰区公共文化服务创投项目结项报告》。

项目总结推广阶段：《北辰区公共文化服务创投项目结项及成果汇总摘要》《北辰区公共文化服务创投项目经验总结及推广建议》《北辰区公共文化服务创投项目培训资料汇编》。

七　公共文化服务创投模式试点项目运行效果

（一）最初试点方案与实际实施的结果

试点方案一：在试点街镇依托已有的社区组织和枢纽型社会组织，进行创投项目模式试验。

已有的社区组织需在街镇备案，因其不具备法人资格，所以在项目申报上虽然可以独立申报创投项目，但财务上具体管理必须依托枢纽型社会组织（如街镇的社会组织联合会），实行专款专用，各自结算。街镇政府部门对其活动可以进行直接指导。

此种试验方式的优点是实施难度较小。目前社区组织在街镇备案就可以成为申报和承接创投项目的主体，枢纽型社会组织起到一个大管家的作用，统一财务管理。缺点是社区组织不能借申报承接创投项目迅速成长为提供公共文化服务的法人社会组织，未能完全实现管办分离，创投项目的运行具有一定的局限性。

试点方案二：在试点街镇设立公共文化服务园，培育提供公共文化服务的社会组织和企业，以创投项目促进这些法人组织的成长。

试点街镇需要拿出一定的商用房屋或楼宇设立公共文化服务园，包括培育中心（孵化器）和双创中心。以问题引出创意，以创意形成项目，以项目培育组织，以组织承接服务。因此，在创投项目的具体操作阶段，每一个环节都要注意对辖区内培育的社会组织进行专业化培训和规范性指导，引导其一步一步成长。

此种试验方式的优点是能够培育一批具有独立法人资格，有能力承接公共文化服务项目并且具备相当的辐射作用的社会组织和企业。政府部门只需做好项目指南引导、制定规则和监督验收工作，真正实现政社分开、管办分离。创投项目的效用能够充分发挥。缺点是实施起来难度较大，培育法人组织需要一个过程，需要得到街镇在场地、政策和资金上的充分支持。

最后试点的结果并没有如最初设计那样，在两个方案中选择其中一个实施，而是采取了另外一种方案，这也是根据实际状况进行的调整。

实际实施的方案：由一家第三方机构（专业社工机构）承担所有试点项目的项目管理工作，并指导相关社团文化团队开展项目活动，承担试点项目经费的财务托管，政府进行监管和督查；由第三方机构从民间发掘有积极性的骨干和团队，尝试由民间发起成立文化类社会组织。

（二）试点方案的实施效果

基于前期试点调研和实施方案，北辰区最终完成了公共文化服务创投项目 20 个，培育了"北辰区辰文故里非遗传承文化促进中心""万文慧众文化服务促进中心"等 6 家文化类社会组织。这些文化创投项目各有特色，筛选出 6 个典型项目进行试点项目实施效果阐述：包括 4 个社区文化创投项目和 2 个非物质文化遗产项目。

四个社区文化创投项目为：

1. "红色党建·爱馨驿站"项目：旨在通过设置爱馨驿站调解室这一社区调解民间组织，整合多种社会资源，探求多元化调解方式，协助处理社区居民日常纠纷，为求助者疏解心理压力，并定期在社区内完成普法及党政宣传工作等。

2. "乐龄读书社·心灵阳光房"项目：旨在通过读书社的建立、宣传及拓展，使社区老年人和青少年参与到读书活动中来，培养居民读书的良好习惯，让全社区老年人和青少年爱上读书、享受读书，丰富精神生活，营造社区读书的良好氛围，不断提高居民文化素质。

3. "用爱浇灌·绿色家园"项目：旨在通过一系列活动来提升居民环保意识，调动居民参与的积极性，提升居民幸福感指数，丰富群众业余生活，从而促进绿色社区、和谐社区建设。

4. "党群同心·共助怡家"项目：通过社区综合服务平台，将党建工作、社区服务、文化建设、邻里互助等项目融入其中，发挥党员和党组织作用，服务社区居民（特别是其中身处困境的居民），解决群众困难，践行服务群众、奉献社会的理念，构建党群和谐、社区和乐的红色文化阵地。

两个非物质文化遗产试点项目为：

1.国家级非遗"刘园祥音法鼓"之"法鼓传祥音·津门绘瑞景"文化遗产保护、传承与展示项目；

2.市级非遗"穆氏花毽"之"花毽进校园·薪火永相传"文化遗产保护、传承与展示项目。

（三）项目实施效果和反映出的问题

从总体上看，4个社区文化创投项目和2个"非遗"项目运行情况基本良好。由于在项目设计时做了充分调研，这6个项目的群众基础较好，团队组织相对健全，因此在操作过程中，第三方机构进行专业指导和项目管理后，都能取得较好的效果。

在社区项目中所反映出的问题是：文化团队组织性较差，志愿者队伍不足，缺乏实体，第三方机构充当了"管家"的角色，很多项目过程管理的工作需要反复的培训与沟通；社区层面对文化类社会组织发展的认识不统一，认为文化类社会组织可有可无，第三方机构与社区机构嵌入度不足，很多时候沟通不在同一层面上；街道层面支持渠道不畅，街道没能将平台功能发挥出来，使得文化团队的资源渠道过于单一，缺少社会各界的支持。第三方机构在社区发掘民间人士发起成立文化类社会组织的意图由于各种原因未能成功。

在"非遗"项目中反映出的问题是："非遗"团队很多是家族式或师徒式的传承，项目基础较好，但项目运行的规范性、专业性不足；各个"非遗"团队过于分散，缺乏联系与沟通，资源难以汇聚，亟须整合。

在项目执行的过程中，"辰文故里""非遗"团队通过第三方机构的规范管理和培训指导，有效提升了团队的综合服务水平，使其具备了提供优质文化服务产品的能力，同时培养了一批优秀骨干成员，并成功注册了民办非企业法人单位——"北辰区辰文故里'非遗'传承文化促进中心"，已经开始正常运营。目前该中心运营情况良好，除文化创投项目外，还承担了北辰区2018年"与非遗亲密接触"主题活动。此外，该中心还在整理"非遗"项目档案、汇编"非遗"传承人口述史、链接"非遗"项目资源、搜集北辰民俗文化展品等方面发挥了重要作用。

八 结 论

有效的公共文化服务的供给机制是一个包括政府行政机制、市场竞争机制和第三部门事业机制三种机制相互合作关联的复杂有机系统。政府行政机制保障了基础供需型文化服务的有效供给，为社会公众提供了享受均等化文化服务的权利；市场机制则通过价格和竞争杠杆，为文化服务质量改善和服务模式创新提供了外在竞争性压力和动力；第三部门事业机制则扎根特定区域或群体的文化服务需求，实现服务的专业性和针对性，拓展了文化服务空间。公共文化服务体系的整体性、文化服务需求的多样性、公共文化服务的外溢性等特征决定了公共文化服务供给机制必须构建起三者间的协同合作机制。三者的协同合作可以避免不同主体在服务供给中所形成的自我内在缺陷，如政府失灵、市场失灵和第三部门失灵。同时，三者间的协同合作带来政府的权威和制度资源、市场的物质和信息资源、第三部门的社会网络资本资源的整合互动。整合互动将各类供给主体锁定在特定的利害关系网络中，将公共文化服务体系形成一个动态有机整体。

通过制度设计和试点实施，可以得出如下结论：

（一）政府需要首先释放政策空间

根据珠三角、长三角先进地区的经验，政府在体制机制改革创新中必须首先做出变革。坚持"两条腿同时走路"，一是政府加快职能转变，二是培育社会组织快速成长。各级政府开始系统化地思考政府应该履行的职能责任，从改革自我做起，通过"简政放权"把各类权力往基层政府下放、往基层面上放，通过"委托购买"把社会服务权与企业、非营利组织共享，通过"支持帮助"把社会治理权交还与基层自治组织，是统治型政府向服务型政府进一步转型的表现，是政府治理能力提升、治理理念变革引发的第一深度变化；

而同时，社会组织顺应社会需求蓬勃新生，向政府要权利、要认可、要地位、自主创新、积极实践，努力参与社会管理的方方面面，是"等、靠、要"的传统社会模式向"自主、自助、自治"的现代社会模式转变的表现，是多元力量介入、社会变迁转型引发的第二深度变化。

这其中从时间次序、逻辑次序上来看，政府首先释放政策空间，既是释放创新空间，又是释放第三部门的成长空间，为公共文化服务的供需对接平台建设创造政策条件。政策空间主要是指政府购买文化服务的政策、支持文化项目的政策、培育文化类社会组织的政策。对公共文化服务"供给侧改革"，需要政府转变文化方面的职能，将一些服务性事务释放出来，交给非营利性组织来承担。要将目前政府的工作逐一梳理，凡是可以通过政府购买服务的方式外包的，一律要外包。以政府的需求行动带动社会的和市场的供给行动，引发"供给侧改革"，减轻政府工作负担，有利于政府将工作重心放在引导和监管上。

（二）三大要素建设同步推进

在推进公共文化服务体系建设和文化服务创投模式建设时，需要注意三大要素建设同步推进。即平台建设、文化类社会组织培育、项目化工作同步推进，简单地说，就是平台、组织与项目同步推进，三者不可忽略任何一方，如果缺少其中任何一方，都将导致整个体系和整个模式出现严重的问题。

平台、组织与项目，这三者是相互促进、相互助力的有机统一体。平台提供供需对接方式和资源汇聚渠道；文化类社会组织的培育成长为政府转移出来的各类服务工作、为各类文化服务项目提供承接主体；政府工作的项目化和各类文化服务的项目化创造出更多的需求，引发供需对接。所以，这三者不能只侧重一方或侧重某两方，更不可偏废一方。

在试点实施过程中，发现公共文化服务创投模式的平台、组织与项目都呈现出发展不充分、数量不足、质量不高等问题，因此在下一步完善制度设计和文化创投模式的工作中，必须注意三大要素同步推进。

（三）街道社区是文化创投模式实施的重点

在制度设计和试点实施过程中，发现公共文化服务体系的重心在街道社区，文化团队活跃的地方也在街道社区。同时，街道社区也是平台、组织和项目三大要素汇聚的地方。在街道社区，最有可能实现三大要素同步发展。

北辰区各街镇都在进行文化活动中心标准化建设要求，但是，只有硬件建设，而没有软件支持和团队活动，仍然不利于长远发展。他们希望加强规划、加大投入，加快街道、社区两级文化设施建设，以高标准、高起点积极完善公共文化服务体系；加大扶持力度，便于开展丰富多彩的文化活动，并希望上级注重"送文化"的内容和与"种文化"并重推进；注重项目培育和组织培育，唯有抓好基层文化队伍建设，加强业余文艺骨干挖掘和培育，为街道、社区文化发展提供人才保障，才能推进群众业余文化活动的开展，促进基层公共文化大发展大繁荣。

（四）文化创投模式的配套政策还需健全

在制度设计和试点实施过程中，公共文化服务创投模式的运行需要多重政策的配合，并不只是文化部门一家的事。制度创新和文化创投模式政策的出台，需要区政府领导机关的支持；文化创投资金的投入和使用，需要财政部门的协助；文化类社会组织的培育和发展需要审批部门和民政部门的配合；各类项目的落地实施需要街道社区的合作。这些工作涉及多个部门，需要统筹协调，并由相关部门与文化部门联合制定配套政策，共同确定发展规划。

基层综合文化服务中心（站）管理员制度实践
——基于对滨海新区的调研结果

李悦田　王会臣[①]

摘　要： 基于滨海新区的探索实践经验，可以对基层综合文化服务中心（站）管理员制度实践情况进行分析，目前基层综合文化服务中心（站）管理员制度内容比较完善，具体实行也比较顺畅，在制度创新方面也有独特亮点，滨海新区基层文化管理员队伍建设取得了很好的成绩。但仍存在一些问题，未来在人员保障、素质提升、村域服务均等化和资金支持方面可以更进一步优化。

关键词： 基层综合文化服务中心（站）　管理员　制度实践

加强公共文化服务是实现人民群众文化权益的主要途径，是适应社会发展和人民日益增长的文化需求的重要国家治理内容。国家公共文化服务体系示范区是文化部、财政部在"十二五"期间共同开展的一项战略性文化惠民项目，每两年进行一次申报，创建及验收的周期为 2 年。滨海新区获得第四批国家公共文化服务体系示范区创建资格，利用此次机会深化公共文化服务体制机制改革，促进新区公共文化服务标准化、均等化发展。滨海新区公共文化服务示范区建设将落实国家和文化部门等对公共文化服务建设的要求，并在此基础上做进一步的创新和探索，在社会主义文化强国建设大背景之下形成示范区创建特色。

---

① 李悦田，天津社会科学院法学所助理研究员；王会臣，滨海新区文化和旅游局党委书记、局长、二级巡视员。

滨海新区位于环渤海区域中心地带，面积 2270 平方千米，辖 5 个经济功能区、21 个街镇，常住人口近 300 万，曾被文化部评为全国文化先进区。按照滨海新区公共文化服务示范区创建规划要求，到 2020 年，滨海新区将建成覆盖城乡、布局合理、便捷高效、保基本、促公平、做示范的现代公共文化服务体系，成为全面落实国家文化法规政策的先行区、推进公共文化服务体制机制改革的试验区、拓展文化服务新创举的创新区。滨海新区加强社会力量参与度，尝试进一步激发公共文化服务活力，加强体制机制改革，优化管理模式，对公共文化管理创新示范进行深入探索。本文将基于滨海新区的探索实践，对滨海新区基层综合文化服务中心（站）管理员制度进行分析，进一步了解基层公共文化服务的建设情况。

一　概　况

为了完善公共文化服务体系，天津市大力提升乡镇（街道）综合性文化服务中心建设、管理和服务标准化水平，保障广大人民群众的基本文化权益，制定了《天津市乡镇（街道）综合性文化服务中心建设与服务规范（试行）》。规范要求每个乡镇（街道）都设置综合性文化服务站，并负责指导所辖村（社区）综合文化服务中心的业务工作。乡镇（街道）综合性文化服务中心应配备 1 至 2 名专职文化管理员，常住 5 万人口的乡镇（街道）可适当增加。《天津市村（社区）综合性文化服务中心建设与服务规范（试行）》，规定每个村（社区）应设置综合性文化服务中心，并鼓励村（社区）综合性文化中心结合自身特点，试行群众自我管理制度，探索适合当地实际的运行机制。推进基层综合文化服务中心（站）管理员制度建设，是滨海新区公共文化服务示范区建设中的一项重要工作，也是结合滨海实际进行的积极探索尝试和运行管理创新。

（一）街镇综合文化站管理员

根据《天津滨海新区文化发展"十三五"规划》要求，滨海新区强化人才队伍建设，配强各文化事业单位干部队伍，落实各街镇综合文化站（中心）

编制配备不少于 1 至 2 名的要求，规模较大的街镇适当增加，切实加强基层文化队伍管理和使用。目前滨海新区有街镇综合文化站 21 个，共有管理人员 50 余名。管理员由街镇机关和事业编、派遣和临时雇佣人员组成，岗位由街镇指派、抽调或购买等方式实现，或专职或兼职；人员更换、新增由各街镇自主完成，但须向滨海新区文旅局进行报备。工作量化、考核和管理由各街镇和滨海新区文旅局协同配合开展，街镇负主体责任。按照公共文化服务示范区创建标准，目前滨海新区现有基层文化站管理员数量还不能满足基本要求，正在逐步进行调整和增加。这些管理员一方面负责辖区居村文化管理员队伍工作的日常督导，一方面接受新区文旅局的业务监督。

（二）居村综合性文化服务中心管理员

根据《滨海新区关于加快构建现代公共文化服务体系的实施方案》（滨党办发〔2016〕14 号）相关要求，自 2016 年 11 月起，滨海新区各村（社区）设置了由区政府补贴的村（社区）文化管理员岗位。同年 11 月，区文广局与区财政局共同起草了《滨海新区村（社区）综合文化服务中心管理员聘用管理实施方案》，并以区政府名义向全区下发了该方案。该方案对村（社区）综合文化服务中心管理员（以下简称管理员）进行了定义，明确了管理员职责，对管理员的聘用条件，聘用主体、日常管理、考核与补贴发放都做了详尽的规定。根据该方案，各街镇相继为辖区村（社区）配备了管理员，形成了一支由 415 名居村文化管理员组成的文化场站管理员队伍。居村文化管理员配合村（社区）工作人员组织各项活动，按照岗位要求承担相关工作，并定期在"文化随行"进行工作汇报。

二　制度内容和实行情况

（一）制度内容

根据《天津市滨海新区关于加快构建现代公共文化服务体系的实施方

案》，滨海新区加强基层文化队伍建设，进一步完善选人用人机制，着力培养一批具有现代意识、创新意识的公共文化管理者和基层公共文化服务人才队伍。根据业务发展状况，对公共文化机构人员编制进行动态调整。街镇综合文化站（中心）每站配备 3 名工作人员，规模较大的街镇适当增加，如茶淀街、杨家泊镇等配置 3 至 4 名工作人员。村（社区）设置公共财政补贴的公共文化服务组织管理岗位。稳步推进基层公共文化服务队伍培训，建立培训上岗制度。

1.人员来源

街镇和居村管理员一部分是街镇机关和事业编、派遣人员，除此之外街镇和居村文化管理员岗位工作人员需和文化服务中心（站）签订劳务协议，并根据协议要求熟知公共文化服务的相关内容，具备开展工作的相关条件，服从文化服务中心（站）有关岗位安排，在文化服务中心（站）和服务村（社区）分管文化工作的负责同志指导下开展文化服务工作。

2.工作内容

管理员承担的工作主要为：（1）根据所服务村（社区）文艺特色及文艺骨干情况组织开展工作，每年按照有关要求配合组织好所服务村（社区）文体活动，配合做好所服务村（社区）"2191"公益电影放映工作及相关考核工作。（2）根据文化服务中心（站）工作安排，做好开放所服务村（社区）综合文化服务中心的相关工作，为辖区居民提供免费借阅及使用文体娱乐设施等服务。（3）配合保管好所服务村（社区）综合文化服务中心的电脑、电视、图书、文体活动器材及相关设备，防止丢失和人为损坏。（4）按照文化服务中心（站）和所服务的村（社区）要求完成其他公共文化服务及其他相关任务和工作。

3.考核方式

相关责任单位根据工作内容设置对文化管理员考核方式，并严格实行。考核内容包括对管理员的日常基层工作巡视制度，确立了基层设施建设达标和验收标准、活动组织和参加标准，定期对管理员工作进行现场指导和抽查。在巡视过程中发现问题的，及时反馈给文化服务中心（站）所属街镇，并将抽查结果纳入对管理员日常绩效考核当中。针对管理员日常工作情况，不定期在管理员群发放调查问卷，要求参与调查管理员及时反馈，不反馈或反馈延时，相关记录同样会纳入日常绩效考核。区文旅局为所有管理员开通了"文化随行"平台管理权限，并基本实现了逐级监管、点评指导、移动互联、实时服务、简便易行的全新监管方式。

4.奖励机制

针对管理员的日常工作，制定完善的奖励机制。管理员有下列情形之一，可给予通报表扬，并在评优、表彰奖励或续聘时参考：工作认真负责、超额完成工作任务并获得上级表扬或群众认可的；组织联合相邻居村或跨区域开展活动并产生良好反响的；在全区管理员月度绩效考核排名一直处于前列的；所组织举办的活动、编排的节目、创作的作品获得区级以上奖励的；所在居村对于创建国家公共文化服务示范区知晓率高、群众满意度在全区排名靠前的；所在居村群众使用文化随行数字平台的比例在全区排名靠前的；发现并纠正全区宣传文化工作中的重大失误或对全区宣传文化工作提出重要合理化建议的；在组织文化演出队伍或文化志愿者队伍方面成绩突出、贡献较大；在信息宣传和新闻报道中成绩突出、取得显著效果等。

5.惩戒措施

管理员工作有懈怠或失职行为，给予通报批评或取消年底评优资格，对于屡教不改或改正不及时、不达标的予以辞退。惩戒包括：工作懒散、不能完成工作任务，经通报后不改正；散播谣言，搬弄是非，影响队伍团结；违反各项管理规章制度和工作纪律；利用工作之便牟取私利；工作失职渎职，造成严重后果；出现较大政治责任事故造成不良影响的；严重违反责任清单所规定的内容；其他不当言行或违规违纪行为。

（二）制度实施情况

到 2018 年，滨海新区为每个行政村配备一名村级文化服务中心管理员，按照每月 1200 元补贴和每人 310 元意外险标准落实专项资金 200 余万元，并举办 4 次基层文化骨干培训班，对 2000 余名群众文化骨干进行了业务指导和培训。10% 左右的管理员已经由于工作成绩突出，通过组织文化活动和提供文化服务，获得了基层群众的支持和拥戴，成为居村两委成员。目前，管理员已成为居村管理人才输送的重要通道。

三 制度创新和取得成绩

（一）管理员运用"文化随行"进行工作创新

滨海新区将公共文化服务的提供方和对象紧密结合在一起，开创性地利用"文化随行"作为管理平台，解决了管理实时性问题，突破了时空限制，提高了公共文化服务质量和管理水平。"文化随行"平台系统由基于大数据的文化服务信息资源中心、基于互联网与物联网技术的公共文化服务平台、基于移动智能终端的文化信息移动平台和基于云计算和数据挖掘的文化服务监管平台四部分构成。滨海新区基层文化管理员通过"文化随行"App 的工作汇报功能，通过工作描述、现场图片、卫星定位等上传数据记录工作，形成多媒体工作日志。责任单位随时查阅每个管理员的工作信息，后台数据库对每个街镇、居村工作情况进行数据汇总和分析，及时了解相关情况。每个功能区、街镇文化干部都可以通过"文化随行"App 对本辖区文化管理员进行监督。后台可实现群发信息、开展工作评论、工作提醒、成绩打分、记录收藏及意见回复等操作。管理员流动或变更时镇拟写情况说明，经分管领导签字加盖公章后报送，"文化随行"平台审核报送领导同意后方可更改。

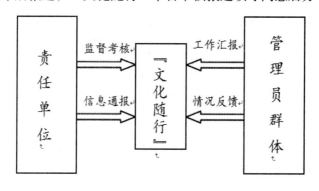

文化随行管理平台运行模式

（二）充分发掘基层群众文化参与自主力

农村地区是公共文化服务体系建设工作的重难点区域，为解决文化队伍匮乏问题，滨海新区采用面向基层群众进行基层文化管理人员选聘、使用、培训，通过"从群众中来，到群众中去"的方式加强农村基层文化管理队伍建设工作，更加贴近基层群众的文化服务需要，为农村地区群众提供更加优质的文化服务。滨海新区不断完善基层文化管理员组织制度和管理制度，街镇按照"公开、平等、竞争、择优"原则聘用管理员，实行"区补贴、街镇聘、文化站管、居村用"的运行管理模式，从管理员所在社区（村）或相邻社区（村）进行定向招录。

文化管理员制度解决了基层文化队伍专职化问题，经过区文旅局与街镇联合评估，可以破格聘任特殊人才，广泛吸纳基层优秀文化活动组织者和文化人才。农村作为公共文化服务的末梢，"送文化"的模式固然能解决一部分人才短缺问题，但是关键的是如何肥沃基层文化土壤，形成"种文化"的良性发展态势。基层文化管理员制度就是"种文化"战略的重要步骤。滨海新区文化管理员带领群众不断更新文化服务内容，组织开展戏剧、音乐、舞蹈、曲艺等文化艺术辅导培训，每个管理员都能够成为优秀文化的播种者。

（三）改善了基层公共文化服务环境

2018 年滨海新区新建和改造 15 个街镇综合文化站、推动 150 个村居文化设施达标，《关于进一步加强街镇文化站人员队伍建设的通知》《天津市滨海新区街镇居村公共文化设施三年达标实施方案》等文件，明确了街镇文化站设施配备和人员职责，划定街镇文化站服务标准。文化管理员重要职责之一就是维护文化站的设施和建设维护文化站的环境。

以图书服务为例，根据有关规范要求，乡镇（街道）综合性文化服务中心（站）书刊阅览室需配备不少于 15 个阅览座席，藏书不少于 2000 种，藏书量不少于 3000 册，报纸杂志不少于 10 种等。图书馆维护需要管理员定期登记保管和按时添加图书，确保总分馆服务体系不断完善，21 家街镇分馆和 306 家基层服务点运营活动中，涉及文化服务中心（站）的都由文化管理员承担。管理员制度对于实现公共文化服务均等化和完善服务设施起到了重要的作用。

（四）丰富了基层文化活动的开展

文化管理员根据全区统一安排保证社区（村）文体中心开放并开展活动，配合做好滨海"2191"公益电影放映、文化下乡、图书流动服务工作，配合做好宣传、广电、精神文明创建、文化市场监管、文物保护、体育、旅游、民政、科技等方面工作，配合完成相关部门对社区（村）基本公共文化服务及其他相关工作，负责完成区宣传文化主管部门布置的其他相关任务和工作。在文化管理员带动下，通过改进文化设施，吸引了很多群众投身到文化服务团队中去，滨海新区组建起 130 余支文化志愿者队伍，形成滨海新区公共文化服务的有生力量。

在管理员组织下，乡镇（街道）综合文化站每年开展不少于 52 次文体活动，组织开展针对残疾人、未成年人、老年人和外来务工人员等特殊群体的文体活动不少于 2 次，单项群众体育活动不少于 6 次，具有一定规模的综合性群体活动不少于 6 次。2018 年年初，新区将"丰富群众文化生活，举办各类品牌文化活动 300 场以上"列入民心工程。在居村文化服务中心管理员工作推动下，提升农村文化品牌，基本实现每镇拥有 1 个以上文化服务品牌，每村拥有一个文化品牌。推出服务外来建设者的十大举措，送图书、演出、电影到工地，在节假日邀请外来建设者进院线看电影，举办外来建设者艺术节，搭建才艺展示平台，让外来建设者进一步享受新区文化发展成果，实现公共文化服务均等化。

各文化服务中心（站）活动举办情况

	每月3至4次	每月1至2次	半年3至4次	半年1至2次	一年1次
阅读活动	30	68	32	152	5
专题展览	6	25	24	68	34
健康讲座	10	70	62	108	28
演讲朗诵	5	26	21	87	43
亲子活动	11	21	44	104	28
普法教育	14	51	54	108	20
廉政宣传	7	31	26	73	33
戏曲表演	15	17	39	44	47
相声小品	1	8	8	36	40
电影放映	3	138	38	58	17
书画/纸艺展示	10	29	28	58	47
棋牌比赛	13	24	20	70	57
体育比赛	3	18	22	75	50
广场舞表演/比赛	19	34	42	77	55
声乐表演/比赛	8	24	22	41	33
专业文艺辅导	7	15	20	52	29
志愿服务	48	84	47	51	10

数据来源：对滨海新区319名街镇和居村综合文化服务中心（站）管理员发放问卷进行的数据统计。

四 实践过程的若干问题

（一）人员保障持续问题

文化管理员按照每月1200元补贴和每人310元意外险标准落实，但补贴数额还不到天津市工资最低标准。由于薪酬标准不高，从基层聘任的文化管理员年龄普遍偏大，管理员平均年龄在50岁以上，很多是退休人员。虽然优秀管理员可以获得额外的补贴和奖励，但是总体来说管理员的薪资待遇对于中青年人才吸引力微弱，无法形成吸聚人才的蓄水池效应。并且人员更换非常频繁，缺乏稳定性，到目前为止管理员更换占比已经达到90%以上，部分街镇或居村文化站岗位人员更换 3 次以上，造成工作衔接不畅、长效性机制建立困难、长期性文化活动组织困难等问题。

人员年龄断代问题比较突出，文化服务中心（站）的青年管理员多数是街镇机关公务员、事业编和派遣人员，真正从基层吸纳中青年管理员数量不多。管理员制度的目的之一就是解决文化队伍的人员保障不足问题，但目前来看填补的人员在年龄结构上出现了较明显的不均衡。虽然当前文化服务中心（站）的重要服务人群也以老年人为主体，但是随着文化建设的多元化和公共文化服务要求提升，青年文化服务发展也是关注的重点，相关人才缺乏将无法吸引青年人走进文化服务中心（站）。群众形象地将基层文化服务中心比喻为老年俱乐部，虽然有偏颇之处，但也反映了基层文化队伍活力不足的问题。

（二）人员素质优化问题

管理员队伍年龄偏大，工作容易缺乏创新性，各文化服务中心（站）活动组织、服务提供同质化现象比较明显。同时，管理员队伍学历普遍不高，只有少数人拥有大专及以上学历，居村综合性文化服务中心管理员这一问题更加凸显。按照聘任要求，管理员应具备一定文字基础，能独立制定并完成工作计划、实施方案、工作总结和新闻信息等，熟练使用手机和电脑办公系统。实际上相当一部分管理员在技术要求较高的文化活动方案策划和区域文化产品开发方面，存在欠缺和不足，只是满足日常设施维护和程式化的活动组织。

大部分管理员能够基本满足工作需要，但存在问题是滨海新区面临承担公共文化服务示范区建设的创建要求，必须实现公共文化服务的全面提升，那么对基层文化队伍的素质要求必然更加高标准。以当前的文化服务中心（站）管理员平均素质来看，离示范区创建的要求还有一定差距。特别是居村文化服务中心管理员，有群众反映农村文化中心组织活动不新颖，几年下来组织的活动形式基本不变，形式和内容都非常程式化，管理员对于方案设计和实施筹备缺乏创新能力等。

（三）村域发展不平衡问题

居村文化服务中心由于各村经济水平和地理位置的影响，村域之间条件差异比较明显。特别是在城市化建设过程中，涉及近40个拆迁村，原行政村基本或部分拆迁，原有文化设施或保留或已拆平，村民搬迁后原设施基本无服务对象。村民搬迁至还迁社区，新社区有文化设施载体，村建制还保留的，能继续提供文化服务。但一些新社区没有新建文化设施或者文化设施严重不足，则文化服务中心无法满足群众文化需求。新还迁社区或新还迁示范镇多村共用，也导致村文化管理员、社区文化管理员组织开展文化有诸多不便，服务对象无法明确的情况。

滨海新区涉农区域面积地理跨域较大，居村文化服务中心的服务对象和设施环境存在较多独特性，群众对服务内容的要求也不同。部分农村群众对戏曲文化要求较高，一些农村则是传统的书法之乡或刺绣之乡，那么文化服务中心提供的服务必须满足更高的专业性要求。而一些农村群众文化基础较薄弱，对于参与文体活动不十分积极，则需要居村文化管理员发挥更多的带动引领作用。居村文化管理员的工作内容要相对更加灵活也更加复杂，一方面需要形成本村特色，另一方面又要着力提升农村文化服务层次，更加考验管理员的水平和能力。

（四）资金支持短缺问题

人员保障的实现需要提供更充足的资金支持。对于街镇管理员，应实行更灵活薪酬制度和补贴制度。但是资金短缺一直是困扰文化服务中心（站）管理员制度提升的一个瓶颈。虽然有一定专项支出地提供，但是滨海新区公共文化服务建设的内容繁多，经过预算平摊，可用于支持文化服务中心管理员队伍建设的部分数额并不是很多。但目前管理员数量和质量同公共文化服务示范区建设要求又存在差距，进一步的打造和提升非常必要，资金短缺问题应尽快解决。相关责任单位与区财政、农委、人社、民政部门也多次协商，拟提升补贴并落实管理员的身份，但均由于财政资金不足、人员编制不足、禁止招收派遣人员等原因搁浅。

同时各街镇和社区（村）要为管理员提供必要的办公处所、工作装备和办公设施等，保障必需业务经费及管理员办公费用。各文化服务中心（站）存在一定的条件差异，管理员办公环境也有所不同，个别文化中心管理员所使用电脑长期未进行系统更新，一些文化设施也未进行换代淘汰。特别是一些居村服务文化中心，工作装备和办公设施老化的情况比较明显，应加强相关的资金投入，帮助文化中心进行更好的硬件提升。

五　未来发展的优化建议

（一）吸引人才保障管理员队伍建设的持续性

吸引人才的基础条件就是提高待遇问题，目前的管理员待遇还有可提高的空间。被聘人员已纳入社保体系的每人每月应按照 1500—3000 元发放补贴，被聘人员未纳入社保体系的按新就业或再就业人员对待，每月应按照不低于本市最低工资标准发放补贴。除此之外人才选拔可以不拘一格，基层综合文化服务中心管理员和一般岗位不同，要求一定的文化和艺术素质，因此招聘可以更倾向特殊人才，应打破常规，对在文艺创作、文化创意方面水平较高的应聘人员开辟绿色通道，允许暂时超编进入。可适当增加兼职管理员岗位，让文艺骨干积极投身于文化服务工作中心的工作，服务时间可以更加灵活的设置，在有限待遇条件保障的情况下，通过打造宽松的文化创意环境可以吸引文化人才的加入。

（二）完善培训机制促进管理员素质长效培育

文化管理员素质培育是一个多管齐下的过程。要解决文化管理员学历和素质层次不合理问题，还必须要重视长效的培养过程，需要科学制定培养规划，加大培养力度。所以必须要完善现有的培养机制，首先，各文化服务中心（站）都要依据自身情况，制定完整的培养计划。要根据工作需求制定具体的培养方案，并分步骤实施。其次，要创新培养方式，利用网络和新媒体灵活打破时空限制，灵活培养管理员队伍。第三，可以同社会力量共同合作，建立同学校和培训机构、服务机构的联系。第四，丰富培训内容，针对文化管理员的工作特点设计符合需求的培训课程，针对在岗管理员的技能缺口形成重点培训项目。滨海新区已经认识到对管理员后期培训的重要性，每年开展 3—5 次针对所有管理员的集中培训，邀请国内公共文化服务领域专家学者、学术带头人、群文领域知名人士等莅临滨海新区针对示范区创建、普法解析、活动策划、总分馆建设等领域开展培训。

（三）因地制宜进一步促进村域文化服务均等

基层文化管理员充当的是群众文化需求代言人的角色，解决村域文化发展不平衡是一场持久战，一方面需要上级主管单位提供更多的政策和物质扶持，另一方面也需要基层文化管理员更加深入群众，设身处地地了解群众的文化需求并准确向责任单位富有专业性地传达情况。涉及拆迁村文化设施重建和文化服务对象调整的问题，以及个别村文化设施不足和老旧的问题，责任单位和基层文化管理员应形成良好的合作关系，管理员通过实地考察把情况不差分毫地如实记录、如实汇报，责任单位提供解决方式和扶持办法。部分居村文化服务中心可以自己克服的问题，也要发挥管理员的智慧，从本村实际入手，利用一切现有条件或发挥群众力量就地解决。服务均等化是一个长期的过程，需要上级扶持和下级努力共同完成，这中间需要依靠管理员的部分会逐步增加。

（四）加大资金投入合理发挥激励机制的作用

要进一步落实基层文化人才培养专项经费，加大公共财政投入力度，切实改变基层文化管理员待遇不足和办公设施、文化服务设施不到位的状况。区财政可以按优秀、良好、合格、一般四档核拨管理员补贴，优秀、良好、合格、一般分别按 10%、20%、50%、20%核定人数并分别按每人每年按不同数额发放补贴。对于做出突出贡献或获得年度优秀的管理员纳入各级评比表彰奖励的范围。

六 优秀个案的情况展示

（一）太平镇文化站

太平镇文化站定期组织各村文化管理员在文化站、图书馆参与培训，传达文化活动组织宗旨。2019 年上半年为配合"相约滨海、祝福祖国"大型文旅活动，太平镇文化管理员组织传唱以《我和我的祖国》为代表的 11 首经典歌颂祖国的歌曲。为迎合节日的氛围，传承文化，开展以"我和我的祖国"为主题的系列活动。各村选拔农民歌手并且成立合唱队参加活动。同时积极响应滨海新区创建公共文化服务体系示范区的号召，加大力度宣传"创建国家公共文化服务体系示范区"，努力提高群众知晓率、满意度和参与度。各个村庄文化管理员积极配合，提升太平镇的品牌形象。提高图书馆使用率，努力实现文化惠民。将滨海新区派发的图书经由管理员登记后分门别类上架，并组织村民开展各种读书活动。太平镇文化站要求文化管理员多与村居委会进行沟通，丰富群众的业余生活并及时提出问题，解决问题，保障人民的基本文化权益，提升百姓的文化获得感和幸福感。

（二）新河街文化站

为了进一步规范社区文化展的日常管理，更好地为辖区居民提供优质的文化服务，新河街重视对全社区文化管理员的培训活动。站长会为 11 个街道的文化管理员讲解公共文化服务体系示范区创建的相关知识。并且大力强调街道文化服务站日常工作的重要性。新河街文化对文化管理员针对本社区文化活动的成功案例进行分析讲解。同时文化站重视向管理员介绍文化随行 App 的使用须知，定期督促更新，讲解每项功能的实际操作方式。新河街文化站特别为文化管理员开展了"公共文化空中大课堂"培训，用核心价值观引领网络文化建设，提供面向基层文化工作者的在线学习服务，提升了文化管理员的全面素质。

（三）杨家泊镇综合文化服务中心

杨家泊镇重视提升文化管理员的业务水平，特意安排文化管理员和文化骨干、文艺团队负责人一同接受培训。杨家泊重视村级文化专项经费的申请试用程序，并规范了村综合文化服务中心服装、道具、图书等文化物品的使用和定期盘查。文艺骨干和文化团队负责人提出的问题，及时给予解答和解决。杨家泊镇还注重对文化管理员的业务水平培训，包括"公文信息写作""电子设备操作""农家书屋管理"及"群众文艺团体发展"等。在培训中，对各文化管理员的工作内容和职责进行了进一步细化和拓展，鼓励各文化管理员积极宣传、发动、组织、村民参与村文化活动，在大力发展舞蹈、戏曲等文艺团队的同时，多开展讲座类活动，使基层公共文化服务辐射更多的村民，推动农村文化事业繁荣发展。

西青区基层群众文化团队培育与激励机制

郭　颖　于建玮　杨丹丹①

摘　要： 近年来，西青区坚持以习近平新时代中国特色社会主义思想为指导，立足全区，以群众需求为导向，以长效常态为目标，以基层为重点，不断创新服务方式，多措并举，促进群众文化队伍长效发展，在工作中，总结经验、弥补不足，创新机制、大力扶持，通过制度化建设，引导和促进群众文化团队升档次、提质量、上水平，使之步入规范化、科学化和可持续发展的良性轨道，这对于促进现代公共文化服务体系建设以及经济社会又好又快发展，提升群众获得感、幸福感，都具有十分重大和深远的意义。

关键词： 基层群众文化团队　培育　激励　机制

一　基层群众文化团队培育与激励机制提出的背景

基层群众文化团队是随着社会经济的发展、人民生活水平的提高、余暇时间的增多而快速发展起来。基层群众文化团队是连接基层文化阵地和群众文化活动的重要桥梁，加快基层群众文化团队建设，对于繁荣文化市场、丰富群众文化生活、弘扬民族民间艺术、推进城乡文化建设，充分体现国家在发展文化事业中的"人民主体地位"的理念具有重要意义[1]。

---

① 郭颖，西青区文化和旅游局局长；于建玮，西青区文化和旅游局公共服务科负责人；杨丹丹，西青区文化和旅游局公共服务科科员。

（一）基层群众文化团队的内涵

基层群众文化团队特指以公益为主要目的，群众自发组织、自筹资金、自愿结合、自我管理、自我发展，坚持文化活动的群众组织。包括由区文旅局、街镇文化站登记备案的文化社团组织，也包括群众自发组织、自娱自乐、自主活动的松散式文艺团队。自发性、群众性、区域性是其典型特征。基层群众文化团队具有繁荣群众文化、传承传统文化、引领社会风尚、丰富业余生活、政策宣传等多种功能。

（二）基层群众文化团队培育与激励机制建设提出的背景

经过多年对基层群众文化团队的建设扶持，西青区群众文化团队发展取得了显著的成效，队伍数量明显增加，文艺骨干明显增多，表演水平明显提高，队伍影响力越来越大。但通过对全区群众文化团队摸底调研，我们认为群众文化团队发展仍然存在待解决的问题。一是政策因素。过去，西青区群众文化团队主要靠群众自发组织形成，相关扶持政策滞后。二是群众文化团队不稳定。群众文化团队组建后，以松散型团队为主，表现为没有固定的演出场所，除了几个核心成员外，其他成员不固定，也没有相关的团队章程，以自娱自乐的方式为主，内部管理制度不健全，激励机制滞后。三是资金保障缺乏稳定性。各级财政对于群众文化团队建设扶持财力投入不稳定，致使有些队伍活动开展困难，发展后续乏力。四是文化团队人才资源不够丰富。目前，群众文化团队多为基层群众因兴趣自主组建，具有较高文艺素养的人才较少，队伍人才老化或者培训机会较少，制约文化团队创新发展。五是平台展示不够广泛。群众文化团队以春节系列文化活动、文艺大舞台、文化下乡等区级活动及街镇的群众文化艺术节、冬枣节、武术大会等为主要展示平台。群众文化团队亟须更多平台予以展示、交流、提高。

（三）基层群众文化团队培育与激励机制建设的良好基础

1.经济基础：地区经济发展迅速

西青区主要经济指标连续多年位居全市区县前列，为基层群众文化团队培育与激励机制建设奠定了雄厚的经济基础。随着物质生活日益富足、社会保障体系日益完善，城乡居民越来越多地关注精神文化层面的需求，西青区设置群众文化团队经费，用于对群众文化团队直接补贴、交流展示、场地提升、以奖代补等，群众文化队伍活动条件得到明显改善，为群众文化团队发展提供了坚实基础和良好条件，使群众能及时、便捷、就近享受更有品质的精神文化生活。同时，也培养了一批优秀的群文骨干，催生了一批有品位、有特色、有新意的基层群众文化团队。

2.组织基础：政府部门积极作为

西青区委、区政府高度重视文化建设，把各项文化事业发展纳入全区整体事业发展规划，与区委区政府目标管理责任制挂钩，不断加大对文化事业的资金投入，全区形成了"党委政府统一领导，宣传文化系统高度负责，全区上下齐心协力，社会各界共同参与"的文化事业发展工作格局。区委、区政府出台《关于加快构建现代公共文化服务体系的实施意见》（津西党办发〔2015〕53号），以创建国家级公共文化服务体系示范项目为契机，按照"一条主线，两个重点，三个基础，四项机制"的工作思路，开展基层群众文化团队培育与激励机制建设工作，全面提高群众文化团队建设整体水平。

3.建设基础：公共文化服务体系覆盖城乡

多年来，西青区坚持以实现中华民族伟大复兴的中国梦为指导，以保障人民群众基本文化权益为目标，全力构建公平、惠民的公共文化服务体系。文化设施网络广泛覆盖。投入大量资金建设了"布局合理、配套完善、综合利用、共建共享"的区、街镇、村（社区）三级文化基础设施网络，实现了文化基础设施网络广泛覆盖，人文环境得到彻底改善。区"十五分钟文化圈"形成，公共文化设施网络健全，为群众文化队伍展示才艺、开展文化活动提供广阔舞台和空间，文化活动开展日益丰富。以"品牌文化活动注重发展创新，常态文化活动持续深入开展，特色文化活动彰显文化底蕴"为发展思路，打造了杨柳青元宵节大型灯展、秧歌花会展演、文艺大舞台演出、民族戏曲公益会演、文化大讲堂、中国杨柳青木版年画节、世界精武大会等品牌文化活动，推动了群众文化、高雅文化和传统文化百花齐放。人民群众的文化生活日益丰富。文化队伍建设扎实推进。实施了文化素质提升工程，先后组织实施了"六个百"系列文化工程、"千人百室"农村基层文艺骨干培训活动、群众文化队伍建设提升工程、群文大课堂培训工程、文化大讲堂工程等公益文化项目，书法、美术、诗歌、声乐、器乐、秧歌、戏曲、舞蹈、图书管理等常态培训全面开花，受到群众的欢迎，效果明显。文化对外交流日益频繁，以"年画文化"和"精武文化"为代表，多次走出国门开展对外交流活动，彰显文化自信。霍元甲文武学校被文化部命名为"对非培训基地"，文化对外交流活动日益频繁，促进西青区文化资源在包容开放的政策下和频繁的对外交流中焕发新的活力。

4.群众基础：群众文化队伍建设成果

近年来，西青区通过制定《群众文化队伍管理办法》、构建三级文化阵地、加强文化人才培训、举办丰富多彩的群众文化活动等方式，为群众文化团队活动提供了基本的制度、场所、人才保障，搭建了丰富的展示平台，使群众更加便于、乐于参加文化队伍活动。精心谋划，群众文化团队发展有制度保障。群众文化团队建设之初，西青区精心谋划、统筹部署，对全区群众文化团队进行了认真细致的摸底调研，并结合国家公共文化服务体系建设的相关标准，积极借鉴其他先进地区在群众文化团队管理方面的经验，制定印发了《西青区群众文化队伍管理办法》，从人员规模、艺术门类、节目创新等方面提升团队的质量，为群众文化团队发展提供科学的制度保障。重视基础，群众文化团队发展有场所保证。加大文化设施建设力度，是群众文化团队发展的重要基础。首先，区级文化阵地扎实推进。西青区文化馆、图书馆、文化中心剧场、展厅成为全区文化培训、全民阅读、文艺演出、展示交流的重要平台。其次，乡镇（街道）综合文化站规模档次不断提升。10个街镇均建有综合性文化服务中心，各个文化服务中心功能设施齐备，全部免费对公众开放。第三，村（社区）文化阵地充满活力。从 2008 年开始实施农家书屋、村文化室建设工程，已经实现了行政村和社区文化室、农家书屋全覆盖的目标，设有专人管理，每年由区政府出资，为每个村农家书屋、文化室配备出版物和文化器材。加强培训，群众文化团队发展有人才支撑。西青区对建有群众文化团队加强培训、辅导，采取专业干部一对一辅导、外请专家讲座、参观考察等方式，从人员规模、艺术门类、节目创新等方面提升队伍质量。目前，已有 380 支群众文化队伍达到了一定规模和活动水平，涵盖了声乐、舞蹈、器乐、曲艺等多个艺术门类。活动丰富，群众文化团队发展有平台展示。以三级文化阵地基础，以国家级、市级、区级、街镇级、村级五级群文活动为重要展示平台，积极为各类群众文化团队搭建交流平台，充分展示其文化风采和艺术魅力。仅区级演出每年安排活动近 200 场，全区 90% 的村和社区的群众文化团队在活动中得到了展示，拓展了文化惠民的辐射空间和受益人群。

二 基层群众文化团队培育与激励机制建设的主要经验做法

（一）明确"一条主线""两个重点""三个基础""四个机制"

1.明确一条主线

以"全心全意为人民服务"为主线，以群众需求为出发点，按照政府引导、全民参与、社会共享的模式，充分发挥群众文化团队的自主性和创造性，推进群众文化团队培育与激励机制建设。

2.突出两个重点

第一，以为群众文化队伍提供规范化制度为重点。探索形成比较完善的管理服务机制、多层面的人才培育机制、形式多样的扶持激励机制、开放性展示交流机制，为群众文化团队规范建设、顺利成长、长效发展提供制度引导，最终完成群众文化团队从自娱自乐到有序、健康、长效发展的转变。

第二，以培育优秀文化队伍和文化精品为重点。通过对群众文化团队的宣传推广、扶持建设、培训提升、展示交流，实现群众文化团队的普及与提高，最终实现培育一批优秀的群众文化团队，收获一批优秀的群众文化作品，进一步提升地区文化品位和文化知名度。

3.强化三个基础

第一，强化区级文化阵地建设基础。进一步提升区图书馆、文化馆阵地基础，提升区级文化阵地服务质量和水平，增加服务项目和服务内容，拓展服务外延，实现公共文化服务资源共享。提高图书馆、文化馆及其他区级文化阵地免费开放服务水平。

第二，强化街镇级文化阵地建设基础。高标准完善街镇综合性文化服务中心，推动街镇开展独立综合性文化服务中心建设，完善文化体育活动功能、书刊阅览功能、教育培训功能、网络信息功能等基本功能。全面深化免费开放，把街镇文体中心建设成群众文化队伍建设和提升的综合枢纽站。

第三，强化村（社区）文化阵地建设基础。继续实施农家书屋和村文化室充实完善工程，在全区公共文化服务场所安装了二百余台电子借阅机，实现了区、街镇、村居三级阵地的资源整合和互联互通。建设青阅书苑城市书房，作为村居级文化阵地的有效补充，提升村居文化阵地服务效能。

4.建立四项机制

第一，构建群众文化团队建设管理服务机制。完善文化团队长效管理服务体系。组成主体明确、层次分明的群众文化团队管理机构，在完善准入管理机制，实行群众文化团队登记制度，充实完善西青区群众文化团队管理办法。

第二，建设群众文化团队激励机制。首先，建立公共财政稳定投入机制。建立与西青区经济发展水平相适应、与财政能力相匹配、与群众文化团队发展需求相符合的区、街镇、村三级公共财政稳定、合理投入机制。制定了《西青区国家公共文化服务体系示范项目创建专项资金管理暂行办法》，为群众文化团队资金保障提供制度支撑。其次建立有重点、有差别的扶持激励办法。一方面，为了保障群众文化团队基本生存需要，每年由区财政拨付资金对每支新建文化队伍给予普遍性的扶持资金，给予基本的活动经费保障。另一方面，开展"双十佳""星级群众文化队伍"评定活动，对扎根基层的群众文化团队领头人、文化能人、文化活动积极分子、优秀群众文化团队等进行表彰。再次，鼓励社会力量参与扶持和建设。建立健全政府向社会力量购买公共文化服务机制，将政府购买公共文化服务资金纳入区财政预算，结合群众文化团队实际需求，开展"菜单式""订单式"服务，为基层群众文化团队提供更多更广泛的展示平台。

第三，形成多层面的人才培育机制。首先加大群众文化队伍管理人才培养。群众文化队伍管理人才培养包括对基层文化干部的培养和文化队伍核心成员的挖掘培养。依赖于文化站长培训、文化骨干培训、文化大讲堂、民族戏曲演出等平台，对街镇文化干部进行书法、美术、戏曲、舞蹈等基本知识培训及文化队伍管理的重点培训。同时，加大对群众文化队伍中核心成员的挖掘及培养。对群众文化队伍管理人才的培养在对队伍稳定性、队伍发展目标和发展方式上有很重要的促进作用。其次完善群众文化队伍文艺人才培训机制。对文艺人才实施对口培训和对口交流。对口培训方面，采取下派专业干部、外请群艺馆和高校专业老师的方式，根据艺术门类的不同进行有针对性的培训，同时，根据声乐、舞蹈、戏曲曲艺、器乐、静态和综合等六个艺术门类采取专项集中培训的方式。对口交流，一方面采取集中展演的方式，举办文艺大舞台、群众文化艺术节和秧歌花会展演等群众文化活动，使群众文化队伍在展演中学习、交流、提升。另一方面组织相同类型的群众文化队伍互派人才相互学习，加强街镇间文化队伍的交流和合作。尤其是要充分发挥文联、专业院团的专业优势，将文联以及专业院团的优秀人才资源纳入群众文化队伍建设扶持工程中来，帮扶、指导基层群众文化人才。最终形成群众文化队伍日常"有培训、有辅导、有交流、有演出"，建设"有制度、有管理、有发展、有创新"，培养一批优秀的群文骨干和群文爱好者。

第四，构筑开放性展示交流机制。首先，丰富五级群文活动，构建多层次展示平台。以国家级、市级、区级、街镇级、村级五级群文活动为重要展示平台，充分展示群众文化队伍文化风采和艺术魅力。鼓励本区群众文化队伍以"请进来，走出去"的形式，参加市级、国家级赛事，同区外群众文化队伍进行广泛交流合作，不断提升区域影响力和示范项目凝聚力。其次，与志愿服务相衔接，提升建设扶持内涵。将群众文化队伍与文化志愿者服务体系相衔接。鼓励群众文化队伍加入文化志愿者队伍，完善基层群众文化队伍文化志愿活动管理服务的长效机制。通过相关制度和政策引导，鼓励群众文化队伍依托区、街镇、村三级文化阵地，借助重要节假日，开展丰富多彩的文化志愿活动。

（二）注重顶层设计，强化机制保障

将基层群众文化团队培育与激励机制建设纳入国民经济和社会发展规划，纳入政府重要议事日程，建立"3+3"创建工作模式。即"三个工作保障体系+三个工作机制"，为进一步推进基层群众文化团队培育与激励机制建设奠定了良好的基础。

1.建立组织保障体系

成立了推进国家公共文化服务体系示范项目创建工作领导小组，领导小组由区人民政府主要领导任组长，分管副区长任副组长，区委宣传部等22个单位为成员单位，领导小组办公室设在区文旅局，责任分工明确，定期开会，按季度、分阶段研究重点难点问题，对推动项目进展起到重要作用。形成了完整的组织保障体系。

2.建立政策保障体系

引智聚力，为基层群众文化团队培育与激励机制建设提供智囊支撑，与天津师范大学等多所高校建立战略合作关系，为队伍发展政策制定、培训辅导等提供智力支持。在基层群众文化团队培育与激励机制建设期间，相继印发了《西青区加快构建现代公共文化服务体系的实施意见》《西青区加快构建现代公共文化服务体系实施方案》和《群众文化团队管理规范》等11项相关政策文件，为基层群众文化团队培育与激励机制建设工作提供了有效的政策保障。

3.建立资金保障体系

财政部门为基层群众文化团队培育与激励机制建设提供强有力的资金保障。文化与财政等部门联合印发《西青区国家公共文化服务体系示范项目创

建专项资金管理暂行办法》，用好上级下拨和自身投入的创建经费，确保专款专用。在经费使用过程中，审计、财政等部门定期对经费管理使用进行审计、审查，严格经费管理使用纪律，确保各项经费使用记录和票据齐全。

4.建立协调联动机制

明确由西青区文旅局副局长担任示范项目创建联络员，负责与市文旅局及国家创建办公室的工作衔接和信息沟通，协调落实创建具体工作事宜。基层群众文化团队培育与激励机制建设期间，按要求参加市文旅局召开的各类会议，并多次做交流发言。为加强对全区10个街镇创建工作联系沟通，明确由各街镇文化站长担任各街镇创建工作联络员，落实工作职责和工作要求，定期召开联络员工作会议，沟通交流有关情况，部署、推进相关具体事宜。

5.建立督导检查机制

加强公共文化服务体系示范项目建设的督导检查考核，将该项工作纳入全区绩效考核，区政府牵头制定考评细则，将文化设施建设、文化队伍的建设、文化活动的开展等指标体系细化和可操作化。明确了分工，落实了责任，强化工作措施，每个季度进行项目的督导检查，确保了创建的各项工作落到实处。

6.建立宣传报道机制

及时建立了宣传报道工作机制，组建了信息员队伍，开办了西青区文旅局、西青区文化馆、图书馆、博物馆微信平台。建立了三级媒体联络网络，宣传媒体涵盖纸质媒介、网络媒介和电视媒介等多种方式，实现了宣传方式的全覆盖。对此，国家级媒体宣传报道达三十余次，市级媒体报道二百余次，区级媒体宣传报道千余次。特别是央视《新闻直播间》节目报道了西青区元宵节秧歌花会队伍展演活动情况，《中国文化报》对西青区现代公共文化服务体系建设做了专题报道，并专版介绍了西青区示范项目创建情况。

（三）完善过程管理，着力打造"成长型"文化团队

1.提前谋划，引导队伍规范建设、长效发展

在基层群众文化团队培育与激励机制建设过程中，注重整体谋篇布局，

重点做到了"5 个提前谋划"，引导队伍规范建设、长效发展。即：提前谋划队伍建设数量，每年建设的队伍数量都提前调研考察，根据实际情况设置合理数字，不盲目追求量的增长；提前谋划培训重点，根据队伍实际培训，提前谋划来年的培训重点，有的放矢的安排培训场次和内容。如，开设高端的文化大讲堂活动，邀请知名专家学者参与其中，每年都提前了解群众需求，提前计划好邀请专家学者的方向，几年来，邀请全国知名专家学者到西青讲学 34 次，将群众文化基础理论、先进理念、专业知识等送到西青百姓身边，建立起标准化的群众文化团队服务管理规范体系。提前谋划展示活动。根据队伍培训提升的情况，设计适合不同类型队伍交流展示的活动，如专门为群众文化队伍设计策划的"我的舞台我做主——群众文化队伍交流展示活动"，已经成功举办了 4 年，演出展示百余场，百余支群众文化队伍登上了这个专门为他们搭建的舞台；提前谋划文艺精品创作，对不同级别不同门类的队伍提前设计文艺创作方向，如创作编排了大型舞台剧《武传奇》，在全国进行了巡演，产生了巨大的影响力。启动了杨柳青年画舞蹈复兴工程，已编排创作了《连年有余》等 6 个年画舞蹈，2020 年前，将编排完成一整套反映杨柳青年画文化的舞蹈剧目。提前谋划产业化发展，对具有市场演出能力的团队，鼓励其申请营业执照和营业性演出资质，逐步走上产业化发展道路。

2.完善管理，着力打造"成长型"文化团队

详细分析群众文化团队发展规律，从队伍建立、成长、壮大、成熟，到示范引领，每个环节都给予支持鼓励，着力打造"成长型"文化团队，一是文化队伍建立之初给予启动引导经费；二是队伍成长过程中精准帮扶给予培训辅导。开展以"精准帮扶种文化"为关键措施的培训，派遣专业文艺骨干包街镇长期驻地开展特色文化培训，根据声乐、舞蹈、戏曲曲艺、器乐、静态和综合等六个艺术门类采取专项集中培训的方式，每年累计培训 2600 学时，培训各类群众 10000 人次；三是队伍壮大发展后开设"我的舞台我做主"、群众文化艺术节等专题活动以奖代补，对优秀传统文化队伍，给予"一事一议"专项扶持，鼓励文化队伍创作精品，提升水平；四是队伍成熟后开展星级评定，分等级给予奖励资金，印发《西青区群众文化队伍星级评定工作方

案》，每两年给予 50 支星级文艺团队资金补贴；五是引导优秀团队申请营业性演出资质，搭建差异化、阶梯形展示交流平台，通过政府购买服务方式支持引导民间文艺团队发挥其示范引领作用，实现从"输血"到"造血"的转变。专门设立了扶持民间演艺企业的产业政策，对这些队伍进行扶持，每场演出给予 2 万元补贴，进一步推进群众文化团队的发展。目前已有霍元甲文武学校艺术团、民美通艺术团、馨依一笑艺术团等 5 支团队申请了营业执照和营业性演出资质，逐步走上了产业发展的道路。

3.多措并举，形成"1765"的管理服务模式

形成"1765"的管理服务模式，即通过 1 个规范化管理平台、7 个培训项目、6 项激励措施、5 级阶梯展示等手段，构建完善的统筹管理机制，多层面的人才培育机制，形式多样的扶持激励机制，开放性展示交流机制，引导群众文化团队由创建初的自娱自乐状态完成了向有序、规范发展的转变。1 个规范化平台即建立群众文化队伍数字服务平台。建设西青区文旅局网站，以群众文化队伍需求为导向，通过网站加强对群众文化队伍的宣传，通过精心打磨，用科技打破公共文化服务时间和地域的限制，实现群众文化队伍的数字化管理，促进群众文化队伍长效发展资源的数字化和网络化。同时，积极建设数字文化馆，10 个街镇配备数字文化馆远程设备，通过数字化运作，实现区级文化培训与基层文化队伍之间的信息时时传输，进一步拓展队伍培训的新途径。从建设管理到培训提升到交流展示再到评价考核，真正实现"互联网+群众文化队伍"管理建设模式。7 个培训项目即依托文化站长培训、文化骨干培训、文化大讲堂、民族戏曲演出观摩、古柳讲坛、包街镇对口帮扶培训、"精准帮扶种文化"等 7 个培训平台，组织开展各类培训，每年邀请文化部专家、知名学者及非遗传承人分层次培训区、街（镇）、村（居）各类文艺骨干 1500 人次。6 项激励措施即从队伍建立、成长、壮大、成熟、到示范引领，每个环节都给予支持鼓励，采取激励措施。5 个展示平台即为群众文化队伍阶搭建阶梯展示交流平台。搭建了村居、街镇、区县、省市、国际 5 级阶梯形展示交流平台。每个村居每月至少组织一次群众文化活动，为群众文化队伍提供最基础的展示平台。村级舞台上的优秀团队即可进入街镇

舞台展示，每个街镇每周至少组织 1 次群众文化活动，所有街镇每年组织活动总数不会少于 520 场，在此基础上争创"一镇一品"，形成了十多项街镇特色文化活动。在街镇文化活动中的优秀团队通过申报审核，纳入区级团队建设范围，享受基础 1 万元的引导经费，并获得更多培训机会和在区级舞台展示的机会。同时会选派区级优秀文化队伍参加市级和国家级文化活动，真正为群众文化队伍搭建了阶梯式进阶展示交流平台。

三 基层群众文化团队培育与激励机制建设取得的成效

（一）基层群众文化团队建设取得的成效

1.基层群众文化团队上新水平

通过基层群众文化团队培育与激励机制建设，先后有 1100 支群众文化队伍受益，380 支达到一定规模和水平，大寺镇王村艺术团等四十余支优秀文艺团队能够独立创作、编排整台节目进行公演；邓店十月书画院等 13 支高水平书画团队，作品在省级以上展览入选，获奖比率大幅提升；霍元甲文武学校艺术团等 5 支文化团队走向产业化发展。霍元甲文武学校艺术团创作编排的大型舞台剧《武传奇》在全国进行巡演，艺术团非洲学员在 2018 年的中非论坛北京峰会欢迎晚宴上大放异彩。

2.基层群众文化团队起新作用

在基层群众文化团队培育与激励机制建设过程中，西青区投入大量资金用于项目建设，通过大力扶持和引导，群众文化团队和文化志愿者队伍不断壮大，在西青区创建全国文明城区等重大活动中起到越来越重要的宣传展示作用。如在创建全国文明城区的过程中，全区各艺术门类的群众文化团队一千一百余支参与其中，每年开展二千余次文化活动；在第十三届全运会和刚刚过去的全国第十届残疾人运动会暨第七届特奥会上，杨柳青社区艺术团、西北斜秧歌队等 60 支队伍参与火炬传递；在庆祝中华人民共和国成立 70 周年的各项文化活动里，全区六百余支队伍参与其中，为祖国献礼。2019 年，在全区食品安全、普法宣传工作中，基层群众文化团队走进基层开展 15 场宣传活动。同时，进一步加大对体现文化底蕴和地域特色的群众文化队伍的发掘，如香塔音乐法鼓由一支普通队伍成长为国家级非遗项目，用群众文化队伍的发展带动传统文化和现代文化的融合。越来越多的百姓走进文化团队、参与文化活动、享受文化氛围，每年参与文化活动三千余场，参与人数超过 30 万人次，群众文化素质和文化素养在参与融入中得到显著提升。群众对基层群众文化团队培育与激励机制建设的满意度达 96%，幸福感明显增强。

3.基层群众文化团队培育与激励机制呈新动态

基层群众文化团队培育与激励机制并非一成不变，而是呈现动态发展模式，我们结合群众文化团队建设需求，不断调整基层群众文化团队培育与激励机制的内容。如"我的舞台我做主——群众文化队伍大展示活动"开展四年后，群众文化团队面临演出层次有待提升的问题，为进一步深化基层群众文化团队培育与激励机制建设成果，2019 年，全面开展"名师请进门"群众文化团队培训工程，历时 4 个月，覆盖全区 10 个街镇、二百余个村居、百余支群众文化团队，培训四千余人次，邀请了天津市众多优秀表演艺术家，举办了 115 场社区辅导培训活动，实现了名家进门一对一有针对性的指导。同时，在"名师请进门"群众文化团队培训工程中，全面启用文化馆总分馆互动直播系统，开展了 9 场艺术讲座，在全市率先实现了文化馆总分馆系统直播分享教学，让百姓在家门口享受到了高水平的艺术辅导。

（二）基层群众文化团队培育与激励机制建设带动全区公共文化服务体系建设整体提升

1.统筹谋划，建立规范的长效发展管理机制

在基层群众文化团队培育与激励机制建设过程中，聘用村社岗位，做到阵地队伍活动有人管理；强化资金保障，扶持团队和活动发展壮大；加强培训辅导，提升人员整体素质；搭建交流平台，展示区域特色风采；创新工作机制，激发文化发展活力，充分发挥了群众文化团队在公共文化服务体系中的积极作用。带动了西青区公共文化服务体系建设的长效发展，形成较完善

的政策、资金、人员保障制度。极大提升了基层综合性文化服务中心建设水平，形成了一系列特色文化品牌。

2.推动总分馆制建设，促进文化设施广覆盖、高效能

通过基层群众文化团队培育与激励机制建设，西青区文化馆、图书馆均达到国家一级馆标准，建设图书馆南部馆区，扩大区级阵地的辐射范围。全区 10 个街镇 100%建成达标的综合性文化服务中心，实施街镇综合性文化服务中心提升工程，推动全区 2000 平方米以上的文化服务中心建设，根据建筑面积分别给予 200—300 万元的资金补贴，配备通借通还与数字化远程设备，实现区图书馆、文化馆与基层综合性文化服务中心的资源共享，完成总分馆制建设目标。210 个村（居）建成了功能完善的综合文化服务中心，实现了数字化联通，形成了三级文化资源的有效对接。在试点建设并开放"民盛里青阅书苑城市书房"的基础上，将继续建设"青阅书苑城市书房"，将"青阅书苑城市书房"作为农家书屋建设的有效补充，为读者提供舒适的阅读空间、优质的阅读服务、丰富的阅读活动，实现和区图书馆总分馆建设的通借通还。基本建成"15 分钟文化服务圈"，全区公共文化服务体系建设水平快速提升。

3.突出地域特色，打造品牌文化活动

基层群众文化团队培育与激励机制建设工作中，西青区突出崇文尚武特色，打造了杨柳青元宵节大型灯展、秧歌花会展演、文艺大舞台演出、"我的舞台我做主"、群众文化艺术节、文化大讲堂、中国杨柳青木版年画节、世界精武大会、"运河记忆""非遗"展等 10 项品牌文化活动。群众文化团队积极参与，成为开展品牌文化活动最积极、最活跃、最普及、最不可或缺的力量，如元宵节灯展活动影响力辐射至京津冀地区，多次在春节期间走进央视直播间，成为京津冀地区传统节庆活动的代表；文艺大舞台演出 21 年经久不衰，在第 21 个年头，开展了"欢乐西青"文艺大舞台百场演出进基层活动，是对西青区品牌文化活动"欢乐西青"文艺大舞台活动的全新升级打造，从演出场次、演出质量、演出范围等方面进行全面提升，深受群众欢迎。同时，该项工程致力于普及优秀文化成果，采取"菜单式"选片方式，根据各

街镇百姓需求，邀请专业院团，将囊括杂技、戏曲、儿童剧和综艺类的优秀演出剧目输送到各个街镇，将优秀文化资源送到基层，送到百姓家门口，成为西青区最受欢迎的文化惠民工程之一。

参考文献

[1] 戴言.制度建设与浙江公共文化服务[M].浙江大学出版社，2013，第374页。